買わない　捨てない　自分でつくる

農家に教わる暮らし術

はじめに

大根葉や米のとぎ汁で洗剤をつくる。化粧水はドクダミで、虫よけはミカンの皮で効果バツグン。身体がポカポカあたたまる酵素風呂。夏は涼しい土間だって自分でつくれる……。

農家の暮らしは、日用品から住まいまで、身のまわりのものを捨てずに活かす知恵の宝庫です。

月刊『現代農業』にはそんな全国の農家の工夫が毎月たくさん寄せられます。この本では、その中から日常の暮らしを豊かに快適にするアイデアをまとめました。

それは、少し前まではあたりまえの「始末のよい暮らし」であり、お金や効率というモノサシから少し自由になれる「小さな暮らし」のヒントになります。

からだにも自然にもやさしい石鹸、洗剤、入浴剤、化粧水などの「日用品づくり」、ベランダでできる「生ゴミ堆肥づくり」や庭木の枝でできる「炭焼き」。石窯や囲炉裏、小屋など憧れの「住まいづくり」、自然とのつながりや循環を広げる「家畜のいる暮らし」……。

「これならできる」ということもあれば、「いつかできたらいいな」と思うこともあるでしょう。どこからでも、試してみてください。

買う、捨てるばかりだった暮らしが、ちょっと変わるかもしれません。

2011年3月

社団法人　農山漁村文化協会

※本書は、昭和49年から平成22年までの『現代農業』の記事を中心に、『食農教育』およびいくつかの単行本の記事・内容を転載・抜粋したものです。それぞれの記事の出典は巻末に示しました。また、記事中の市町村名や団体名は、原則として記事掲載時のものです。

目次

農家に教わる暮らし術

Part1 身近な素材で日用品づくり

お掃除

からだのケア

庭でリサイクル

Part2 自然の力がはたらく住まいづくり

火・水・土を感じて住まう

Part 1

身近な素材で日用品づくり

大根葉の洗剤、ユズのタネの化粧水、
庭木の枝を焼いた炭、落ち葉でつくる腐葉土まで
使ってよさを納得。だから、またつくってしまう。
農家おすすめのもの、集めました。

身近な素材で日用品づくり

お掃除

台所・食器・衣類の汚れを落とす

大根葉、ミカンの皮、米のとぎ汁が洗剤に！
豆乳や納豆から家庭で洗剤や石鹸がつくれます。

→ p.10〜17

いやなニオイを消す

市販の消臭剤を使わず、
炭や果物を利用していやなニオイもスッキリ。

→ p.18〜21

道具・設備を手入れする

刃物や農具の手入れに廃油を活用。
剪定バサミのような曲がった刃の上手な研ぎ方は?

→ p.22〜23

からだのケア

入浴する

神経痛・婦人病に干し大根葉、手荒れ・皮膚炎にセイタカアワダチソウ、
試してみたい身のまわりのいろいろな入浴剤。

→ p.24〜27

頭・髪の手入れ

汚れ落しにうどんの茹で汁、リンスにそば湯、
かゆい頭にリンゴ酢。ミカンの皮で育毛水。

→ p.28〜29

お肌の手入れ

ヘチマ、ドクダミ、アロエ、スギナ、ヨモギ、ユズ、納豆。
自分の肌にあった化粧水をつくろう。

→ p.30〜35

歯を磨く

歯槽膿漏にハコベ塩、歯周病予防にクマザサ・ナス塩。
緑茶で子どもたちの虫歯半減。

→ p.36〜39

庭でリサイクル

生ゴミを堆肥にする

段ボールコンポストやミミズコンポストならベランダ、庭でも堆肥づくりができます。
竹パウダーを使えばニオイなし、虫も来ない！

→ p.40〜45

落ち葉を処理する

落ち葉の上手な集め方を知っていますか?
集めた落ち葉はカブトムシの力で腐葉土に。

→ p.46〜49

炭焼き・柿渋づくり

庭先でも一斗缶一つで炭焼きができます。
青柿とバケツがあれば柿渋ができます。

→ p.50〜57

虫よけ・動物よけ

虫よけ・虫さされに竹酢やビワの葉エキスはいかが?
カラス、ネズミ撃退の必殺技も公開。

→ p.58〜62

お掃除 ①

台所・食器・衣類の汚れを落とす

洗剤

入浴剤

大根葉の洗剤

油落ちがよく、手も荒れない

五年で完成した大根葉洗剤

大根葉洗剤を考案したのは岡山県倉敷市の毛利雅枝さん。主婦業のかたわら自営業のだんな様の仕事を手伝っているというごくごく普通の奥様です。が、ちょっと違うのは雅枝さんは岡山発明研究会の会員で「パテント秘書・発明道教師」という肩書きをもつ、発明家でもあるのです。

「昔から大根の干し葉をお風呂に入れると体がポカポカ温まるって言うでしょう? でも干し葉だと、葉がちぎれて粉々になるから、生入れたらどうかなぁ思うて試してみた。すると湯冷めもせんし、肌がスベスべになった。湯冷めがせんのは干し葉でも同じですが、肌にいいゆうことは何か成分があるんじゃなと思うたんですね」

さっそく成分分析の本を取り寄せて、調べてみると、大根葉にはナトリウムとカリウムが多く含まれていることがわかりました。さらに、ナトリウムとカリウムはどういうものだろうかと、追究したら水に溶けたときに水酸化ナトリウム(石鹸などの原料)と同じ成分になることもわ

大根葉洗剤のつくり方

① しぼる
ジューサー
大根葉2Kgで約1ℓのエキスがとれる
ミカンの皮少々
② 薬品をまぜる
薬品
小麦粉
エキス
中火にかけて消毒したもの
4・5日後に小麦粉をまぜる
③ 耳たぶくらいの固さにこねる
④ こねたものを延ばす
⑤ 乾燥させる
製粉機
大根葉洗剤(粉末)

特許2979197号

かりました。そこで、発明家の雅枝さんはピンときたわけです。大根葉で洗剤をつくってみたらどうかと。

もう一つの原料である小麦粉は、昔、うどんのゆで汁で髪や食器を洗っていたことを思い出し、生かすことにしました。以来、実験、改善、また実験の繰り返し。足掛け五年目にして、今ようやく納得のいく洗剤ができあがったわけです。

大根葉洗剤のつくり方

粉末洗剤のつくり方を教えてもらいました。

①大根葉二kgをジューサーにかけて絞ります。大根葉は目方の六割前後が水分ですから、およそ一ℓのエキスがとれます。このとき、ミカンの皮を少々触媒として入れることがポイント。

②これを消毒のため中火にかけ、沸騰寸前で止めてから、保存料のパラオキシ安息香酸ブチル（食品用で無害）〇・一gをエタノール一〇ccで溶かして混ぜます（薬品は薬局で入手）。そのまま四～五日置いておきます。

なぜなら緑が強すぎて、シャツなどを洗ったときに染まってしまう可能性があるため。

③この中に小麦粉を入れます。分量はエキス五〇〇ccにつき一キロが目安。これを耳たぶくらいの固さにこねます。

④こねたものを適当な大きさに小分けして麺棒などで伸ばして乾燥させます。ちなみに雅枝さんは、麺棒の代わりに水道管を切ったものを、また敷くのはまな板ではなく、メラミン樹脂の天井裏の板を利用。これだとベタつかずに薄く伸ばすことができるのです。

⑤乾いたものを電動製粉器で粉末にしてできあがり。

手がしっとり、アトピーにも

使うときはスポンジにそのまま粉をつけて洗うと、いささかネトネトするので、水に溶かして使うのがベスト。試しに、いただいた洗剤で油料理に使用した皿を洗ってみたら、確かに汚れは落ちたし、何よりも洗った後でも手がしっとりしているのには驚きました。

娘さんや知人の方々にも試験的に使ってもらっているそうですが、アトピーのひどかったお子さんが石鹸代わりにこれで体を洗ったり、大根葉洗剤で洗ったシャツを着るようになったら、症状が和らいだ、と喜んでいるそうです。

（おおいまちこ）

ハッサクの皮

泡切れスッキリ

洗剤

三年前、ふと思いついてハッサクの皮をEM液*（原液と糖蜜を水で拡大培養したシンプルなもの）の中に入れてみました。ハッサクの皮を入れたEM液は匂いも良く、使った後のさわやかさがあります。

●台所の洗剤に

無添加の液体石けんとハッサクEM液を二対一の割合で混ぜて使っています。無添加の液体石けんによくある、ぬるぬる感が残るということもなく、油落ち、泡切れがよいみたいです。手が全然荒れないので、友達が洗いものを手伝ってくれるときなどよく驚かれます。洗い用のスポンジが変なにおいを出すこともなくなりました。

●床のふき掃除に

石けん分を残したくないので、こちらはハッサクEM液のみです。バケツに入れた水二ℓに対し、ハッサクEM液をドボドボッと（八〇～一八〇ccくらいと適当）入れます。

（鈴木健二・ソラミミFARM）

ハッサクEM液の仕込み方

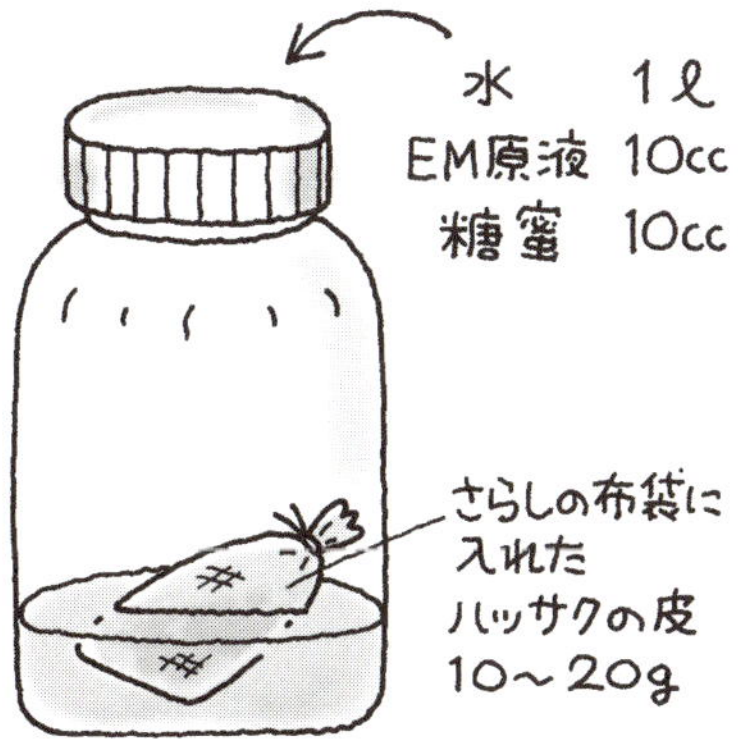
水 1ℓ
EM原液 10cc
糖蜜 10cc
さらしの布袋に入れたハッサクの皮 10～20g

初回はEM原液10ccだが、次からは培養した液を残しておき、仕込み水量の10分の1くらいを加えると、EM原液は半分にしてもよい。そうすると仕上がりが早まる。夏場で7～10日、冬で1カ月くらい置く。飲んでみて酸味がすっきりしてきたらOK。

*EMとは「Effective Microorganisms（有用微生物群）」の略で、自然界から採取し、抽出、培養した微生物資材（液）。
EMの入手先等のお問い合わせは、（株）EM研究所:TEL054−277−0221まで。

ミカンの皮
台所でこんなに使える

洗剤

ミカンの皮に含まれる精油成分のリモネンは生活のいろんな場面で役立ちます。台所では‥‥。

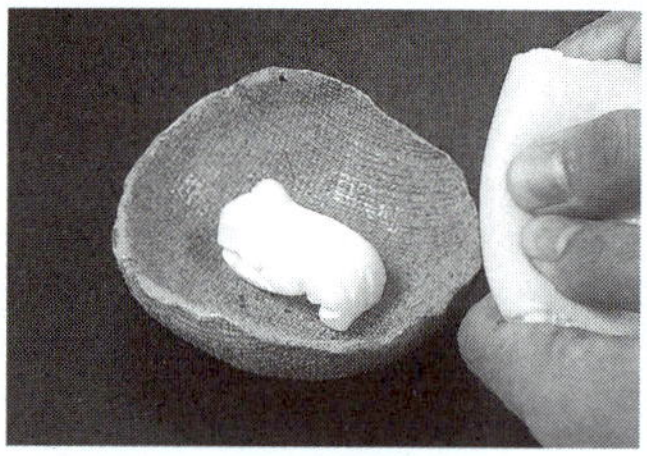

●こんな力も

発泡スチロールにミカンの皮の汁をかけると溶け出した！　これもリモネンの力。発泡スチロールと分子構造が似ているので、お互いに混ざり合おうとする力が働き溶け出します。この現象を利用して、発泡スチロールのリサイクルにも利用されるんだとか。ミカンの皮、恐るべし。

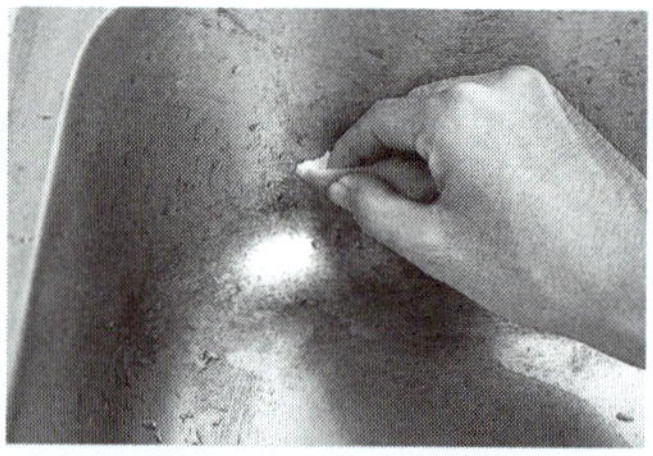

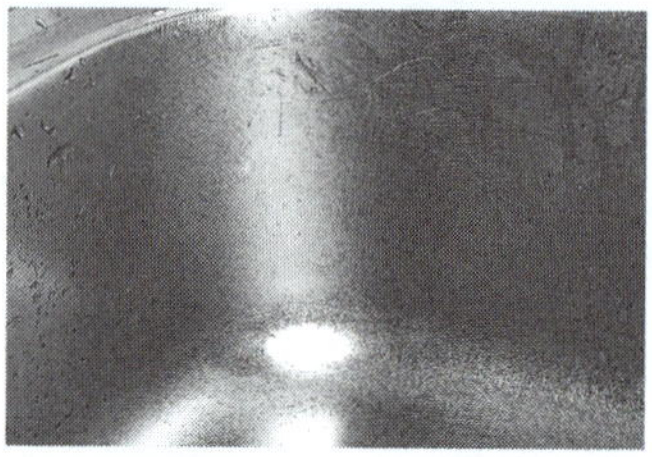

●流しの掃除に

油がついて茶色くなったところをミカンの皮でゴシゴシ強くこすると、すっかり汚れが落ちて、ピカピカのステンレスに戻ります。これは油を溶かす力を持ったリモネンのおかげ。また、リモネンは普通の石けんの主成分である脂肪酸よりも分子が小さいので、細かいところまで汚れを落とせます。オレンジオイル入りの洗剤が売られているのはそのためです。

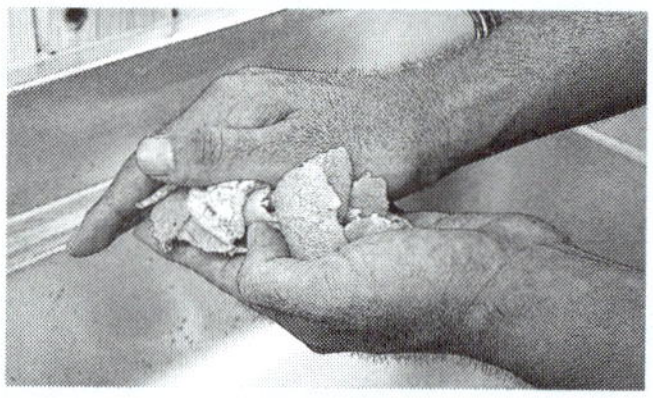

●手に付いた匂いや油を落とす

ミカンの皮を手でもむと、魚を触った後の生臭さや手に付いた油を落とせます。

（編集部）

ミカンの皮で汚れがどうして落ちるの？
—注目有効成分—

ミカンの皮には暮らしに役立つ秘められた力があります。
この皮の力のもとはミカンの皮に含まれている3つの注目有効成分です。

●リモネン

カンキツ類の皮に含まれる精油成分で、興奮を抑える作用、発がん抑制作用が認められています。油汚れを溶かし出す力があるので、ミカンの皮の汁は台所掃除にも役立ちます。

●ヘスペリジン

温州ミカンの成熟果実を乾燥させた「陳皮」は、漢方薬や民間薬として健胃・消化・鎮咳・去痰薬として使われてきました。その主成分がヘスペリジンと言われています。現在では毛細血管の強化、血中コレストロール値の改善、抗アレルギー、発がん抑制作用などがあることもわかっています。

乾燥したミカンの皮を風呂に入れると肌がなめらかになったり、痒みが消えたりするのもヘスペリジンの効果かもしれません。

●オーラプテン

夏ミカン、ブンタン、ユズ、キンカン、ハッサク、グレープフルーツの皮に多い成分で、抗酸化力があり、発がん抑制作用が認められています。

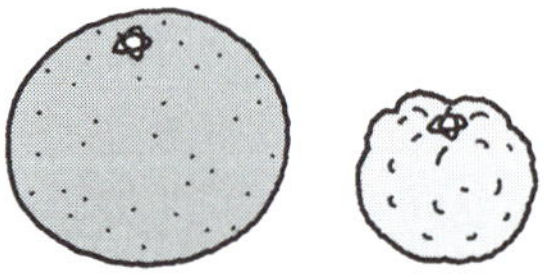

（編集部）

洗剤

タマネギの皮
鍋のこげ落としがラクラク

①アッチャー、鍋をこがしてしまった。こんなに黒くなったら、スポンジでゴシゴシこすってもなかなか落ちない、トホホ。

②でも、タマネギの皮があれば大丈夫！

③鍋いっぱいに皮を入れて、水はひたひた。火にかけること15分。

④お湯とタマネギを捨てて、こげを突っついてみたら…。なんと、パリッとこげがはがれた。

⑤割り箸でこげをはがし、スポンジで仕上げたら、こんなにきれいになった！

（編集部）

米のとぎ汁洗剤
しつこい油汚れに

岩手県花巻市に住む菅原重子さんは、加工などに積極的に取り組む元気な母さん。「環境にだって興味ありますよ」と紹介してくれたのが、この洗剤です。

米のとぎ汁はどこの家でも出るもの。これをムダにしないで洗剤にしてしまおうというのです。方法は簡単。ビンに米のとぎ汁二ℓ、EM菌二〇cc、糖蜜二〇ccを加えて密封させて発酵。ときどきかき回してガスを抜き、一週間ほど寝かせ、少し酸味を感じさせる臭いがしてきたら完成です。臭いは不快というほどのものではありません。食器やトイレの汚れ落としや消臭などに使います。しつこい油汚れには粉石鹸と混ぜると落ちやすくなるそうです。

（編集部）

洗剤

米ヌカ
機械油の汚れがきれいに落ちる

山形県米沢市の佐藤武夫さんから米ヌカのいい話。機械の手入れなどをして、油まみれになった手を洗うのって大変ですよね。そんな時は、濡らした手に米ヌカを少しまぶしてからこすって洗い流します。不思議なことに油汚れがスッキリ！　米ヌカには乳化作用があるのできれいに落ちるそうです。しかも普通の石鹸よりも手が荒れません。佐藤さんは肥料としても米ヌカを自家用畑にまいていて、野菜が甘くなるそうです。米ヌカには利用価値がいっぱいですね。

（編集部）

洗剤

肥料

豆乳石鹸

手にやさしい

ミカンの果汁などを加えると、オレンジ色の豆乳石鹸ができる。色も香りもよいが、手間と時間がかかる。

油脂名	鹸化価
精製ヤシ油	185
精製パーム油	136
オリーブ油	131
大豆油	136
菜種油	124
ヒマワリ油	134
ツバキ油	135
ヒマシ油	126

苛性ソーダを使う場合の油脂の鹸化価の例

サポニン効果でお肌しっとり

豆乳を用いた石鹸は、昨今、百貨店や高級スーパーなどで販売されています。多種多様の市販品がありますが、だいたい一個一五〇g前後のものが七〇〇～八〇〇円で売られているようです。

今回、わたしのところでつくった豆乳石鹸は、高濃度の豆乳をそのまま原料にしました。豆乳に石鹸水を加え、これをヤシ油などの原料油と均一に混合して（エマルジョン化）、製造工程中の最高温度が九〇～九二度までしか上がらないようにして練り上げたものです。この方法なら、豆乳中に含まれる重要な機能性成分を破壊することなく石鹸のなかに取り込めると考えました。

豆乳風呂が女性の肌を美しくすることはよく知られています。そんな豆乳の力をそのまま取り込んだ石鹸ができるわけです。とはいえ、実用的な製品にするには、豆乳の添加量を増やしすぎてもうまくいきません。豆乳の量を油の量の七〇%まで増やすと、梅雨の時期など、環境によってはカビの発生を見ることがあるからです。栄養素が豊富な証拠で家庭で使用する分には問題ないともいえますが、豆乳の添加量は油の量の四〇%前後が基準です。これだとカビの発生もなく、硬さもそこそこで、ふつうの石鹸と同じように使える豆乳石鹸ができます。

豆乳石鹸のつくり方

では、豆乳石鹸の具体的なつくり方を解説してみましょう。

ポイントの一つは豆乳と油を混ぜる操作です。ふつう水と油は混ざりませんから、油に豆乳を注いだだけでは分離してしまいます。それを完全に混合させるには、少量の石鹸水を加えればいいのです。ふつうの石鹸を削ってお湯に溶かし、豆乳と油を合わせたところに加えて攪拌する。これで、油のなかに豆乳を均一に溶かすことができます。

石鹸の原料とする油には、常温で固体のヤシ油もあれば、大豆油などのように液状のものもあります。食用油（大豆油）の廃油でもつくれますが、豆乳石鹸をつくるには、ヤシ油やパーム油のような常温で固体の油が三～四割になるよう混ぜてください。そして、これらの油脂から石鹸をつくって固めるには、苛性ソーダや苛性カリ（水酸化カリウム）、重炭酸ソーダ、炭酸カリ、灰などを使います。

このとき「鹸化価」というものがあることを知っておきましょう。これは、原料油一〇〇〇gに添加する苛性ソーダや苛性カリのグラム数を表わしたもので、すべての油脂・脂肪には鹸化価が公示されています。上表は苛性ソーダを使う場合の鹸化価の例です。

次頁に、ヤシ油と苛性ソーダを使って石鹸をつくる方法を説明しました。鹸化価をもとに計算すると、ヤシ油一g当たり〇・一八五gの苛性ソーダを加えればいいことになります。五〇〇gのヤシ油で石鹸をつくるのに必要な苛性ソーダは約九〇g、大豆油なら約七〇gです。

さらに、食塩（専売塩）を使って「塩析」という操作をすれば、より純度の高い石鹸になります。食塩水を石鹸液に加え、加熱しながら攪拌することで、グリセリンや水分、その他の不純物を塩にくっつけて取り除くことができるわけです。

（日下武一・蛋白研究所）

（注）苛性ソーダや苛性カリは劇薬に指定されているので、薬局で購入する際は印鑑が必要です。使用の際は、ゴム製手袋をして火傷しないよう注意してください。誤って手にふれたときは、食酢などの酸性液にすぐ浸けること。

豆乳石鹸のつくり方

［材料］
油　500g／豆乳　200cc／石鹸水　15cc
苛性ソーダ　90g+湯　210cc／食塩　85g+湯　300cc

油に豆乳を加える

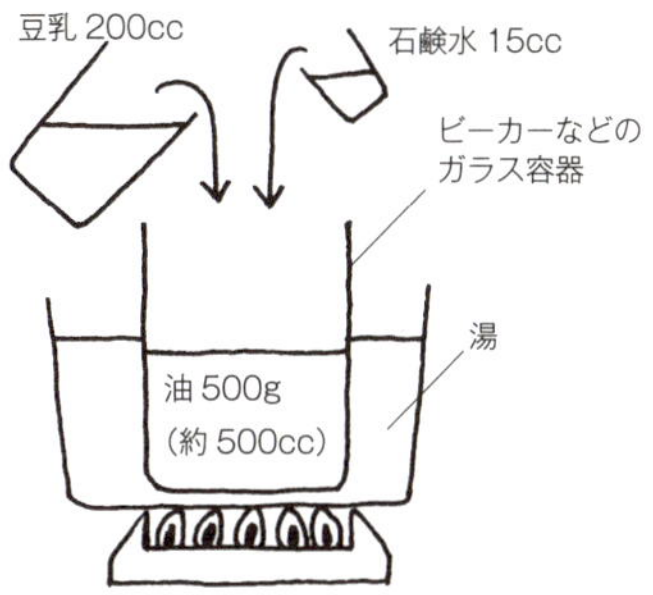
豆乳 200cc
石鹸水 15cc
ビーカーなどの
ガラス容器
湯
油 500g
（約 500cc）

苛性ソーダを3つに分ける

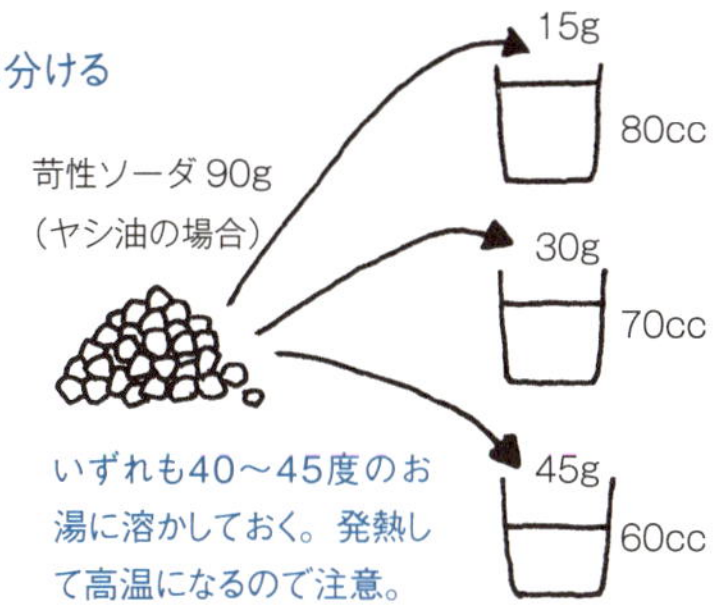
苛性ソーダ 90g
（ヤシ油の場合）
15g
80cc
30g
70cc
45g
60cc
いずれも40～45度のお
湯に溶かしておく。発熱し
て高温になるので注意。

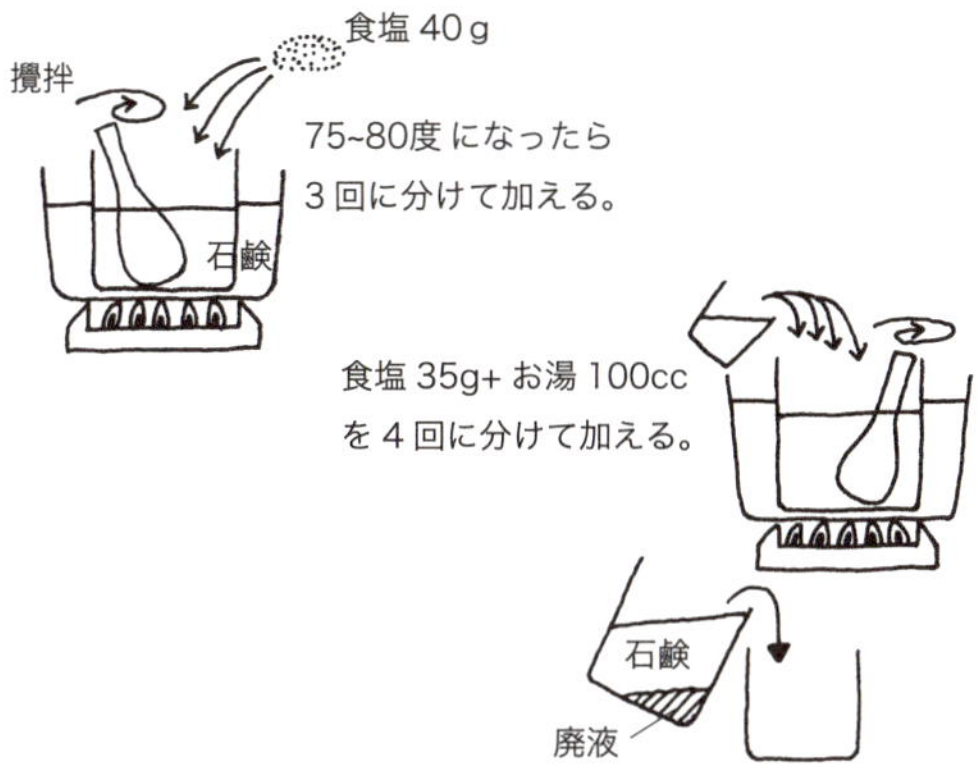
食塩 40g
攪拌
75~80度 になったら
3 回に分けて加える。
石鹸
食塩 35g+ お湯 100cc
を 4 回に分けて加える。
石鹸
廃液

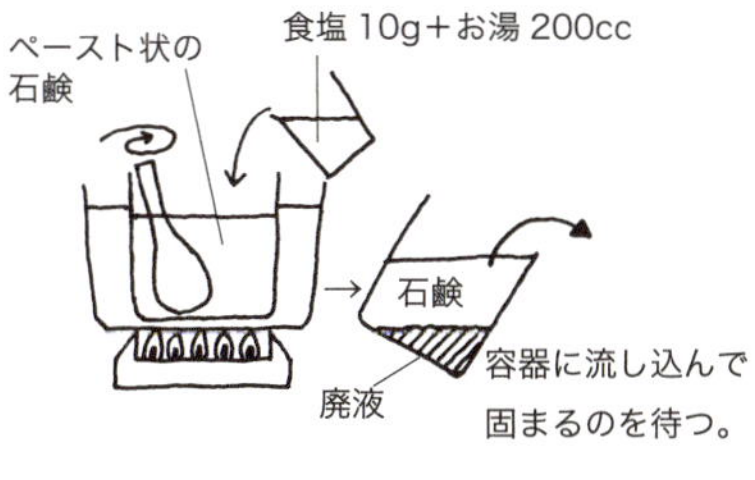
ペースト状の
石鹸
食塩 10g＋お湯 200cc
石鹸
廃液
容器に流し込んで
固まるのを待つ。

●鹸化・・・・
油をアルカリで中和させて石鹸をつくる

①油500g（約500cc、ヤシ油の場合は加温して液状にしておく）に、豆乳を200cc注ぐ。

②石鹸をお湯で溶かした石鹸水をすぐ加える。これによって豆乳と油が均一に溶け合う（エマルジョン化）。

③豆乳を混ぜた油を80度まで加熱。安全のために湯煎（間接加熱）する。

④80度になったら苛性ソーダの添加を開始。まずは80ccのお湯に溶かした苛性ソーダ15gを2分おきに6～7回に分けて混合。木製かプラスチック製のシャモジで、休みなく攪拌し続ける。苛性ソーダは三分し、それぞれ40～45度のお湯に溶かしておく。

⑤続いて70ccのお湯に溶かした苛性ソーダ30gを添加。3分ごとに6回くらいに分けて、常に攪拌しながら。

⑥さらに残りの苛性ソーダ 45g（60ccのお湯に溶かしたもの）を2分ごとに6回くらいに分けて添加。要は3段階に濃度を上げて苛性ソーダを加えていく。3段階目になる頃には、かなり粘るようになり、シャモジで攪拌するにも抵抗を感じるようになる。

⑦苛性ソーダの添加終了後、5分ほどおいてから火を止める。湯煎状態のまま静置。およそ3時間ほどで鹸化完了。

●塩析・・・・
塩で不純物を分離する

⑧⑦でできた石鹸を再び加熱。75～80度に上昇してペースト状になったところで、食塩を添加。食塩は全部で原料油の10～15%を用意（この場合は500gの15%で75g）。まず、そのうち40gの食塩を2分ごとに3回に分けて加えながら攪拌。

⑨残り35gの食塩は約100ccのお湯に溶かし、これを3分ごとに4回に分けて添加し攪拌。

⑩食塩の添加終了後、さらに10分ほど加熱、攪拌を続ける。その後、火を止めて湯煎のまま静置。

⑪3～4時間すると、石鹸分の下に、茶色の廃液が分離してくる。そうなったら再び加熱し、石鹸分がペースト状になったら上層の石鹸分だけを取り出す。

⑫取り出した石鹸液をもう一度加熱し、ペースト状に。そこに5%くらいの濃度の塩水（お湯）200ccを加え攪拌。

⑬下層に褐色の廃液がまたできるので、これを除去。石鹸液を適当な容器に流し込む。7～10日くらいで硬くなるが、20日くらいおけば完全な石鹸のでき上がり。

洗剤

竹酢・竹炭

洗濯洗剤として使える！

「洗剤の代わりに竹酢、竹炭で洗濯ができるんです。僕も何度かやってみましたが、本当に汚れがとれました。臭いもまったくしませんよ」。

こんな話を沖縄県具志頑《ぐしがみ》村でモウソウチクの炭焼きを始めた新地《みいじ》修さんから聞きました。にこにこと穏やかな新地さんは「あんしん農園」という農場と小さな直売所を開いて、竹炭製品や野菜の苗を発売しておられます。なんと学生時代には国際学生空手選手権で三連覇を成し遂げたという猛者。今はその情熱を炭の効用を伝えることに傾けておられます。

準備するものはキャップ一杯の竹酢（竹炭をつくるときに同時にできる副産物。作物の害虫防止、蚊よけ、家の掃除にも使える）、握りこぶし大の竹炭一切れ、洗剤に付いている スプーン一杯分の塩です。塩と竹酢はどんなものでもよいそうですが、竹炭は千度以上で焼いた良質の固いものを選び、ネットに入れて使います。さもないと粉が出て、大変なことになります。太陽の光に当てると繰り返し使えるという人もいるそうですが、できたら週に一度は交換するとよいそうです。すすぎの時は炭を取り出して普通にすすぎます。洗濯の排水で環境汚染がなくなる、すばらしいアイデアですね。

（編集部）

洗剤

大豆の煮汁

シーツも真っ白

雲仙の麓、国見町でイチゴづくりに励んでいる山中泰生さんのおばあちゃんからダイズの煮汁の活用方法を教わりました。

普通は捨ててしまう大豆の煮汁を、なんと洗濯洗剤がわりに使ってしまうというのです。おばあちゃんによれば、大豆の煮汁でシーツなどを洗うと、真っ白になるそうです。八三歳になるおばあちゃんが、洗剤のなかった頃に身に付けた技なのでしょうね。化学洗剤ではないので、肌の弱い人でも安心ですね。

（編集部）

天日干し

天日にさらす

茶渋もピッカピカ

茶碗やカップにこびりついた茶渋、鍋のしつこい汚れ落としはどうしてますか？

漂白剤に浸け置きするのが普通ですが、なんと天日にさらすだけでそんなものを使わなくてもピッカピカになります。

やり方はきわめて簡単。太陽の高度が最も高くなる十二時頃、茶碗やカップをほんの一時間くらい表に出して太陽光線に当てるだけ（本当は数十分でもOKだという話もあります）。あとはサッとスポンジでこするだけ。水で洗い流せばもうピッカピカに生まれ変わります。

じつはこの話、今年米寿を迎えるばあちゃんから聞いたもの。まさにばあちゃんの知恵袋です。太陽エネルギーってすごいですね。漂白剤をいっさい使わず、簡単にやれる汚れ落とし。ぜひお試しあれ。

（編集部）

洗剤

納豆洗剤

酵素の力でよく落ちる

納豆洗剤の材料とつくり方

[材料]
・納豆
・砂糖
・塩
・湯（70度）
指2本分の塩
指4本分の白砂糖
70°C
湯
煮豆を45°C以上で発酵させてできる糸を引かない納豆
または
ふつうの納豆
湯を加えて24時間放置
出来上り
上澄みを使う
納豆洗剤

納豆にちょっと手を加えてやると、何と家事の手伝いをしてくれるようになる。衣類のシミ取りや黄ばみ取り、食器洗いなどにも利用できる洗剤に変身するのだ。福島県いわき市の薄上秀男さんは「納豆洗剤」を利用するようになって久しい。まず、薄上さんの家での納豆洗剤の活躍の場面を見てみよう。

●衣類の襟や袖口の汚れ取り

汚れている部分に納豆洗剤を湿らせて、少し置いてから洗濯機で、普通の洗剤や石鹸で洗濯する。

●衣類のシミ取り

①納豆洗剤を筆やブラシなどでシミの部分につける。
②乾いたきれいなタオルの端を水で湿らせて、シミの部分をトントンとはたく。
③濡れていないタオルの別の端で吸い取る。
④①～③を何回か繰り返す。

●食器洗い

スポンジの水をよく絞って、それに納豆洗剤をつけて、食器を洗う。後は水ですすぐだけ。台所洗剤にありがちな手のパサパサ感がなく、しっとりした感じになる。

この洗剤の正体はタンパク質や脂肪、デンプンなどを分解する消化酵素で、納豆菌によってつくられたものだ。この酵素を取りだして、洗剤のように使うことで、衣類や食器の汚れを分解することができるのだ。

ただ、納豆洗剤は分解力はあるけれど洗浄力はないので、洗剤や石鹸と一緒に使ったり、タオルなどを利用して汚れを吸い取ったりする必要がある。また、自然食品中の成分は分解しても、添加物や人工着色料までは分解できない。

納豆洗剤のつくり方

つくり方は簡単だ。納豆洗剤づくりは、煮豆を四五度以上で発酵させてできる、糸を引かない納豆を使う方法がもっともよい。この納豆に、指四本でつまんだ位の白砂糖と指二本でつまんだ位の塩を加えて、七〇度くらいの湯をかけて、そのまま一昼夜放置しておく。するとサラサラの透明な液が得られる。これが納豆洗剤だ。砂糖と塩、熱い湯は納豆菌の活性を促す活力剤である。もちろん、糸を引く普通の納豆でも同じ方法で納豆洗剤をつくることができる。ただ糸を引いているだけに、仕上がりが少々ねばつき、すこし濁る。衣類を洗う場合には、この濁りが移らないように洗剤や石鹸を使用したほうがいい。

（編集部）

お掃除 ②

いやなニオイを消す

炭

あらゆるニオイを消臭

消臭剤

介護現場のニオイ消しに

介護の現場では、さまざまなニオイが発生する。仕方がないことだが、ニオイが少ないと介護する側もされる側も気持ちがとても楽になる。

私は定年後Uターンし、ふるさとの山に勢いよくはびこる竹を利用して炭焼きをはじめた。毎月第四日曜日を「炭の日」と決め、希望される方に竹炭を配っている。

毎月来られる炭愛好家の方のなかでも、自宅介護をされている方が炭を上手に使われている。ニオイ対策には炭が一番だと、たいへん喜んでもらっている。

私が薦めるやり方は次のとおり。炭を青果ネットに詰め、足で踏む、棒でたたくなどして適度に割る。これを介護ベッドの下に入れたり、カゴに入れて部屋の隅に置いたりする。使用量は、六畳間に六kgくらい（毎月一・五kgくらいずつ新しい炭と交換するといい）。

一カ月ほどたつと消臭効果が弱くなってくるので、さらに細かく割り天日干しし、再利用する。三カ月ほど繰り返して使用できる。使い終わった細かい炭は、燃料、床下の湿気取り、畑の土壌改良など他の用途に使える。

低温炭、高温炭で吸収しやすいニオイが違う

炭をニオイ消しに利用するときは、高温で焼かれた硬い炭と、低温で焼かれた軟らかい炭を適度に組み合わせるのがおすすめである。

生活臭にはいろいろなものが混じっており、それぞれ粒子の大きさや化学的性質に違いがある。

尿などのアンモニア臭や魚が腐ったときなどのアミン臭は、低温でやいた炭が吸収しやすいという。便などに含まれる硫化水素や加齢臭などのニオイ、シックハウス症候群の原因にもなるホルムアルデヒドやトルエン等のニオイには高温で焼いた炭が効果を発揮するといわれている。

快適な部屋で継続利用されている方を拝見すると、炭が介護する方、される方双方の心を温める触媒役をも果たしているようだ。炭の需要はどんどん増えており、「炭の時代」がそこまで来ているように思える。

（杉尾英治）

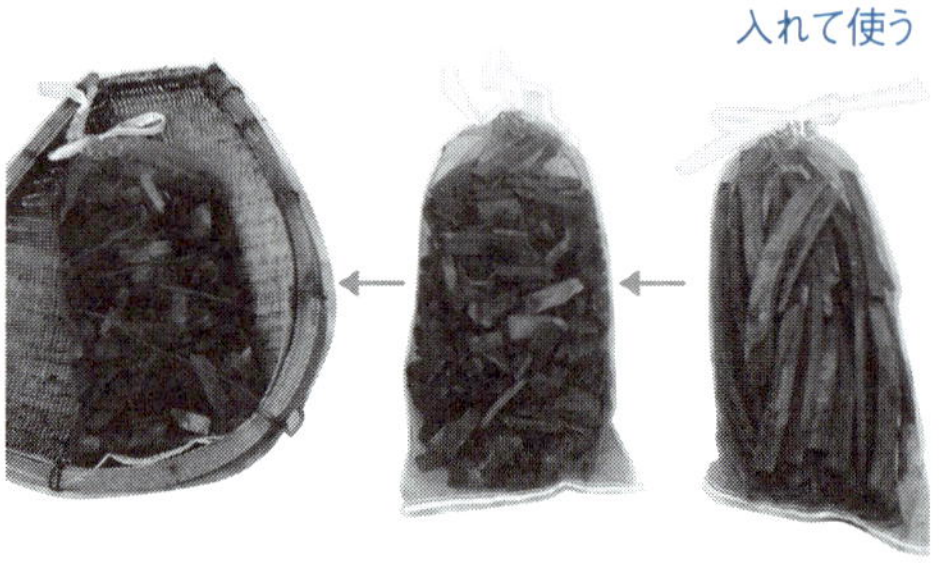
青果用などのネットに入れて使う
1回砕いたもの
2回砕いたもの

1カ月くらいで消臭効果が弱まるが、細かく砕くと、また効果が戻る。

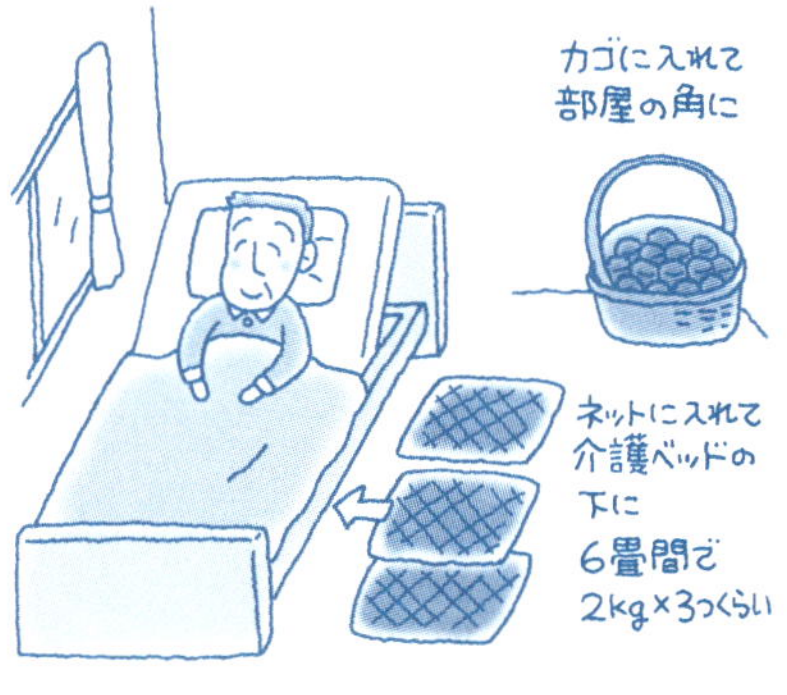
カゴに入れて部屋の角に
ネットに入れて介護ベッドの下に
6畳間で2kg×3つくらい

介護する部屋のニオイ取りに！

炭

冷蔵庫のニオイ、部屋の湿気もとれる

消臭剤

埼玉県小鹿野《おがの》町にある「般若《はんにゃ》の丘直売所」に炭と木酢液を出しているのは、今年八〇歳になる日野原哲三さんです。哲三さんの炭焼き歴は長く、ざっと数えて六〇年以上。炭のない生活は考えられません。

炭を炊飯器やお風呂に入れたり、こたつの燃料にするなど、いろいろ使っていますが、なかでも一番効果があるのが炭の消臭作用。

哲三さんのところでは、冷蔵庫の中に長さ七、八㎝の炭を入れておくと、肉やら野菜やらのニオイが混じった冷蔵庫特有のニオイがまったくしなくなるそうです。

部屋や物置にも炭が置いてあり、八畳ぐらいの部屋なら五、六kgあれば、ニオイはもちろん、余分な湿気も吸ってくれます。

哲三さんが長年焼き続けてきた炭はすっかり暮らしの中に溶け込んでいました。哲三さんも炭の力でますます元気になっているようでした。

（編集部）

ミカンの皮

消臭も油汚れも

消臭剤　洗剤

ミカンの皮は台所でも大活躍！　宮城県石越町の二階堂貞子さんは、魚を焼くとき、グリルの水を張る部分にミカンの生皮を入れます（むいたまんまの形で一個分）。すると、あら不思議！　魚を焼いたあとも、魚臭さが残らないそうです。

また、ガスコンロの油汚れも、ミカンの皮でこするときれいに落ちるのです。最近では、ミカンの皮から抽出した成分を配合した洗剤なども販売されているようですが、ミカンの皮そのものでも十分効果はあるようですね。

（編集部）

竹炭

流しの下、靴箱の消臭や湿気とりに

消臭剤

一般的に広く知られている炭の効果といえば消臭や湿気とりだろうか。狭い空間であれば少量の炭で構わない。たとえば流しの下。皿や新聞紙の上に竹炭を置いて戸を閉め、遊びに出るなり所用を済ますなりして帰ってくるといい。その間にニオイはとれているはずだ。靴箱も同様、次に開けるときにはニオイはとれている。わが家では靴片方に竹炭を一つずつ入れている。ススが気になるようなら、和紙や布、障子紙の余りにでも包んではどうだろうか。

ニオイの一つに加齢臭がある。あるご婦人がご亭主と私を前にして、「男の人独特のニオイってくさいのよね～。竹炭枕だと不思議とニオわないからまた買いに来ちゃった」と無邪気に言われ、ご亭主ともども沈黙……。このようにお客さんから教わることも多い。お客さんは炭の効能についてはよく知っていても手入れのことは意外に知らないようだ。手入れといってもただ干すだけでいい。ニオイや湿気など吸うだけ吸うともう満腹とばかりに効果が落ちてしまう。そんなときにはホコリをはらうか、汚れがひどいときはタワシで水洗いして、半日ほど天日に干してもらいたい。

（編集部）

バナナの皮

冷蔵庫のニオイに効果抜群！

消臭剤

北海道深川市の菊池輝夫さんからバナナの皮を冷蔵庫のニオイ消しに使っている話を聞かせてもらいました。

菊池さんは友人から「バナナの皮がニオイ消しにいい」という話を聞いて、自分の冷蔵庫でも試してみました。そうしたら確かに全然ニオわなくなったのです。

今では菊池さんは市販の消臭剤は使わずに、もっぱらバナナの皮ばかり。一本分の皮を冷蔵庫に入れるだけでよく、一週間くらい効果が続くそうです。

（編集部）

消臭剤

24時間でできる「えひめAI《あい》」

消臭から汚れ落としまで

「えひめAI」は愛媛県工業技術センターで開発された環境浄化微生物です。ヨーグルトの乳酸菌、納豆の納豆菌、イーストの酵母菌という三種類の菌を糖を用いて培養したものです。生ゴミ、水路、家畜糞尿など、そのままでは腐敗して悪臭を出しやすいものでも、これをかけることで発酵の方向を転換させることで悪臭が消えてしまいます。

たとえば、毎晩、便器や流しの排水口にカップ一杯を入れておくと、汚れや臭いがなくなります。汚れたワイシャツの袖口や襟につけたり、浸け置きしてから洗うと汚れがとれますし、お風呂のお湯に入れると、浴槽に垢が着きにくくなります。

悪臭が消えるのは、腐敗菌の活動を抑えるのでアンモニアや硫化水素、メルカプタンなどの悪臭が発生しにくいこと、悪臭を出す元となるタンパク質をすばやく分解してしまうこと、えひめAIが弱酸性なので、アンモニア、アミン類などのアルカリ性の悪臭を瞬時に中和してしまうからです。また千倍に薄めて畑に散水すれば、土着菌や微生物が増えて土壌改良に役立ちます。菌そのもの（粉状、固形）を原料にしてつくった「AI―1」と食品を原料にしてつくった「AI―2」があります。

こんなに優れた「えひめAI」ですが、これまで仕上がるまでに一週間の間、三五度に保温しておくことが面倒でした。ところが、二四時間でできる方法があるというのです。教えていただいたのはえひめAIの開発者である曽我部義明先生（元愛媛県工業技術センター）です。

つくりかたのポイント

①納豆はほんのひとかけら

トイレや台所の消臭が目的ならば納豆は挽き割り納豆のほんのひとかけらでOK。納豆菌の繁殖が多すぎると、ヨーグルトなどのタンパク質をアンモニアまで分解してしまい、かえって変な臭いが出ます。もし堆肥の発酵を促進したり、作物の病気予防のために使うのであれば納豆は多いほうがOKです。

②培養中は静かに置く

培養中は空気をポンプで送ったり、攪拌したりせず、静かに置いて

えひめＡＩの材料は
食べられるものばかり。
以下は、500mlのペットボトルでつくる場合。
お湯 250ml
発酵すると泡が出てふきこぼれるので、水量は容器の半分に。約42度の温水がいい。
砂糖 15g
ドライイースト 5g
ヨーグルト 25g
納豆 0.1g

※この記事の「えひめAI」とは基本的に、食品でつくる「えひめAI―2」のこと。菌株でつくる「えひめAI―1」は愛媛県が商標を取得しています。

おくこと。納豆菌は酸素が好きで、ただでさえ繁殖力の強い納豆菌が増えると変な臭いになります。

③お湯の温度が低いと発酵が弱まる

冬につくる場合、発酵を進めるために材料を混ぜたときの水温が三五度を保てるように、お湯はお風呂程度（四二度）の温度が適しています。

④大量につくるときはクーラーボックスで

大量につくるときはレジャー用のクーラーボックスがおすすめ。この中に材料を直接入れて仕込みます。一〇ℓのクーラーボックスなら五ℓの分量でまず仕込みます。

プチプチシートで落としぶたをし、培養中はフタをした後に、ガス抜きのためにフックはかけないこと。二四時間たって酸っぱくなったことを確認したら水で薄めて一〇ℓにします。

⑤上澄みとオリを分ければ一年以上もつ

三カ月以内に使い切るのが基本。残量が減って容器中の空気が増えて納豆菌が増え過ぎると変な臭いになります。上澄み液とオリを分けて、上澄み液は屋内の常温で、オリは冷蔵庫に保存すれば一年以上OK。

（編集部、協力／曽我部義明）

えひめAI*のつくり方
―24時間でできる―

①材料をボウルで混ぜる。「粉もの」を先に、「水もの」を後に入れると、ダマになりにくいので砂糖とドライイーストから入れてよく混ぜる。

②「水もの」のヨーグルトを入れる。

③納豆は消臭効果ねらいなら茶こしの上からお湯をかけてネバネバ粘液を入れるだけでいいが、畑に使うなら、粒のまま入れていい。

④お湯を加えてよく混ぜる。ドロドロの状態。

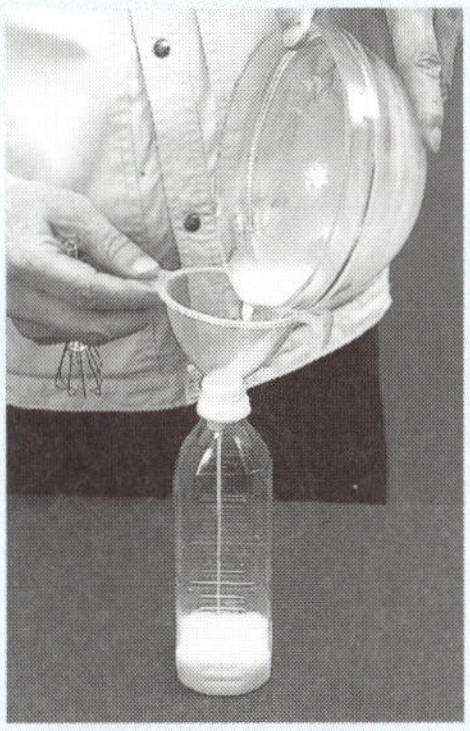

⑤じょうごを使ってペットボトルに移す。

⑥ペットボトルホルダー（100円ショップで入手可）に入れて24時間保温。この間はガス抜きのためフタをゆるめておく。仕込んだ後、すぐにブクブクと盛んに発酵を始める。

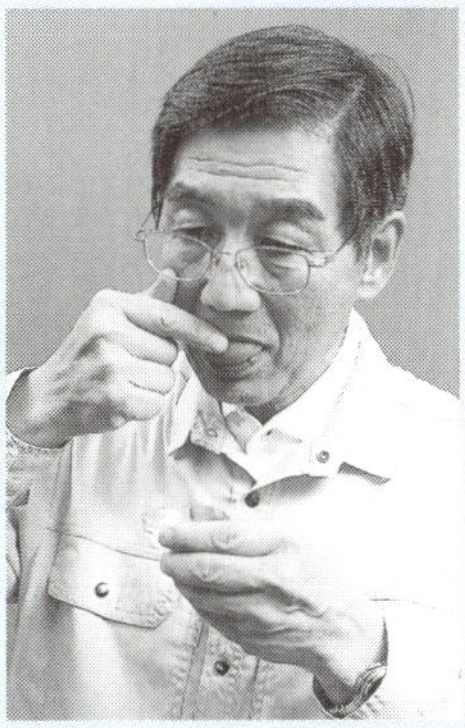

⑦なめてみて、酸っぱくなっていればOK（pH 3.5前後の弱酸性）。イヤなニオイがしたら消臭には使えないが、畑には問題なく使える。

水道水を足して500mlにする。
フタを閉めて保存。
完成!

*このつくり方は、えひめAIを進化させたマイエンザ（MAIENZA＝微生物活性酵素）製法。

お掃除

③

道具・設備を手入れする

廃油活用

農具の手入れ、植物の防寒に

錆止め

防寒剤

設備の錆び止めに廃油を使う

①

細竹の先に、使い古しの軍手を針金でくくりつける。これが私のオリジナル南洋フデ。まず、このフデを廃油（空き缶に入れておく）に浸す。廃油が付着しないよう上下ガッパにゴム手袋を着用する。

②

廃油に浸した南洋フデを鉄パイプの中に入れ、内側に廃油を塗る。外側は塗装がはげた部分だけを塗る。

③

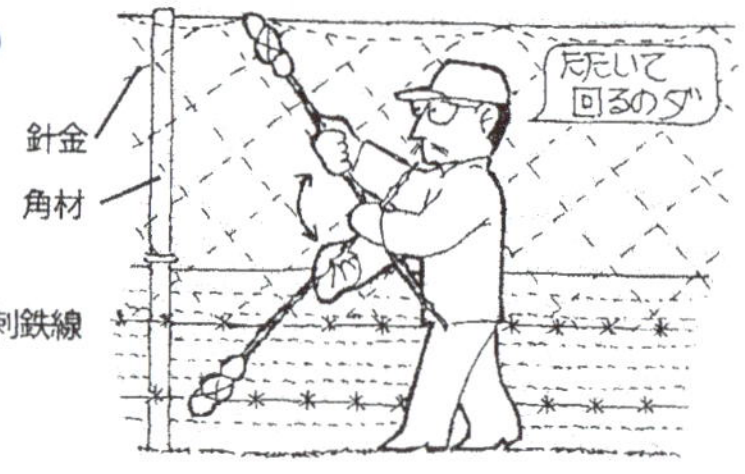

有刺鉄線などは、なでると引っかかるので叩くように塗る。廃油はジワーッと表面を広がっていくので塗りムラは気にしなくて良い。トタンは塗装がはげた部分だけに塗る。

金属製設備の錆び止めは廃油で十分

私の畑は山中谷間の林地内にあり、イノシシ、シカ、野ウサギなど常に鳥獣被害にさらされています。そのため畑には内径三cm×長さ一・一mの鉄パイプ七〇本のほか、外周約百mの有刺鉄線二本、三〇のトタン板など、金属製設備がたくさんあります。必要となる錆止め用の油の量はハンパではなく、まともなモノを使っていたのでは誠に不経済との結論に至りました。油なら何でもよいのです。廃油は行きつけのガソリンスタンドがあれば、そこで頼みましょう。給油のついでなら快く引き受けてくれるはずです。

畑の囲いの金属製設備に廃油を塗るのは、農作業開始前の三月下旬、梅雨明けの七月中旬、農作業終了の十一月下旬です（できれば初秋も行います）。一回の塗布で冬は四カ月間以上もちますが、夏は降雨と高温が廃油を流亡・分解するので三カ月が限界。十一月下旬には錆防止として鉄パイプの頭にアルミホイルかぶせておきます。

廃油を塗った新聞紙で畑の防寒

私は庭に亜熱帯植物の月桃を路地植えしています。私が暮らす京都では、以前は冬に氷点下七℃を下回る日があったのですが、ここ十年以上、年によって氷点下三℃を下回る日があったりなかったりで、冬が暖かくなりました。それでも何もしなければ枯死しますから最低限の防寒を思い立ちました。新聞紙を数枚用意して廃油を塗り、束ねた月桃の株にこれを巻き付け、紐で縛っておいたのです。新聞紙は番傘のように雨を弾き、雪を落とし、ついに破れることなく春を迎えました。株は見事に越冬し、翌年夏には極めて貧弱ながら開花を実現しました。

（南《みなみ》　洋《ひろし》）

野菜づくりに欠かせない「廃油新聞紙」

作物の防寒に

①株を2～3本束ね、廃油新聞を巻き、ヒモでしばる。

②束ねた株をさらにヒモでまとめて固定し、株元を枯草で覆ってやる。

鳥獣忌避にも‥‥

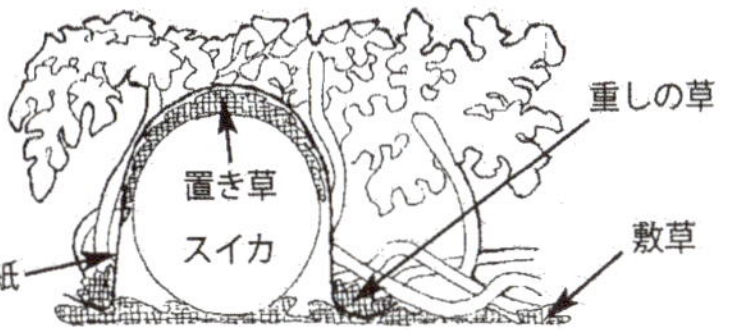

廃油のニオイで鳥獣の嗅覚をかく乱する。

つくり方

コンクリート床など乾いた平坦なところで新聞紙を広げ、廃油を塗る。

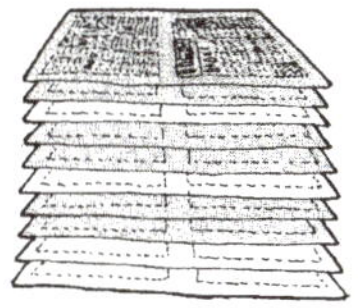

廃油を塗った新聞紙2枚ごとに塗らない新聞紙1枚を挟んで重ねる。余分な廃油が広がり、ちょうどよくなる。

風などで飛ばないよう重しをし、3～4日置く。時々、重しの位置を変える。

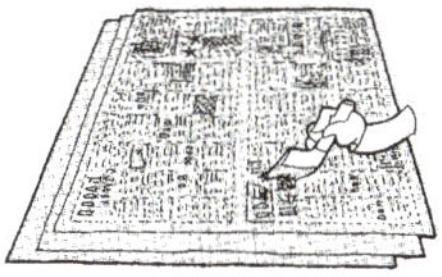

仕上がりは1枚ずつ点検し、塗りムラがあれば薄く塗り直す。

剪定バサミ手入れ術

歯ブラシと廃油で

研磨剤　錆止め

今まで剪定バサミや鎌など刃物を研ぐときは、砥石と水でやっていました。しかし今は水の代わりに油を使うことでサビに強く、ハサミの動きも軽く切りやすく、手入れがすぐできる方法を実践しています。この方法はある視察先の方から教えていただいたもので、すごく感謝しています。

用意するものは、研ぐもの（ハサミでも何でも）、歯ブラシ（使い古してよい）、潤滑油（廃油でよい）、こまかい粉（灰、ハミガキ粉、洗剤のクレンザーなど）、油砥石（油用の砥石。薄い板状でコンパクト）、ふき取り用の布です。

やり方はまず、歯ブラシを油につけてから粉をつけ、研ぐものの刃に塗っていきます。片方の手で研ぐものを持ち、もう片方の手で油砥石を動かし研いでいきます。研ぎ終わったら布で油をふき取ればできあがりです。

この方法が良いのは、コンパクトな油砥石の角などでこすることで、剪定バサミなどネジをはずさないと研げないものまで研ぐことができることと、潤滑油のおかげでハサミの動きがよくなり、さびにくくなることです。しかも切れ味もよくなり、安いハサミでも鎌でも刃がなくなるまで大事に使えます。

食べるものを切る刃物の場合には、油をサラダ油に替えます。とにかく私はこの方法に変えてから物は長持ちするし、切れ味が良いから作業もラクだし、良いことずくめです。ぜひやってみてください。油砥石は金物屋さんで取り寄せ可能です。

（岩本　治）

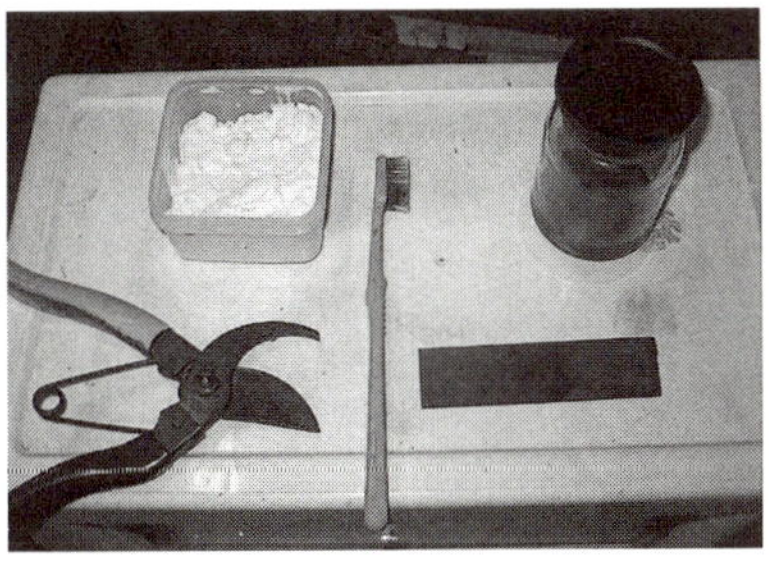

上左からクレンザー、廃油、下左からハサミ、歯ブラシ、油砥石

からだのケア 1

入浴する

入浴剤

庭の草木
風呂に入れて薬湯に

長崎県北有馬町の宮塚敏治さんの日課は、朝晩二回の薬草風呂。七四歳にはとてもとても見えない若々しさの秘訣もきっとここにある。

宮塚さんの薬草風呂のつくり方は、いたって簡単だ。たいていは、お風呂に入る前、庭先や畑のすみに植えている季節の薬草（おもに体を温める効果のあるもの）を採ってきて、それを一〇〇円ショップで売っているような洗濯用ネットに詰め、そのまま湯船に入れる。もしくは煎じたものを液汁ごとお湯に混ぜるだけ。

お手軽ながらも、さら湯のままよりお湯がずっと優しくなるし、自然の香りを楽しめて、体がポカポカ温まるのがお気に入りだ。

ツバキの葉 ―関節痛によく効く

関節の痛みに効くと本で知り、宮塚さんが最も注目しているのが、ツバキの葉だ。常緑で年中使えるので、ツバキ風呂に入ることが一番多い。ツバキの葉はかなり硬く、お湯に入れただけでは成分が出にくいので、煎じてから使う。面倒でないかなと思ったが、「ツバキはあまり香りはせんごとあるが、体は温まっと」と、宮塚さんはまずまずお気に入りの様子。

ちなみに、二～四月ごろの開花シーズンには、ツバキの花びらを湯船にぜいたくに浮かべるのも、リラックス効果があっていいようだ。

ヨモギ ―春の香りがして体が温まる

春先にポピュラーなのはヨモギ。畑の周辺などにわんさと生えているのを摘んできてざっと水洗い。生のまま洗濯ネット（二〇cm四方ぐらい）いっぱいに詰めて、そのまま湯船にドボン（ツバキの葉以外のたいていの薬草はこうして使う）。

宮塚さんのうちのお風呂は、蛇口から七〇～八〇度くらいの熱湯が出て、それを水で薄めて使うので、最初に熱いお湯を入れるときに、ヨモギ入りの洗濯ネットも一緒に入れて

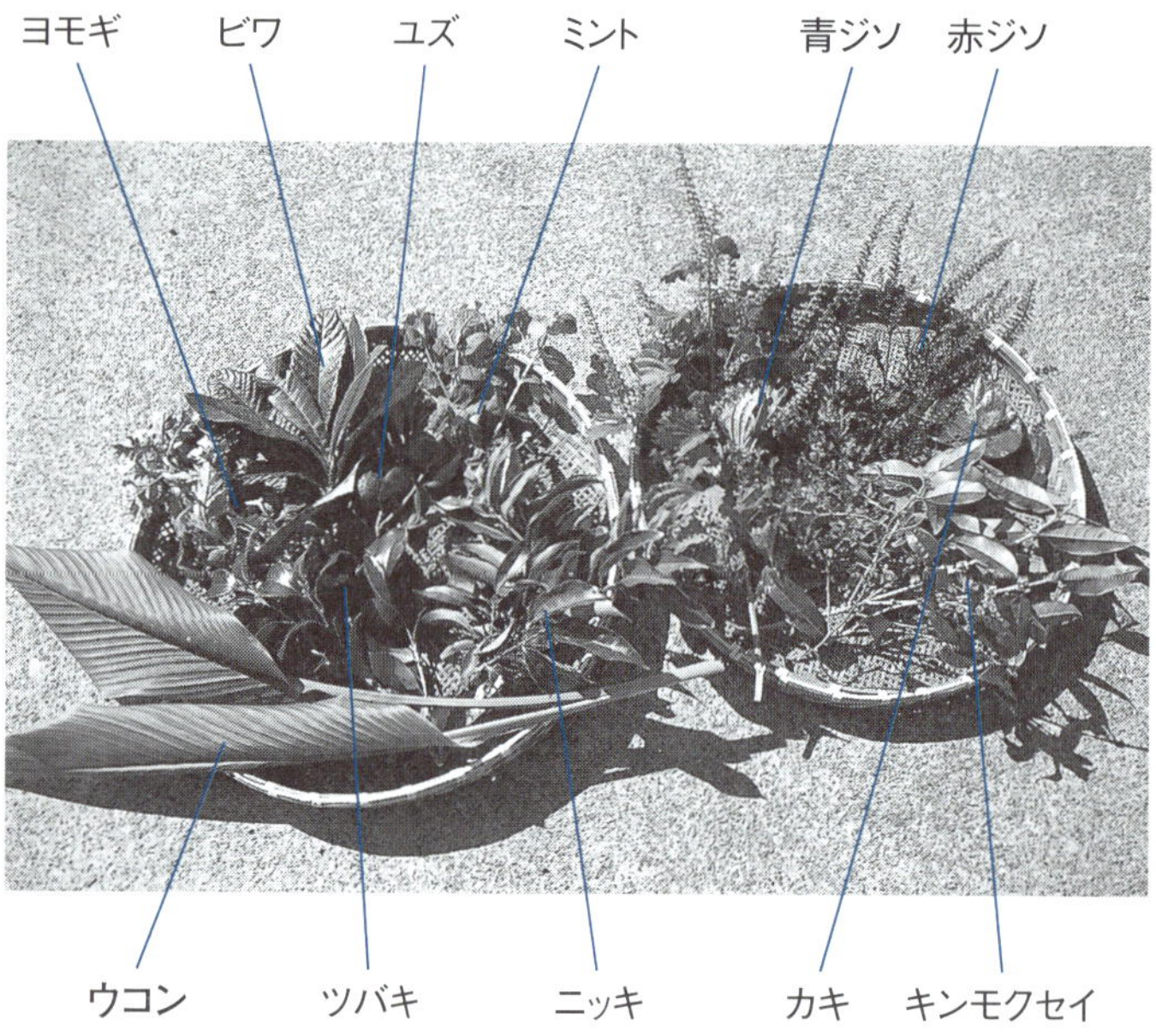
ヨモギ
ビワ
ユズ
ミント
青ジソ
赤ジソ
ウコン
ツバキ
ニッキ
カキ
キンモクセイ

庭先でもこれだけある薬草風呂の材料

しまう。

すると、すぐにヨモギから成分が出て、お湯がうっすらと茶に色づく。春の訪れを思わせるようないい香りがして、体がとっても温まるのが特徴だ。

ただ、奥さんのイネコさんによれば、「ヨモギはアクがひどかけん、釜が汚れるって嫌がる人もおる」とのこと。ヨモギ風呂を楽しんだあとは、さっさとお湯を流し、浴槽を洗ってしまったほうがいいそうだ。

ツバキ風呂の手順

①ツバキの枝を切って、葉をはずす。

②洗濯ネットいっぱいに葉を入れる。

③洗濯ネットごと鍋に入れ、水をひたひたまで加え、5〜6分沸騰。

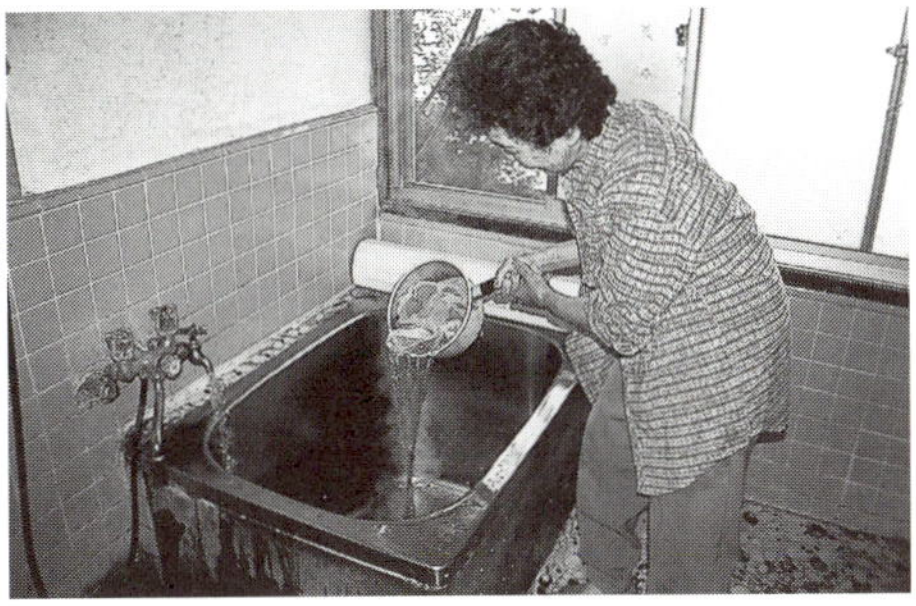

④しんなりしたツバキの葉をネットごとうっすら色づいた煮汁といっしょに湯船に入れる。

ミント ——さわやかな香りに気分がスーッ

夏場は、さわやかな香りのするミントがおすすめだ。あの独特のメントールの成分の効果か、風呂上がりに気分がスーッとする。また、血行も促進されるようで、体もよく温まる。

シソ ——気分スッキリ体の痛みにも

畑にはシソもいっぱい植えているが、茎、葉ともに風呂に入れると気分のすっきりする香りがして気持ちがいいと聞く。体の痛みにも効くようなので、今後、試してみたいと思っているものの一つだ。

野菊 ——花ごと採ってきて体ポカポカ

野菊（リュウノウギク）は、畑の脇の石垣などに群がるように咲いている。秋、マーガレットに似た白い花びらのかわいい花が咲いた頃、花、茎葉ともに採ってきて使う。

清涼感のある香りが楽しめて、なおかつ保温効果がとっても高く、体がポカポカする。

ショウガ、ウコンの葉 ——寒い冬の夜に最適

食べると体がかっかとしてくるショウガも、保温性豊かな入浴剤になる。ただ、使うのは葉のほう。ショウガの葉は長いので、適当にちぎって使う。姿形の似たウコンも同様に葉の部分を使う。どちらも体がよく温まるので、冬の寒い夜などには最適だ。

ショウガもウコンも、薬草風呂を始めてから新たに栽培したものだ。島原半島はショウガの産地でもあるので、葉はもらおうと思えば、栽培している人からいくらでももらえるのだが、「ばってん、よそからもろうてきたとは消毒しとっじゃろ。これはだめばいと思うた」と、宮塚さん。

だからミカンなども、冬は湯冷めがしなくていいと聞くが、たいてい殺虫剤が散布してあるので使いたいとは思わない。皮膚に直接触れるものなので、あくまで自分の身の回りにある安心して使える薬草だけを利用している。

ユズ ——香り抜群　湯冷めしない

そういう意味で、ユズは自宅の庭先に植えているものなので安心だ。十二月になると、宮塚さんのうちでは、冬至の日のみならず、連日のように、ユズを五〜六個丸ごと風呂に入れて、ユズ風呂を楽しんでいるそうだ。

（おおいまちこ）

セイタカアワダチソウ

皮膚炎・手荒れに悩む人に

かゆみ止め

入浴剤

①収穫したセイタカアワダチソウは、1週間天日干し（雨の日と夜は室内）。

②乾燥したら裁断機で1cm位にカットする。湿気ないように袋詰めにして保管。

③入浴時は木綿の袋に入れ、水の段階から入れて沸かす。風呂の温度は40度くらい。風呂は3、4日入れる。

風呂に入れてお肌しっとり

「本当はあまり言いたくないんですけどね。セイタカアワダチソウはうちの人気商品なので……」と言いつつも、快く取材に応じてくれたのは、「よもぎや」（三三頁参照）の店主、亀井志津江さんである。「よもぎや」は薬草茶などを販売するインターネットショップ。セイタカアワダチソウの乾燥入浴剤を販売してみたところ、これが当たった。どんな人が買うのだろうか。亀井さんによると、皮膚炎や手荒れに悩む人が多いという。じつはセイタカアワダチソウには、皮膚の悩みを解決してくれる力が秘められていたのだ。

「皮膚がかゆいと、まず薬局でかゆみ止めを買いますよね。これが第一段階。そして皮膚科に行って、クスリを処方してもらうのが第二段階。それでも、かゆみが出たり引っ込んだりで治りきらない人は、健康の本を読んだり、インターネットで調べて、セイタカアワダチソウのことを知るみたいです。それで今度はセイタカアワダチソウの販売先を検索して、うちに辿りつくんだと思います」

お客さんからの評判も上々だ。

「二〇年来の皮膚炎が軽くなった」「重度のアトピーがずいぶん改善し、今までありえないくらいのしっとりした肌を手に入れることができました」……、他の薬草風呂に比べて、特にこんな感想が多いという。

収穫は花の咲く前がいい

入浴剤を売り出そうと決めた一昨年の春、畑の一角に陣取っていたセイタカアワダチソウの枯れ株をすべて刈り取った。そして耕うん機。これは一度「初期地」に戻し、切れた地下茎から太さの揃ったセイタカアワダチソウを出させるためである。

あとはそのまま生育を待ち、十月頃、黄色いつぼみがついたらすぐ収穫。花を咲かせる直前がもっとも薬効が高いのだ。

この時期のセイタカアワダチソウは背丈が一五〇cm以上になっているので、上から五〇～六〇cmのやわらかい部分だけを鎌で刈り取る。イネ刈りの要領で幾本かを束にしてザクッとやると効率的だ。

刈り残した硬い下部は、冬までに草刈り機で刈り倒しておくのがいい。とにかくセイタカアワダチソウはしぶとく、枯れようとも、冬に雪が積もろうとも、立ち続けている。翌年の収穫作業の邪魔になるのだ。

また、よっぽど太い株（耕うん機を入れてもどうしてもバラつきはある）は、あらかじめ地下茎ごと引っこ抜くことにしている。幹が太いということは、地下茎も太い。これらが地中でのさばると、他の株の養分の吸収も鈍るし、新しい芽が伸びにくい、と亀井さんは考えている。

太さの目安は「習字の筆の太いほう」ぐらいである。

管理はするものの、年月が経つとどうしても土の中は込み合うものである。すると「自滅してしまいます」。

セイタカアワダチソウの地下茎からは、他の植物の生育を阻害するアレロパシー物質が出ると言われている。おかげで、しばらくは「セイタカアワダチソウ天下」の時代が続くのだが、これが何年も続くと、アレロパシー物質が蓄積されて、やがて自分自身にも作用してしまう。いわゆる「自家中毒」である。

だから亀井さん、そうなる前にまた全面耕うんするつもりである。地下茎をズタズタにして「若返り」を図るのだ。また、土の中に空気を入れて、微生物を活性化させ、土中の環境を改善するねらいもある。

耕うんは三年ごとを予定。これが「定期的に安定した量を確保する」管理である。

（編集部）

入浴剤

干し大根葉風呂

神経痛、婦人病まで効く!

里の母は農繁期になるといつも甲《こう》手《で》に悩まされていました。今でいう手根管症候群のひどいものでしょうか。肘から手の甲から、指も全体が腫れてずいぶんつらそうでした。母はそんな時、ヨモギや大根葉の干したもの（タクワン漬けの葉の残りもの）を手ぬぐい二つ折りにして袋に縫ったものに入れ、水の内から、また温水器のお湯を入れたばかりの中に浮かばせてお風呂を沸かしておりました。そんなにまでつらい思いをして野良仕事をしている母を見ると「私は絶対に農家にはゆくまい」と思いましたが、苦労を覚悟で二一歳で、常時一〇人、ミカン時は一五、六人の家族の嫁になりました。

肉体労働をしたことのない私の体は、すぐに神経痛の味を覚えました。くたくたの痛む体に、里の母流の干し大根葉風呂は快適でした。

本当は干し葉を木綿袋に入れて大鍋で煮出して腰湯にしたり、お風呂に入れるのですが、その頃はミカン作業で忙しい最中ですから、最初からお風呂に入れておいて沸かします。大根葉、スギナ、ヨモギも同様に扱います。大根の干し葉はことのほか、婦人病一切に効果があるので、試してみてはいかがでしょうか。大株でしたら三株くらいでOK。体の芯まで温まって、いつもトイレに起きる人もぐっすり休めます。

（佐野始子）

どこにでもある 大根葉でゆったり薬湯

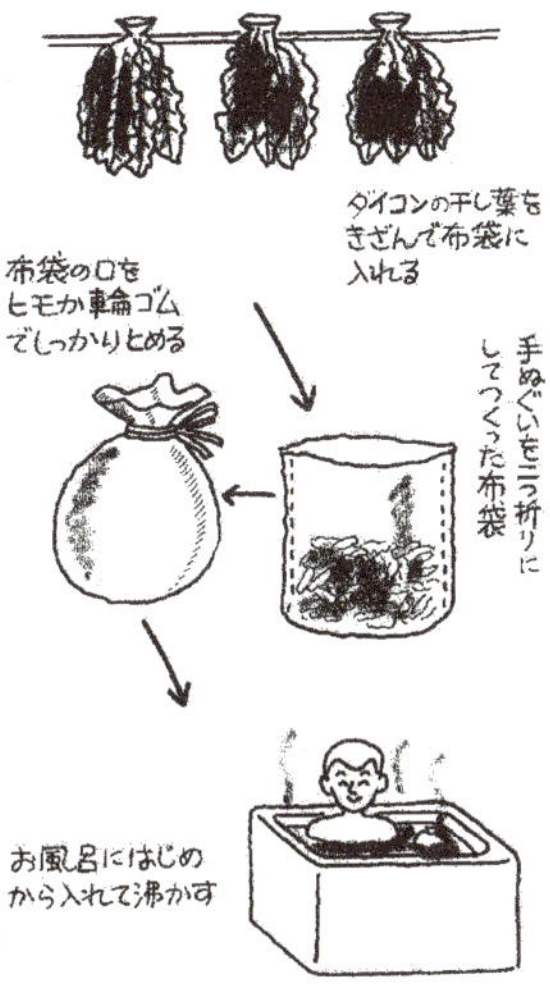
ダイコンの干し葉をきざんで布袋に入れる
手ぬぐいを二つ折りにしてつくった布袋
布袋の口をヒモか輪ゴムでしっかりとめる
お風呂にはじめから入れて沸かす

入浴剤

試してみたい色々な入浴剤

血行をよくして、肌がスベスベに

◎リンゴの皮でお肌ツルツル

青森県田舎館村の山本千代子さんは食べた後のリンゴの皮を入浴剤に使います。

良く晴れた日に天日干ししたリンゴの皮（ミカンの皮もグー）をサラシの布袋に入れてお風呂に入れれば、お肌ツルツル、体ポカポカ、良い香りです。また冬に肌やカカトがガサガサしたときは、リンゴの皮をむいて、実のついている側でこするとツルツルになります。

◎肩こり、疲労回復にニンニク

岩手県藤沢町のAさんはニンニク風呂の愛好家です。ニンニク一株を粗めにすりつぶし、葉書大の布袋に入れて、浴槽に沈めておきます。粗めにすりつぶすことがポイントで、こうすると二回は使えるそうです。

入浴中は少々臭いますが、体に染みてというようなことはありません。肩こり、疲労回復、冷え症などに効果があり、人によってはリウマチ、神経痛にもいいそうです。

◎米のとぎ汁で二〇歳若返る

長崎県瑞穂町の尾崎スウさん（五〇歳）はまだ三〇代にしか見えません。卵のようなツルツルの肌の持ち主。その秘訣は毎日の「米のとぎ汁風呂」。スウさんはレストランを経営しているため毎日、多量の米のとぎ汁が出ます。その上澄みを捨てた一番濃いところを取っておき、お風呂に入れています。夫の博二さんも「髪の色が白くならないんだよ」と、ご夫婦でにっこり。

◎米ヌカ風呂でアトピーが楽に

秋田県鷹巣町の畠山道子さんが米ヌカを入浴剤として試したきっかけはお孫さんのアトピーを治してあげたい一念から。道子さんが試したら肌がスベスベ、肝心のお孫さんは、お尻の一番痒かったところもだいぶ治まったそうです。やりかたは二重にしたストッキングに片手で七杯ぐらいの米ヌカを入れて、お湯に浸けるだけ。米ヌカは発酵してしまうので、毎日入れ替えて使っています。

（編集部）

からだのケア ②

頭・髪の手入れ

シャンプー

うどん茹で汁

汚れも落ちて突っ張らない

埼玉県川島町のKさん、庭のマツの木についたダニに、うどんの茹で汁をかけたらよく効いたといいますが、実はこのうどんの茹で汁、昔、この辺で広く洗髪に使われていたのだそうです。五〇代以上の母ちゃんは、たいていこれで頭を洗った経験があるそうです。

「とてもよく汚れが落ちて、髪がツヤツヤしてくるので、石鹸なんかより断然良かった。今でもやってみようかと思うことがある」と、ある母ちゃんは言います。

昔、この辺ではムギをつくり、粉を挽き、よくうどんを打ったもので、この茹で汁は一種の廃物利用。七夕様にはお昼にうどんを茹で、それで髪を洗っておめかししたそうです。

気持ち悪いですか？ でも考えてみると、得たいの知れないシャンプーなどより、うどんの茹で汁を気持ち悪く思うというのも妙ですね。

「シャンプーを使うと毛が抜けるけど、あれを使ってた頃は抜けなかった」という方もいましたが、若かったから？ それとも茹で汁のご利益？

（編集部）

リンス

そば湯

リンスに使ってしっとり髪に

台所で普段捨てているものを活かす知恵をふたつ。

山形県金山町の佐藤加代子さんは、そば湯をリンス代わりに、廃油を虫よけに使っています。

そばを茹でた後に残るそば湯を、加代子さんはペットボトルに入れて冷蔵庫で保存し、シャンプーの後、髪につけています。量は普通のリンスと同じように、手のひらに乗るくらいで十分。しばらくしたらやはりリンスと同じように洗い流します。

加代子さんのパーマをかけてバサバサになった髪がこれでまとまり、手ざわりがよく、クシの通りもよく変わったそうです。

また加代子さんは、天ぷらやフライに使った油もこしてペットボトルに取っておき、こちらは野菜の株元にかけています。そうすると、なぜかアブラムシなどの害虫がつかなくなるそうです。量は適当ですが、「油のニオイを嫌がるのかもしれない」と加代子さん。油に染み込んだ食べもののエキスがいいのか、野菜のできまでよくなるそうです。

（編集部）

リンゴ酢

かゆい頭もスッキリ

リンス

富山県立山町の秋元千代子さんは、リンゴ酢をリンス代わりに使うそうです。とくに夏場は頭のかゆみがとれるので重宝しているのだとか。

千代子さんによると、シャンプーは石鹸シャンプーのような、あまり余計な化学物質が入っていないものを使うとよいそうです。また、リンゴ酢一〇〇ccに対してセージやローズマリーなどのハーブを含んだエッセンシャルオイルを一、二滴入れると、リンス効果がアップするとのこと。使うときは、キャップ一杯くらいのリンゴ酢を洗面器いっぱいのお湯に溶き、それで頭をすすぎます。

「シャンプーとかリンスは頭の皮膚から体にしみていくものだから、できるだけ自然のものを使いたいしね」と千代子さん。これで頭はスッキリさっぱりですよ。

（編集部）

ミカンの皮

自然の育毛・養毛水に

育毛剤　シャンプー

ミカンの皮を使った手づくりの自然育毛水のつくり方を教えてくれたのは日本かんきつ研究所（群馬県高崎市）の須澤謙社長。カンキツの皮エキスを配合した育毛剤「黄金宮」「黄金樹」、シャンプー「黄金香」を開発、販売している。

きっかけは関連研究所のカンキツ化粧水だった。美容室でリンス代わりに使用していたら、髪の生えるサイクルが早まったという声が聞こえてきた。そこで須澤社長は、カンキツの皮成分の分析を依頼、香り成分リモネンに育毛・養毛作用があるとの結果を知り、商品開発した。

こうした情報からヒントを得て、独自の育毛剤を化粧品会社とともに開発、販売しているミカン農家もいる。三重県御浜町のすぎもと農園社長、杉本末善さんだ。

「うちはミカン産地ですから、昔の人はミカンの皮を乾燥させてお風呂に入れて、シャンプー・リンス代わりとして洗髪に使っていたようです」。大阪の化粧品会社・ナリスから「ソレス　ケアシリーズ」として販売中だ。

（編集部）

自然育毛水のつくり方

[材料]
温州ミカン5個、ホワイトリカー（35度）150cc、密閉できる広口ビン

①ミカンをよく洗い、皮むき器で薄くむく。

②皮をざるに広げ、カラカラになるまで2〜3日、陰干しする。

③煮沸消毒した容器に干した皮とホワイトリカーを入れ、1週間冷蔵庫で漬け込む。

④皮を取り出し、さらに2週間冷蔵庫で寝かせる。

⑤スプレー容器に入れ替え、1日に2回、頭皮にすりこむ。

からだのケア ③

お肌の手入れ

ヘチマ、ドクダミ、アロエ

自分の肌にあった化粧水をつくる

化粧水

下地クリーム

無香料の手づくり化粧品でスベスベ肌に

手づくり化粧品のよさは、身近にある自然の材料を使って、自分の手で自分の肌にあった調合ができて、簡単に、しかも格安につくれることでしょうか。

前から化粧品の香料がいやで、買ってきたものを使うと、気持ちが悪くなり、しまいには頭痛がしました。一六、七年前のこと、友人の家で昔はヘチマから化粧水をつくっていた話になりました。私が市販の化粧品を使えないことを言うと、「ヘチマ水をとってやるから、それでつくってみるといいよ」と言われました。さっそく近所の薬局につくり方を相談しました。使ってみたらピリピリしていた手がスベスベになりました。私の家族にも、格安なのに効き目があると好評でした。

ヘチマ化粧水

ヘチマ化粧水は手の荒れだけでなく、風呂上がりに全身に使ってもいいと薬局から聞きました。ヘチマ水を使えば、足のかかとのカサカサもなくなり、ストッキングがスッとはけるようになります。

つくり方　ヘチマ水を濾して、苛性ソーダを入れてよく混ぜます。そこへグリセリン、次にエタノール（薬局で買えます）を入れて混ぜてでき上がり。最後にもう一度濾してもよいでしょう。

ドクダミ化粧水

同級生との泊まりの旅行で、「風呂上がりのほてりを鎮めるのに使ってみたら」と言われたのが、ドクダミ化粧水でした。サッパリ感があってとてもいい使い心地です。

つくり方　ドクダミの葉をきれいに洗って、水気を拭き取り、細かく刻んで、すり鉢でよくすります。すったドクダミに三五度の焼酎を入れて、冷蔵庫で一カ月寝かせます。花の咲いている時期のドクダミがいいのですが、乾燥させた葉を漬け込んでもいいです。濾して瓶に入れ、冷蔵庫に保管して使います。肌をしっとりさせたい人は、グリセリンを適宜入れてつくるといいでしょう。

アロエ栄養クリーム

昔から「医者いらず」と言い伝えがあるように、実際アロエを使った商品はいろいろあります。私は手づくりアロエクリームを化粧下地に使っています。汗をかいても化粧がくずれにくいかと思います。

つくり方　濾過したヘチマ水とアロエを煮出した液を、それぞれ別に湯せんにかけて七五度まで温めたら、二つを混ぜます。これに細かくしておいた蜜蝋《みつろう》と、深海ザメのエキスを湯せんにかけ、溶かしたものを加えます。よくかき混ぜたら容れ物ごと流水の中に入れて冷まし、中身が白くとろみがつくまで二、三〇分かき混ぜてください。

みんな喜ぶ手づくり化粧品

人それぞれ肌の組織が違うので、手づくり化粧品はでき上がったらまず、二の腕につけて一度テストし、次に少量で試しに使って、ようすを見るようにしてください。それぞれの化粧品はグリセリン、エタノールの量を加減しながら自分に合わせたものをつくることができます。家の中のできるだけ涼しい場所に保存してください。

私はその日の天気や季節でいろいろ使い分けています。一度つくれば一年くらい持ちます。でもみんなが喜ぶので、予想よりも早くなくなってしまうかもしれませんよ。

（橋本トミ子）

ドクダミ化粧水のつくり方

［材料］
・ドクダミの葉‥‥ 300枚
（乾燥したもので可）
・焼酎（35度）‥‥ 1.8リットル

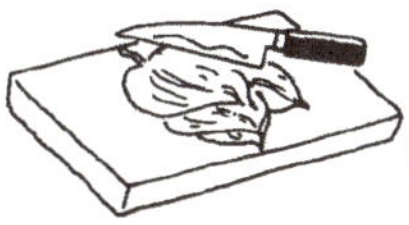

①ドクダミの葉をきれいに洗って水気を拭き取り、細かく刻む。

②すり鉢でよくする。

③すったドクダミに35度の焼酎を入れる。

④1カ月ほど冷蔵庫で寝かせる。

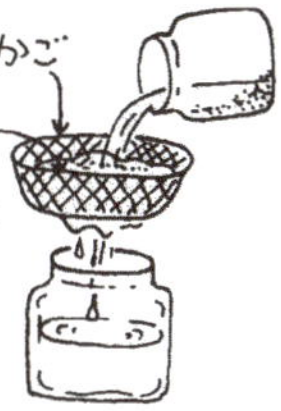

⑤よく濾してでき上がり。冷蔵庫で保存。

ヘチマ化粧水のつくり方

［材料］
・ヘチマ水*‥‥ 1.8リットル
・エタノール‥‥ 900cc
・グリセリン‥‥ 720cc
・苛性ソーダ‥‥ 18g

①ヘチマ水をキッチンペーパーかコーヒーフィルターで濾す。

②後でよく混ざるようにヘチマ水を180ccとって苛性ソーダを溶かしておく。

③残りのヘチマ水に②を入れ、グリセリンを混ぜる。

④③にエタノールを加え、よく混ぜてでき上がり。

アロエクリームのつくり方

［材料］
・ヘチマ水
・アロエ
・深海ザメのエキス
・蜜蝋

①ヘチマ水をコーヒーのフィルターかキッチンペーパーで濾す。

②アロエの葉をきざみ、ひたひたになるくらいの精製水で煮出す。

③細かくした蜜蝋と深海ザメのエキスを湯せんにかけて溶かす。

④①と②を75度まで湯せんで温める。

⑤湯せんした①と②を混ぜたものに③を加えて混ぜる。③の量は①+②に対して2〜3割が目安。

⑥白くとろみがつくまで20〜30分冷めるまでかき混ぜる。

※深海ザメのエキスと蜜蝋、でき上がったクリームを入れる容器（80g×6個）のセットを9600円で、(株)ソフトアイで販売しています。TEL:03-3267-2131

*ヘチマ水の採取法　ヘチマの茎を地面から30〜50cmで切り、根につながるほうの茎を清浄な1升ビンに挿し、口をテープで閉じる。採取時期は十五夜前後がいい。

スギナ・ドクダミ化粧水

年より若く見られます

畑にはびこるとどんどん増えて厄介なスギナとドクダミ。でも、利用のしかたによってはとても役立つものです。

スギナは、利尿剤としてトウモロコシの毛といっしょに煎じたものを利用。ドクダミは、花が咲き始めたころに陰干しして煎じて飲むと、身体に痛いところのある人によく効きます。

それに私は、スギナとドクダミで化粧水をつくって愛用しています。つくり方は下図のとおり。

夏は農作業で顔も汗びっしょり。一日に何度も水で顔を洗いますが、そのあとに、冷蔵庫で冷やしておいたこの化粧水をピチャピチャとたたきつけると、さっぱりして気持ちがいいです。

首にタオルを巻いて汗を拭くので、ほとんどすっぴんで仕事をしますが、あまり日焼けはしません。皆さん、年より若く見てくださいます。肌はツルツルしてシワもシミもあまりありません。スギナ・ドクダミ化粧水のおかげでしょうか。

また、手に付けると肌荒れしません。冬でもヒビやあかぎれができません。若いころは、ヒビとあかぎれでひどい手になり、痛くて困りましたが、もう長いことすべすべの手でいます。農作業をすれば手に土はつくし、豆などを扱うと手が荒れやすくなるものですが平気です。

足のかかとにも、風呂上がりにすり込んでいます。

（佐藤ユキエ）

スギナ・ドクダミ化粧水のつくり方

［材料］
- スギナ 20g
- ドクダミ 20g
- 焼酎（25度）750mℓ
- グリセリン 20mℓ
- ハチミツ 大さじ1.5杯

※スギナ・ドクダミはよく干したもの。ドクダミはつぼみか花が咲いた状態のものを根をよく洗って利用。グリセリンは薬局で購入。

①ふたの大きな容器にスギナとドクダミを入れ、焼酎を注いで10日間くらい浸けておく。

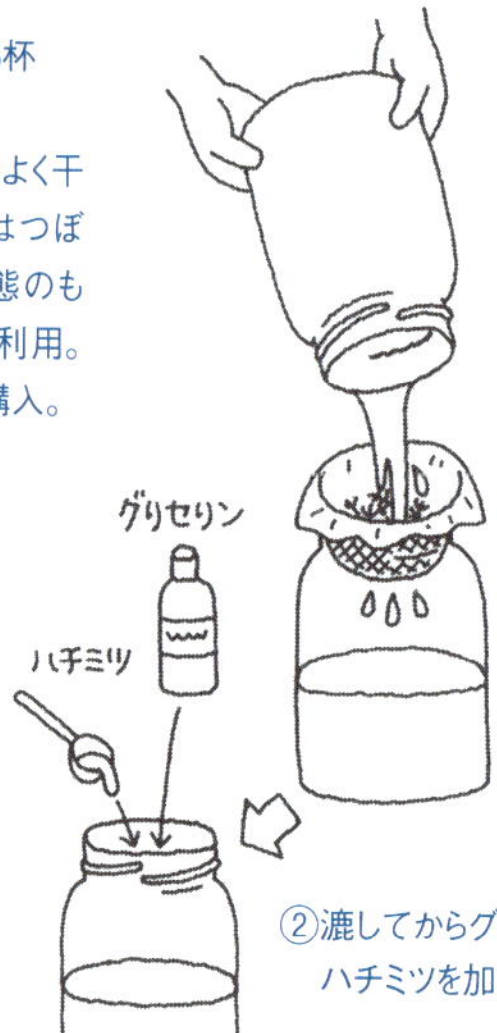

②漉してからグリセリンとハチミツを加える。

③冷暗所に1カ月ほどねかせてでき上がり。

※ドクダミとスギナは乾燥させて保存しておき、化粧水は少量ずつつくったほうがよい。

乾燥ヨモギ

お肌しっとり、心もやすらぐ

入浴剤

化粧水

次女の出産から三年が経つ頃、なんとなく体調に異変が……。何が変かと聞かれても答えられなかった。だけど玄関に人が来てもなんとなく出たくない。平成十三年のことだった。

なんだか気分のどこかに歪みがあるような不思議な感じ。だんだんとわかってきたのは、たいへんなダメージを受けた次女の出産で自分の体調も崩れてきていたということだった。彼女の入院中は私も気が張っていたので、退院後にその影響が表われてきたのかもしれない。

私は、天候のいい日はできるだけ高台の畑に通うことにした。畑で野菜を植え、世話をしていると心が和んだ。

畑のそばの休耕地にたくさんのヨモギが出ているのに気付いたのも、そうして畑に通うようになったときのこと。摘んで帰ったヨモギを天気のよい日に干し、入浴に使ったりするようになった。体調が思わしくなかったので、よいと言われることは、この際なんでも試してみようと実践したのだ。

ヨモギ入浴はとても温まり、ヨモギの香りがほんのり漂う、心安らぐすばらしいものだった。心だけでなく身体のほうも、季節の変わり目になるとカサカサしていた肘やかかとがそうならなくなっていた。

私は、休耕地にたくさん生えていたお肌によいヨモギを摘んでインターネット販売してみようと思いたった。それが平成十五年六月のこと。私はこのときから野草のお店「よもぎや」を始めた。

下図はお肌にいい乾燥ヨモギの使い方。何年も皮膚科に通ったけど治らなかったお肌のトラブルが消えて驚いた、というお便りをいただくとこちらもうれしい。

（亀井志津江・よもぎや店主）

※よもぎや
新潟県上越市吉川区赤沢一六〇〇
TEL〇二五―五二〇―九九七二
http://www.e-yomogiya.jp/

乾燥ヨモギのつくり方と利用例

利用法

乾燥したヨモギを2～3cmに刻む。乾燥ヨモギ5gほどと水1ℓを鍋に入れ、煮立ってから5分ほど待って火を止める。
※同じように乾燥して刻んだドクダミやセイタカアワダチソウと混ぜて使ってもよい。

荒熱をとってから濾したり絞り出して汁をとる。

●ヨモギローション
汁を冷蔵庫に保管しておいて、お風呂上がりに乾燥してかゆいところにつけるとよい。

●ヨモギ入浴
〈その1〉汁を湯船に入れて入浴
〈その2〉乾燥したヨモギ10～15gを布でくるんでお湯とともに洗面器へ。しばらく待って溶け出した成分を湯船に入れてもよい。布でくるんだヨモギをそのまま湯船にいれてもOK。

採取
6月末から7月、20cm以上に育ったヨモギの地上部全部を採集。

乾燥
太い茎は除いて、カラカラになるまで干す。真夏の天気のよい日に1回干し直すと長持ちする。

ユズのタネ

私の万能薬

化粧水

お茶

冬の味覚、ユズ。皮は煮物やジャムに、果肉でジュースやぽん酢をつくれます。また残ったタネも使えるのです。

「ユズのタネは私の万能薬よ」という高知県香美市にお住まいの坂本愛幸さんに、「ユズのタネ化粧水」のつくり方を教えていただきました。

●ユズのタネ化粧水のつくり方

①タネは洗ってよく干す。

②タネ1に対して日本酒3の割合でビンに入れて、二〜三カ月置いたらでき上がり。

お酒のかわりに焼酎を使い、グリセリンを少し落とすやり方もある。ハンドクリームのかわりに手に付けても臭いが他に移らないので、そのあとに食品を扱っても安心。

●ユズのタネ茶のつくり方

ユズのタネお猪口一杯に対して水コップ一杯の割合でやかんに入れ、五分以上沸騰させてつくる。

「苦いけど体にいいの。ユズのタネには消炎効果があるみたい。歯槽膿漏もじんましんが出たときもこれで直った。ユズのタネは私の万能薬よ」（坂本愛幸）

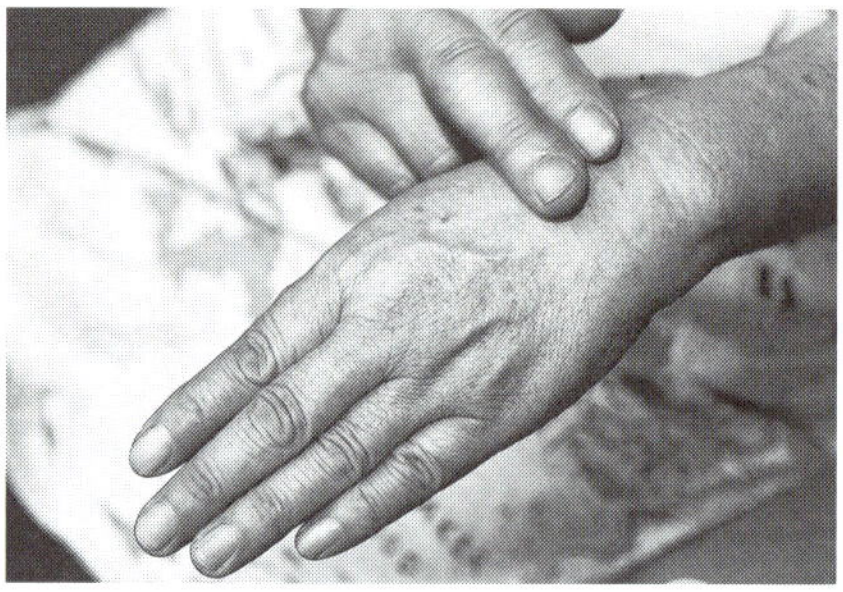

「お風呂上がりに毎日顔と手に少量塗っているのよ。農作業しててもこの通り！　ツヤツヤのピカピカでしょ」

お酒を注いだばかりの時は左のように透明。日が経つとほんのり色がついてトロミが出てくる。

裏技公開！　黒焼きユズのタネでトゲ抜き

トゲ抜き

「小さなトゲや爪の間に刺さったトゲは針でもうまく抜けないでしょ。そんなときでも絶対に抜ける裏技があるの」と坂本さん。

①まずフライパンでユズのタネを乾煎り。中まで黒くなるまで10分くらい火にかける。

②黒くなったらタネをすり鉢で擂って、粉々になったら1口ほどのご飯を入れてまた練る。ユズの果汁を1〜2滴垂らすとご飯がよくまとまるわよ。

③黒くなったこのご飯をトゲの刺さったところに被せて、乾燥しないようにご飯の上から紙→ラップ→包帯の順に巻いて、一晩待つ。

翌朝、ご飯をとって、トゲの刺さっているところを軽くつまむと、「ピュッ」と簡単にトゲが抜ける。

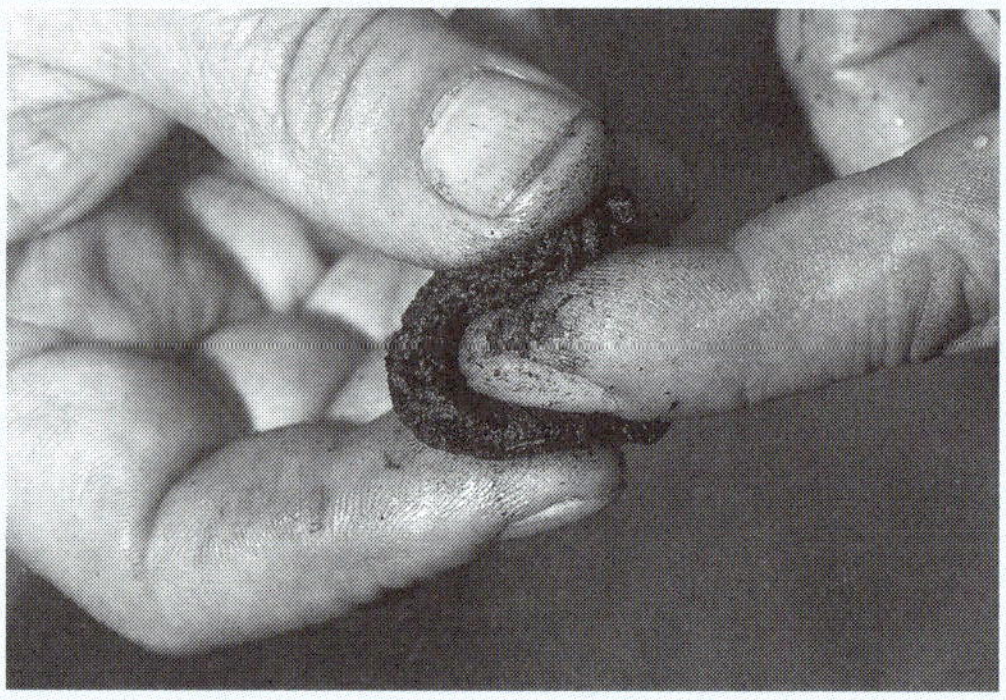

納豆化粧水

ネバネバ成分でお肌しっとり

化粧水

納豆のネバネバの成分は、ポリーγ—グルタミン酸（ＰＧＡ）と多糖のフルクタンから構成されているのですが、ＰＧＡには特有の保湿作用があることがわかりました。微生物が生産することから地球に優しい生分解性素材としても注目されています。その利用目的のために、私どもはＰＧＡを大量生産するための研究を行なっています。

このような研究を行なう過程で、「ＰＧＡの生産に使用した器具を洗った後の手は、洗剤を使っていても手荒れしないようだ」という点に学生が気付きました。ＰＧＡに皮膚の保護作用があるのではないかと考え、企業の方に手荒れを防ぐ台所洗剤ができないか相談して、結果として納豆石鹸を商品化しました。納豆石鹸を使ったあとは肌がしっとりして、使用しつづけると皮膚の新陳代謝をよくしていくことが認められました。

納豆化粧水でも同様の効果が得られます。市販の納豆からつくることができます。乾燥して荒れた手足などに化粧水として使用すると、二週間ぐらいで効果が現れてきます。使い続けることで肌のもつ乳酸やアミノ酸などの保湿成分の増加が認められ、肌のシミなどが取れると考えられます。

（白石　淳・福岡女子大学人間環境学部）

白く巻き付いているのが、納豆のネバネバがもつ保湿成分PGA。市販の納豆から水とアルコールで取り出せる。

納豆化粧水のつくり方

［材料］
- 納豆　100g（約2パック）
- 水　300ml×2（別々に使う）
- 無水アルコール　600ml

①食べるときと同じように納豆をよくかき混ぜて、粘りを出す。

②水の中に①を入れ、丁寧にかき混ぜる。

③水全体がネバネバしてきたらガーゼで2回漉す（写真）。漉した液の中に納豆が入らないように。

④別の容器に入れた無水アルコールに、③で漉した液をゆっくり加える。このとき箸でネバネバを巻き取るようにして混ぜる。しばらく混ぜていると、濁っていた液が透明になってきて、箸に納豆の糸がからみついてくる。この糸がアルコールで洗われて、ゴムのような感触のPGAがとれる。

⑤箸に巻き取ったPGAをアルコールから取り出して、水300mlに溶かす。溶けにくいので、アルコールをつけた脱脂綿で消毒したハサミでPGAを細かく切ると早く溶ける。

⑥溶けたらでき上がり。ただ、大豆アレルギーの方は使用できないので注意。冷蔵庫で保存を。

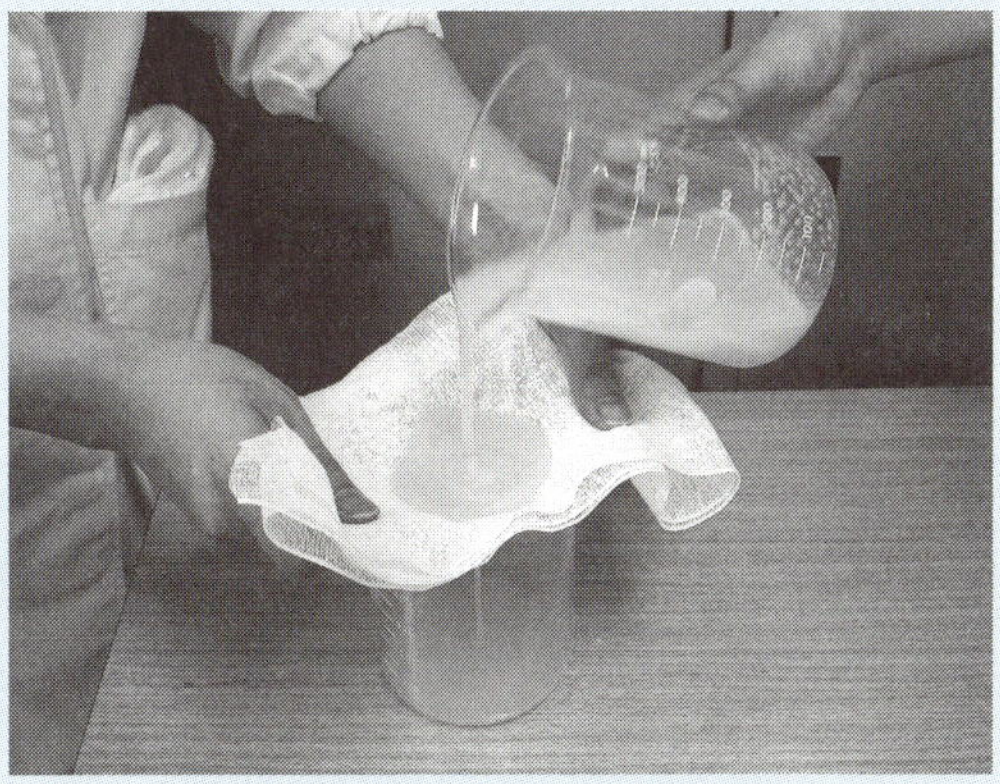

水のなかで納豆をかき混ぜ、ガーゼで2回濾す。

からだのケア④

歯を磨く

ハミガキ

ハコベ塩

消炎作用で歯槽膿漏に効く

崇城大学薬学部教授で薬草の活用に詳しい村上光太郎先生に、ハコベ塩のつくり方を教えていただきました。ハコベ塩で歯を磨くと歯槽膿漏が治ります。

ハコベは各種出血（鼻血、痔出血、生理不順など）を治し、産前産後の体調不良を改善し、腹痛、腰痛、神経痛を和らげ、冷え症も改善することで知られています。

ハコベは土地が肥えて、ミネラル豊富な所でないと生えてきませんので、ハコベそのものにもミネラルが豊富に含まれています。

歯槽膿漏に効果があるのも、この豊富なミネラルによる消炎作用が関係しています。体のあちこちに痛みがある、化膿しやすいという人は、このハコベ塩を常時使うか、ハコベのおしたしを食べるとよいでしょう。

また、ハコベ塩を老人性皮膚掻痒症や床ずれの人の患部に塗布したら、改善したと喜ばれたことも多いので、試して見るとよいでしょう。風呂上がりに塗布するのが、一番効果的です。

（編集部）

ハコベ塩のつくり方

①ハマグリやホタテの貝殻に乗せた塩の上からジューサーで搾ったハコベ汁を垂らし、焦がさないように弱火で乾燥させる。汁気がなくなったらまたハコベ汁を垂らし、これを何度も繰り返す。

②塩がまんべんなく緑色になったら貝殻ごとすり鉢ですって完成。貝殻を使うのはカルシウムを補うため。カルシウムはナトリウムと一緒だとよく吸収される。

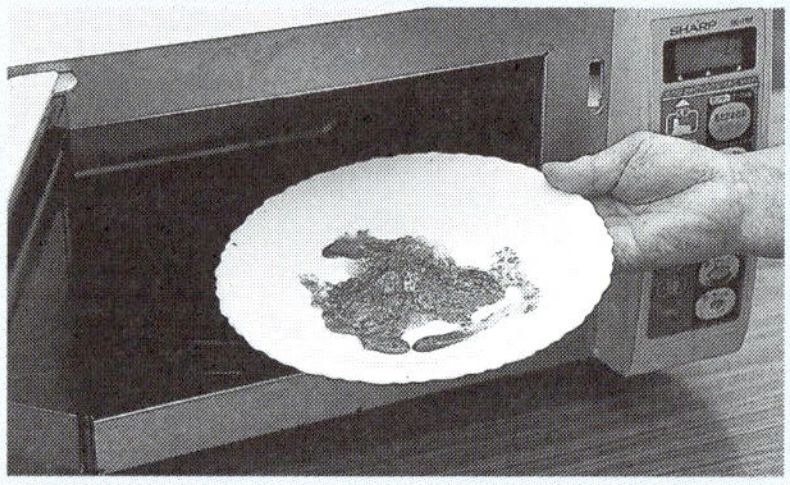

③急ぐときは、電子レンジで乾燥を繰り返してもよい。

④完成したハコベ塩。ハコベ塩で歯を磨くと歯槽膿漏に効く。

クマザサ・ナス塩

歯周病予防に

秋田県協和町は高齢化が進んでおり、また脳卒中が全国的に見ても最も高率で、多くの寝たきり病人がおりました。一番困ったのは、高血圧や心疾患、糖尿病など、寝たきり病人には麻酔薬の使用ができない人が多くいることでした。歯科医にとって、麻酔薬や抜歯ができないことは、近代的治療がほとんどできないことと同じで、大変困惑してました。そのような人には、自然療法で治療と予防ができないかと模索してできたのが、「クマザサ・ナス塩」です。現在ではこの薬の使用を一般の歯周病にも広げ、歯科治療の手段の一つにしています。

ではなぜクマザサ・ナス塩が効くのでしょうか。漢方の原典の一つ『本草綱目』に「牙歯腫病隔年檀茄焼灰頻頻乾擦立効」とあるように、ナスの黒焼きを擦り込むとよいとあります。中国では何千年も言われており、いまだに使用されています。それで私も裏の畑のナスのヘタと、自然食品店の塩でつくってみましたが、歯肉炎や歯肉出血などにたいへん有効でした。

クマザサ・ナス塩のつくり方

予防と軽傷用のクマザサ・ナス塩のつくり方は、次のようにします。

①ナスのへたの塩漬け（一カ月くらい漬けたもの。漬物のナスのへたの廃物利用でもOK）と、クマザサ（粘膜保護剤になります）を用意する。

②この二つをもう使えなくなったような古いフライパンや鍋で、フタをして蒸し焼きにして炭化する。

③②に同量の自然塩（岩塩）を加えてすり鉢ですればでき上がり。

（青木信一・秋田県仙北郡協和町歯科診療所）

＊予防用、軽症用には岩塩でなくてもよい。

歯周病（予防・軽症用）に効く歯磨き粉のつくり方

ナスのヘタの塩漬け
（漬物のナスのヘタ）
クマザサを適当に切る
ナベなどのフタをかぶせる
蒸焼きにする
同量ずつ
自然塩
炭のようにする
すり鉢でよくする
歯ブラシにつけて
ブラッシングする

ナス炭

歯痛知らずの歯磨き粉

岩手県花巻市に住む照井寿弘さんは、七二歳になっても入れ歯が一本もない元気なお父さん。その秘訣を教えてもらいました。

何でも、出荷できないナスを炭にして、歯磨き粉として使うだけというのです。

まず、ナスを輪切りにして、天日で乾かします。晴天なら三〜四日で乾きます。その後、火をおこして、鉄鍋でナスを半日かけて黒く焼きます。最後に、すり鉢ですりつぶし、ふるいにかければ、完成。

四年前、歯が痛くなったとき、これで歯を磨いたら痛みがひいたそうです。黒コゲのナスだから、なんか苦そうだな、と思ったのですが、これが全然苦くないとか。

医者嫌いの寿弘さんは、「もう歯医者には行かなくてよくなった」と大喜びでした。

（編集部）

緑茶

子どもたちの虫歯半減

ハミガキ

うがい

本校は京都府の南東部、宇治茶で有名な宇治市の東に位置し、すぐ隣は滋賀県に接する山間地域にあります。虫歯の罹患率は少なく、毎年良い歯の表彰を受けています。しかし、年々罹患率がわずかですが増加し、何かよい手立てではないものかと思案していました。ちょうど茶業青年会長から茶の提供の話がありましたので、それまで実施していた市販の歯磨き粉での歯磨きをやめて、茶所の本場にふさわしいお茶で歯磨きとうがいを実施することに決定しました。

では次に緑茶が虫歯予防にどのような効果をもたらしているかをご紹介します。

お茶のフッ素が歯を強くする

身体に含まれるフッ素のほとんどは歯と骨に存在すると言われ、微量のフッ素が歯の表面を丈夫にし、虫歯になりにくくすると言われています。そこで虫歯予防のため、フッ素を飲料水や歯磨き剤の中に混ぜたり、歯に直接塗るフッ素塗布も研究されています。しかし、私たちが毎日飲むお茶にも、このフッ素が含まれており、一番手軽な虫歯予防なのです。

お茶のカテキンが歯垢を防ぐ

虫歯菌繁殖の温床となる歯垢《しこう》がつくられなければ、虫歯菌は酸を出さず、虫歯は防げることになります。歯垢がつくられるのを防ぐカテキンというものが茶の成分に含まれているのです。

お茶のポリフェノールが虫歯菌をやっつける

虫歯菌を殺せば、もちろん虫歯はできません。茶の中のポリフェノールは、虫歯菌に対して殺菌効果があることが実証されています。

以上の他にも口臭予防やタバコの脂付着予防、抗ウイルス効果、眠気覚ましなど、いろいろな効果がありますが、ここでは歯に関係のある事柄に絞ってみました。

要するに、お茶による

①歯の表面をフッ素でコーティングして酸から歯を守る

②虫歯菌が巣くう歯垢の形成を阻害する

③虫歯菌を殺す

というトリプル効果によって、緑茶は虫歯予防に役立っているのです。

歯磨きに使用する緑茶はごく簡単にできますので、ご家庭でも試してみてください。（横川正隆・宇治田原町立奥山田小学校校長）

歯磨き茶の使い方

①歯ブラシにコップに入ったお茶を何回もつけて磨く。

②最後にブクブクうがいとガラガラうがいをする。ブクブクうがいは歯にたまった食べ物のカスを取り、カテキンで歯の表面をコーティングする。ガラガラうがいは風邪の菌やO-157の菌などの雑菌を除去する。

歯磨き茶のつくり方

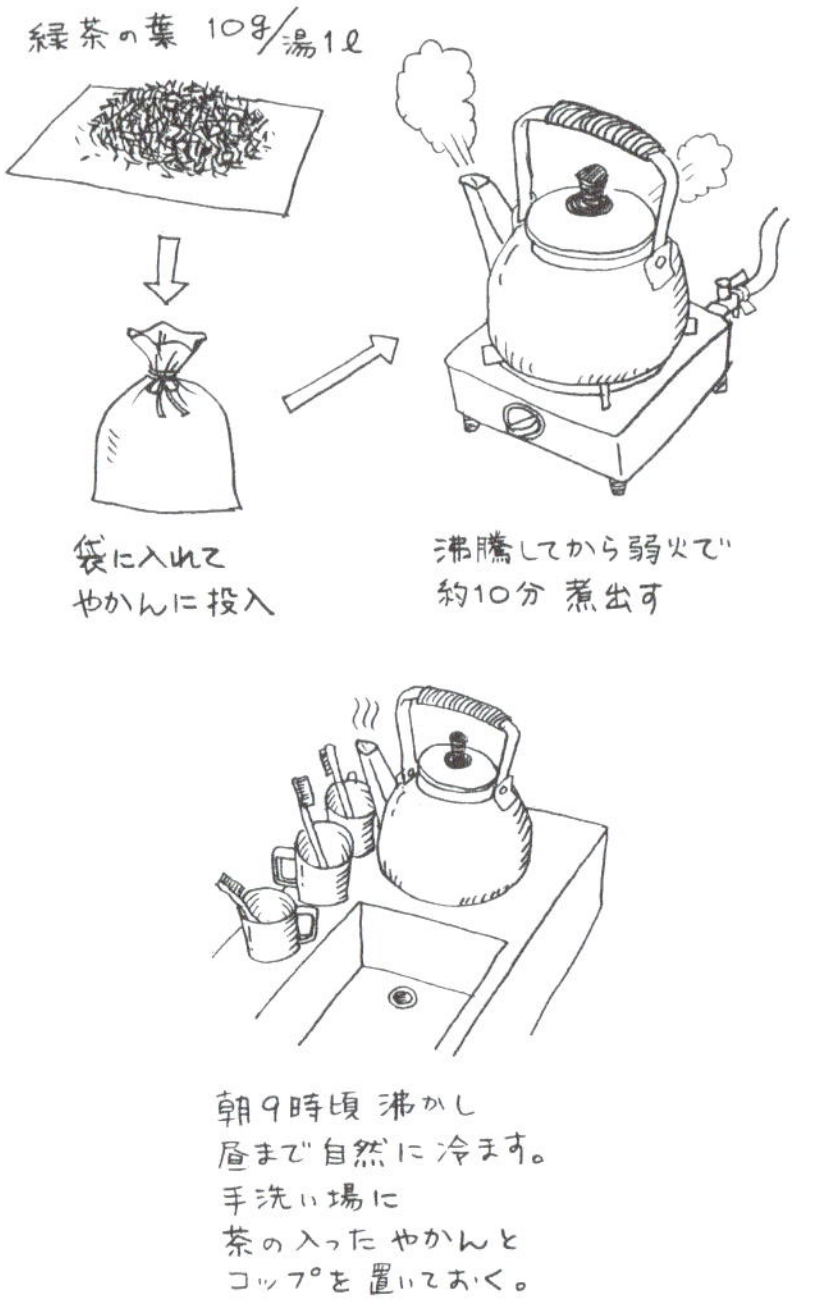
緑茶の葉 10g/湯1ℓ
袋に入れて
やかんに投入
沸騰してから弱火で
約10分 煮出す
朝9時頃 沸かし
昼まで自然に冷ます。
手洗い場に
茶の入ったやかんと
コップを置いておく。

クズ、クマザサ、松葉

さらば歯周病

ハミガキ

うがい

私はあまり丈夫でなく、疲れたり風邪を引いたりすると、口内炎や歯周病に悩まされてきた。仕事中に痛んだり、夜中に痛んだり、歳をとると慢性化して、毎日、不快な日々を送ることになる。私はいろいろな民間療法を行ない、この不快な歯周病から解放された。その方法を紹介したい。

クエン酸で血が抜ける

私が最初に歯周病対策に使ったのがクエン酸。歯茎が腫れたとき、練り歯磨きにクエン酸をまぶして歯を磨いたのだ。

クエン酸で磨くと歯茎から血が抜けてラクになる。練り歯磨きとともに使ったのは、クエン酸の刺激を和らげるためだ。それでも治らない場合がある。治らない場合は腫れが和らぐのを持つことと、虫歯などの病巣がないか、専門医の診断を受けることである。

この方法は、クエン酸の殺菌、浄血作用によるのか、効くときには本当によく効いた。

クズの葉はティッシュ

戦時中、食料不足だった頃、クズ葉の粉の入ったパンが配給になった。その頃、便所のトイレットペーパーとしてクズ葉を利用していた。クズ葉はただれ、傷などに効果があるから、痔の衛生に役立ったという。

クズは地上数メートルもある木を巻き付いて枯らしてしまう。たいした生命力だ。クズの根からクズ粉を採った後に残るアクは、滋養・強壮の薬になるという。クズ粉の産地ではこのアクでダンゴをつくって食べるので、健康で長生きする人が多いそうだ。

私は昨年、クズ葉を採集しては、一日に三、四枚食べた。芽の部分は食べやすく、暖かい季節にはどこにでもあるのがよい。目的は歯周病の予防である。お陰で歯周病が出なくなった。クズ葉の葉緑素、植物繊維がよいらしく、胃腸の調子もよく、便通もよくなった。

私の場合、クズ葉は口の中を拭くティッシュである。

クマザサ　あぶって卓効

山仕事をする人が怪我をすると、クマザサに油をつけて火であぶり、その焼き油を傷に付けて治したという。私は山で歯茎が痛んだとき、クマザサの葉を火であぶって口に入れ、しゃぶってみた。確かに歯茎の痛みが和らいだ。葉をあぶったのはエキスがよく出るからだ。

松葉　さわやか仙人食

松葉は「仙人の食」と伝えられてきた。動脈硬化や脳卒中などの予防には青松葉を煎って、生の葉の親指大の量を一日数回、噛み続けるとよい。『本草綱目』には「松を服して強壮なり、歯を固め、目や耳をよくし、傷を治し、久しく服すれば身を軽くして不老延年し、中風、心臓また脳によし」と出ている。

松は常緑なので、利用するのに都合がよい。味は普通だが、葉の先がとがっているのでしゃぶりにくい。私は山を歩きながら木から葉をむしってしゃぶっている。口中さわやかになる感じで、胃腸にもよい。

ナンテン　葉も茎も実も

歯茎が腫れて痛むときには葉を煎じて含むとよい。また茎と実を煎じたものでもよく、生の葉をかみしめるだけでもよい。私は庭にナンテンの木があるので、口内の衛生のために、時々しゃぶることにしている。

ビワの葉酒で歯磨き

近所の猫が毛が抜けて皮膚の上から骨が見える状態になっていた。相談があったのでビワの葉酒を皮膚に塗ったり、飲ませたりしてもらった。すると一カ月くらいで毛が生えて、猫は元気になった。

歯周病で歯茎が腫れたり痛むと、ビワの葉酒で歯を磨いている人がある。ビワの葉酒には消炎作用があり、腫れ、痛み、皮膚病によく効く。痛むところへビワの葉を火であぶって温灸してもよく、夜、歯茎が痛むときにはビワの葉を口に含んで寝たこともあった。

その他、アロエ、スギナ、茶なども効くとのこと。以上の民間療法で、不快な歯周病から解放された。私は牛のようによだれを出しながら、木の葉や野草をしゃぶって、健康でお金のかからない生活を楽しんでいる。

（田平喜作郎）

庭でリサイクル ①

生ゴミを堆肥にする

コンポスト

段ボールコンポスト

ベランダ、庭でも失敗しない

冬は「ペットボトル湯たんぽ」で水分の蒸散、発酵を促進

私は今までコンポストと野積み(ワラ、畑の残渣物、落ち葉、雑草、米ヌカ等)で堆肥をつくってきましたが、足の病気が悪化したこともあり、三年前から段ボールを取り入れています。

農家は生ゴミを他の有機物と一緒にコンポストに積めばいいのですが、実情は生ゴミだけを放り込むため、水分過剰で腐敗させてしまいます。すると、ニオイと虫が発生して嫌になり、生ゴミを燃えるゴミに出すという家も多く見受けます。

その点、段ボール箱なら場所もとらず、お年寄りでも非農家でも軒下やベランダに置いて手軽にできます。発酵熱で湯気が出て生ゴミの水分が蒸発するので、腐敗する失敗がないという利点があります。

つくり方は左頁の通りです。段ボール(一〇kgのミカン箱)にガムテープを貼って容器をつくると一年間は使えます。二～三カ月して堆肥が増えてきたら、半分取り出して、夏なら秋に野菜をつくる場所に土と混ぜておき、箱のほうには米ヌカを足して再び生ゴミを投入してゆきます。

わが家は残食はゼロですが、魚介のクズ、米のとぎ汁、仕事の出先でもらう生ゴミや廃油は段ボールに、野菜クズ、落ち葉、ウサギやニワトリの糞尿、学校給食の残食の一部はコンポストにと分けて使っています。

発酵して熱が出て生ゴミが消えてゆくことはコンポストも段ボールも同じですが、コンポストは冬は発酵しません。

段ボールは、熱湯を入れた小さなペットボトルを中に埋めておくと、白い湯気をモウモウと立てて生ゴミを分解します。これで、生ゴミの水分が蒸発するので、米のとぎ汁を加えると水分調整がうまくゆきます。廃油、魚肉クズを入れると分解が早まって温度も上昇します。

堆肥の成分は調べていませんが、ミネラルやその他の養分が豊富であることはおいしい野菜が育つことでうかがえます。

段ボールとガムテープがあれば簡単にできる「段ボール堆肥」。箱の内側に張った新聞紙はなくてもよい。(提供／NPOみどりの市民)

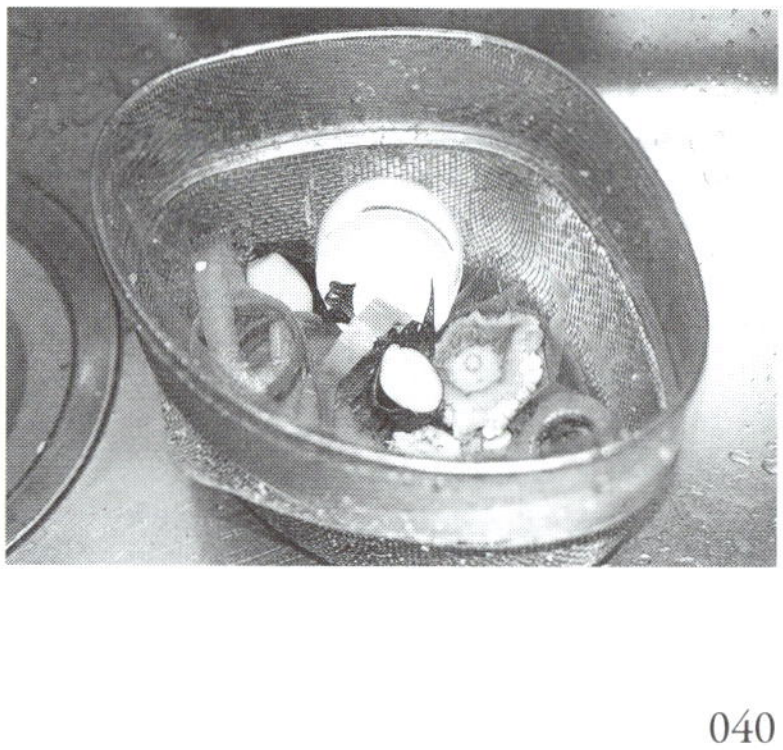

生ゴミを介した循環 ぜひ食農教育にも

段ボールは軒下やベランダ等、身近なところに置けるので家族が関心を持てる点も魅力です。最初はバカにした子どもや夫が四〇～六〇度の熱が出て生ゴミが消えてゆくことに驚き、感動して自らやるようになっ

たという声も聞きました。

段ボールの中で生ゴミが消えてゆくことや、この堆肥を入れた畑で育った野菜をおいしく食べることを通して、「いのちの循環」を理屈ぬきで感じてほしいと思い、勉強会や講演にも必ず段ボールを持参しています。箱の中に手を入れると子どもたちは「温泉が湧いてくるようだ!」と言います。

そして、「山の樹木が落ち葉で埋まらないのも、植物が元気に育つのも、私たちが健康であることも、箱の中で働いている目に見えない生きもののおかげだよ」と話をします。食農教育の中で子どもや父兄といっしょに実体験することをおすすめします。

ニオイもなく、軒下で簡単にできるので、都市部の消費者の方たちにもおすすめしています。近所に農家があったら堆肥をあげて野菜のお裾分けをもらったらいいし、直売所では堆肥を引き取り、「野菜金」(エコマネー)と交換することをおすすめしています。農業のよき理解者、応援者になってくれると思います。

(細井千重子)

段ボール箱でつくる生ゴミ堆肥

[材料]

・段ボール箱‥‥大きさは10kgのミカン箱程度
・中敷の段ボール‥‥箱の底と同じ大きさ
・すのこ板、または発泡スチロール‥‥段ボール箱は地面に直に置くと通気性が悪くなるので、これらを段ボールを置く台とする。
・ガムテープ
・腐葉土(5kg)
・米ヌカ(3kg)

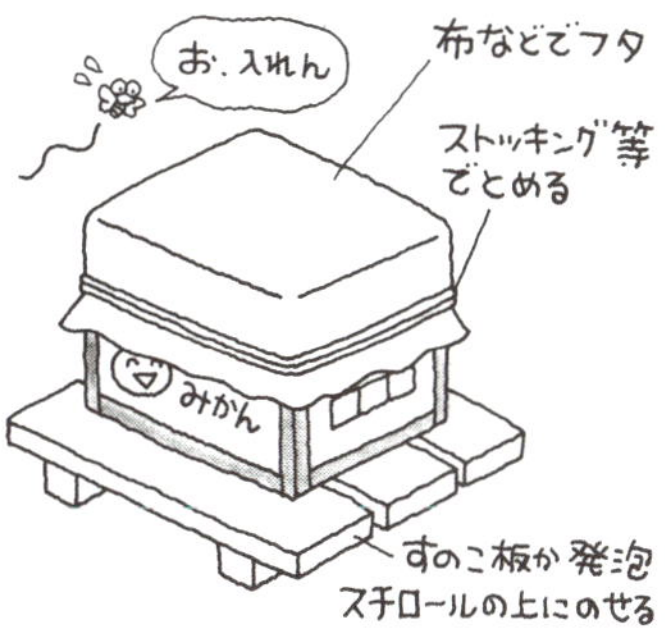

[設置する場所]

・雨の当たらない風通しと日当たりのよい軒下かベランダ。15℃程度の温度があるところ。
・虫が入らないよう布をかけ、端はストッキング等でとめる。
・箱の下にすのこ板(発泡スチロールでもOK)を置き、箱の台にする。

[つくり方]

①段ボール箱で容器をつくる
・箱の底をとめ、中敷の段ボールを敷いて、生ゴミの湿気予防とする。
・段ボール箱の上フタを立てて角をガムテープでとめる。他の辺も内外ともガムテープで補強。

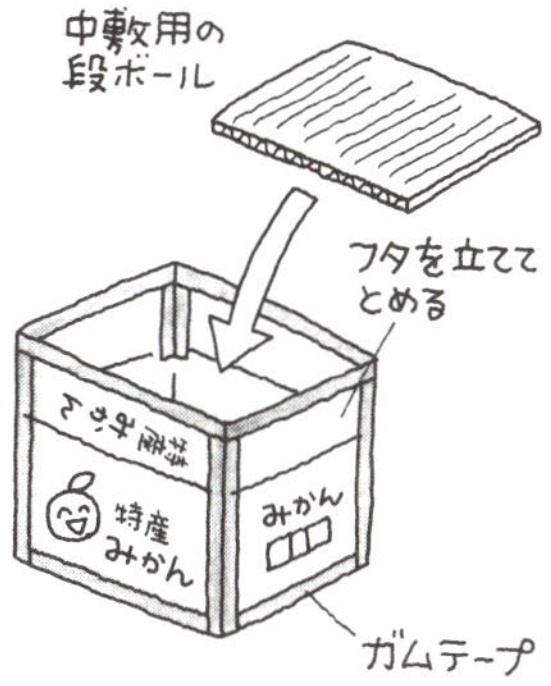

②床づくり
・腐葉土と米ヌカを良く混ぜて箱に入れて、床とする。

③生ゴミを入れる
・水切りした生ゴミをバケツに移し、米ヌカを2〜3つかみ入れ、スコップでザクザク刻むように混ぜる。これを床の中に入れて、よく混ぜ合わせる。
・あとは毎日生ゴミが出たらそのつど床の中によく混ぜてゆくだけ。
・生ゴミの量は1回目は1kg以上、2回目からは500〜600gを目安に入れる。
・1日1回は空気を入れながら切り返す。発酵してくると40〜60度になって湯気を立てて発酵する。新聞紙をのせて蒸散した水分を吸着させてもよい。
・乾燥すると発酵温度が上がらないので米のとぎ汁などの水分を加える。水分状態の目安は、手で握るとおにぎりができ、離すと崩れるぐらい。
・生ゴミは小さいほうが分解が早い。トウモロコシの芯やカニ、貝の殻などは入れない。

④箱いっぱいになったら(2〜3カ月後)
・箱のままときどき切り返し、新鮮な空気を入れながら熟成させる。または、畑や庭など土と混ぜて1カ月おいてから堆肥として使う。
・ただし、全部は土に戻さず、少し残して次の床に使う。

コンポスト利用術

パイプを付けて急速分解

コンポストの空気の流れをよくする方法を二年間テストした結果は、非常に満足のいくものです。

基本的には、出た生ゴミをポリバケツでまず嫌気性発酵させてから、コンポストに移すやり方ですが、臭いがなくなるのと分解の速さの秘密は、コンポスト容器に付けた塩ビ管にあります。空気の流れをつくることで、短時間で臭いのなくなる好気性発酵を実現できるのです。

ニオイなしで一週間で堆肥に

分解の速さは予想以上です。バケツの生ゴミをコンポストにあけるとすぐに発熱、発酵、分解がはじまり、フタをあけて、ニオイを確認してもまず翌日には堆肥臭となっております。生ゴミの水分はまったく問題なく、むしろ水分の多いほうが好条件を備えているように思います。

この方法を確立するまでは、生ゴミの処理は、冬まで溜めて、春に使用ということを行なっていましたが、最近は、最終投入以降、速い時期では一週間で堆肥化できています。

（宮阪菊男）

①まずはフタ付きポリバケツで一次発酵

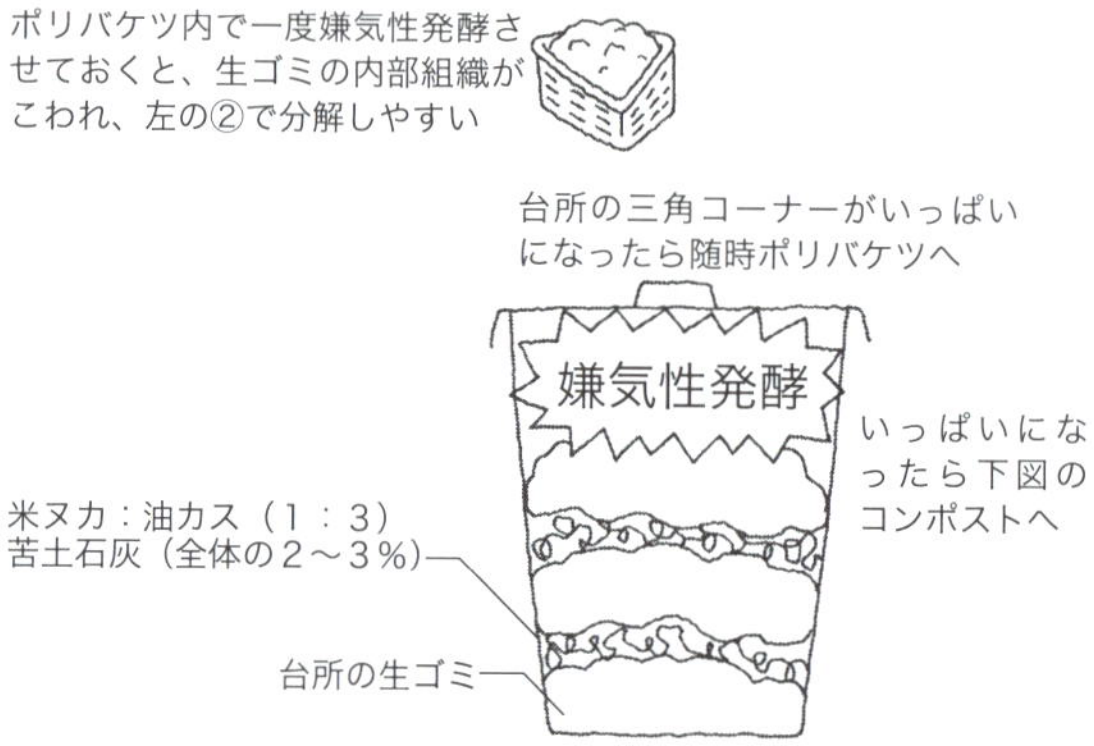

ポリバケツ内で一度嫌気性発酵させておくと、生ゴミの内部組織がこわれ、左の②で分解しやすい
台所の三角コーナーがいっぱいになったら随時ポリバケツへ
嫌気性発酵
いっぱいになったら下図のコンポストへ
米ヌカ：油カス（1：3）
苦土石灰（全体の2～3%）
台所の生ゴミ

②空気の流れをよくしたコンポストで二次発酵

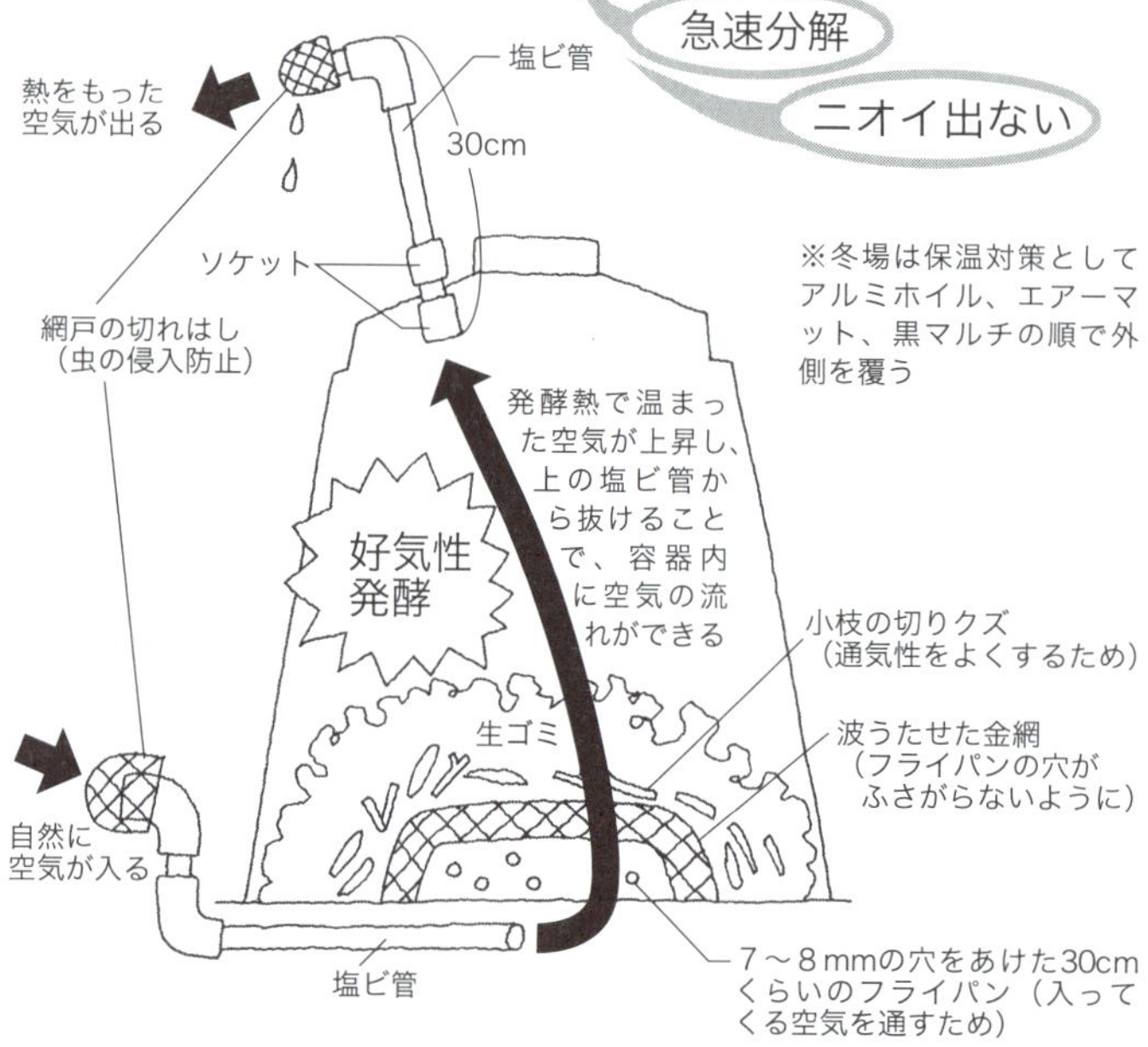

急速分解
ニオイ出ない
熱をもった空気が出る
塩ビ管
30cm
ソケット
網戸の切れはし（虫の侵入防止）
※冬場は保温対策としてアルミホイル、エアーマット、黒マルチの順で外側を覆う
発酵熱で温まった空気が上昇し、上の塩ビ管から抜けることで、容器内に空気の流れができる
好気性発酵
小枝の切りクズ（通気性をよくするため）
生ゴミ
波うたせた金網（フライパンの穴がふさがらないように）
自然に空気が入る
塩ビ管
7～8mmの穴をあけた30cmくらいのフライパン（入ってくる空気を通すため）

コンポスト

左の図のコンポストを改良したドラム缶コンポスト（底を抜いている）。周囲をアルミホイル、エアマット、黒マルチの順に覆って保温し、モグラ、ネズミ除けのタマネギネットを底に広く敷いている。

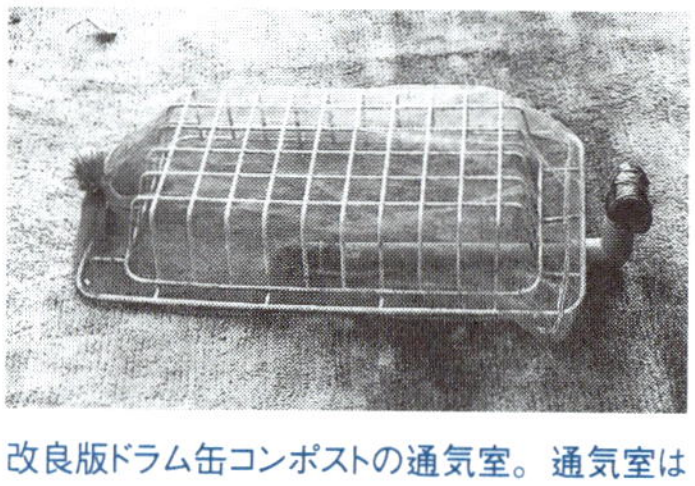

改良版ドラム缶コンポストの通気室。通気室はステンレスの食器水切りカゴにタマネギネットを被せ、その中に吸気パイプを突っ込んでいる。

竹パウダー

ニオイなし、虫も来ない！

コンポスト
竹パウダー

昨今、家庭でできる生ゴミ堆肥化キットが流行しているが、福岡の主婦グループ「エコママ」の生ゴミキットは床材がなんと竹を粉末にした竹パウダーだ。

軽い、虫が来ない

竹パウダーは、床材が腐葉土のものよりもずっと軽くて混ぜやすく、生ゴミの水分をしっかり吸収してくれる。竹にはミネラルや糖質が多く含まれていて微生物が多くひそんでいるからか、生ゴミのニオイもまったく出ないし、虫が来ない。

キットの発泡スチロールの箱に竹パウダーを入れたら、あとは毎日生ゴミを入れてかき混ぜるだけ。生ゴミは細かければ二〜三日で消えていく。四隅や下のほうもよくかき混ぜ、通気性のいい布カバー（箱のサイズぴったり、エコママお手製）をしておくのがポイント。

箱がいっぱいになったら生ゴミを入れるのをやめ、布カバーをして待つ。二週間くらいですべて消えてしまうので、土とこれを四対一の割合で混ぜ、野菜や花づくりに使う。

生ゴミリサイクルキット七〇〇〇円。発泡スチロール箱に竹パウダー、スコップ、布カバーまで付いているので、生ゴミさえあればすぐに始められる。竹パウダーのみは三〇〇〇円。
＊キットの注文はエコママ橋本
TEL〇九四〇—四三—〇九七六まで

甘くて、美味しい野菜ができる

この堆肥だと甘くて美味しい野菜ができるのも評判のようだ。キットを推進する環境啓発団体「地球のめぐみ」の梅﨑由美子さんは「今までもいろんな生ゴミ堆肥を使ってきましたが、竹パウダー製は野菜の育ち方、味が全然違うんです！」と言う。（編集部）

これぞ竹パウダーの力

①竹パウダーを箱の1/3くらい入れ、米のとぎ汁などで湿らせる。ここへ毎日、生ゴミを投入してはよくかき混ぜ、布カバーを付けておく。

②投入した生ゴミは2〜3日で消えていくので毎日入れていける。タネや生長点の残るヘタ部分などは、むしろ発芽したり、新しい葉が生えるなど生命力がみなぎっていた。おそるべし竹パワー。

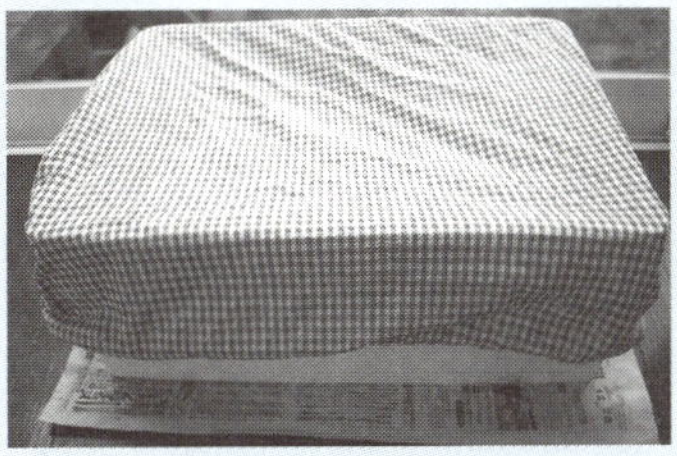

③箱がいっぱいになったら布カバーをつけて完全に分解されるのを待った。生ゴミは入れず、週に1、2回かきまぜた。

④2週間後、生ゴミが消えた!?　分解しにくいミカンの皮も、細かくしたダイコンの芯も姿は見えなくなっていた。

⑤竹パウダーにひそむ微生物の力で、何の残骸だかわからぬほど分解されている。

ミミズコンポスト

ゴミに出さなくて済む

コンポスト

「ミミズ（シマミミズ）で生ゴミ処理」のやり方

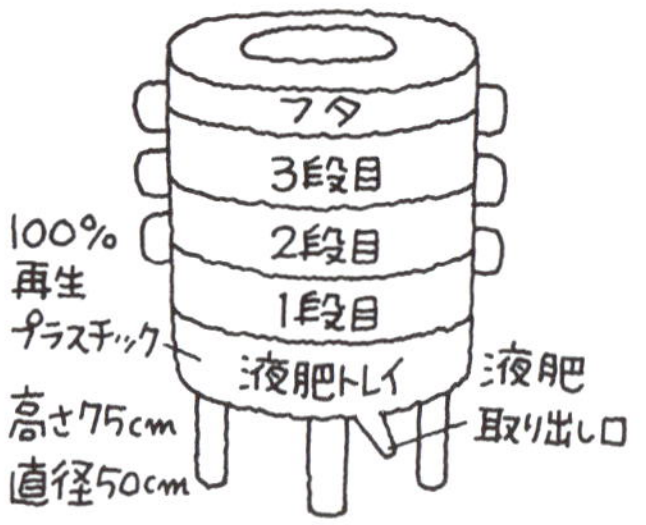
フタ
3段目
2段目
1段目
液肥トレイ
100%
再生
プラスチック
高さ75cm
直径50cm
液肥
取り出し口

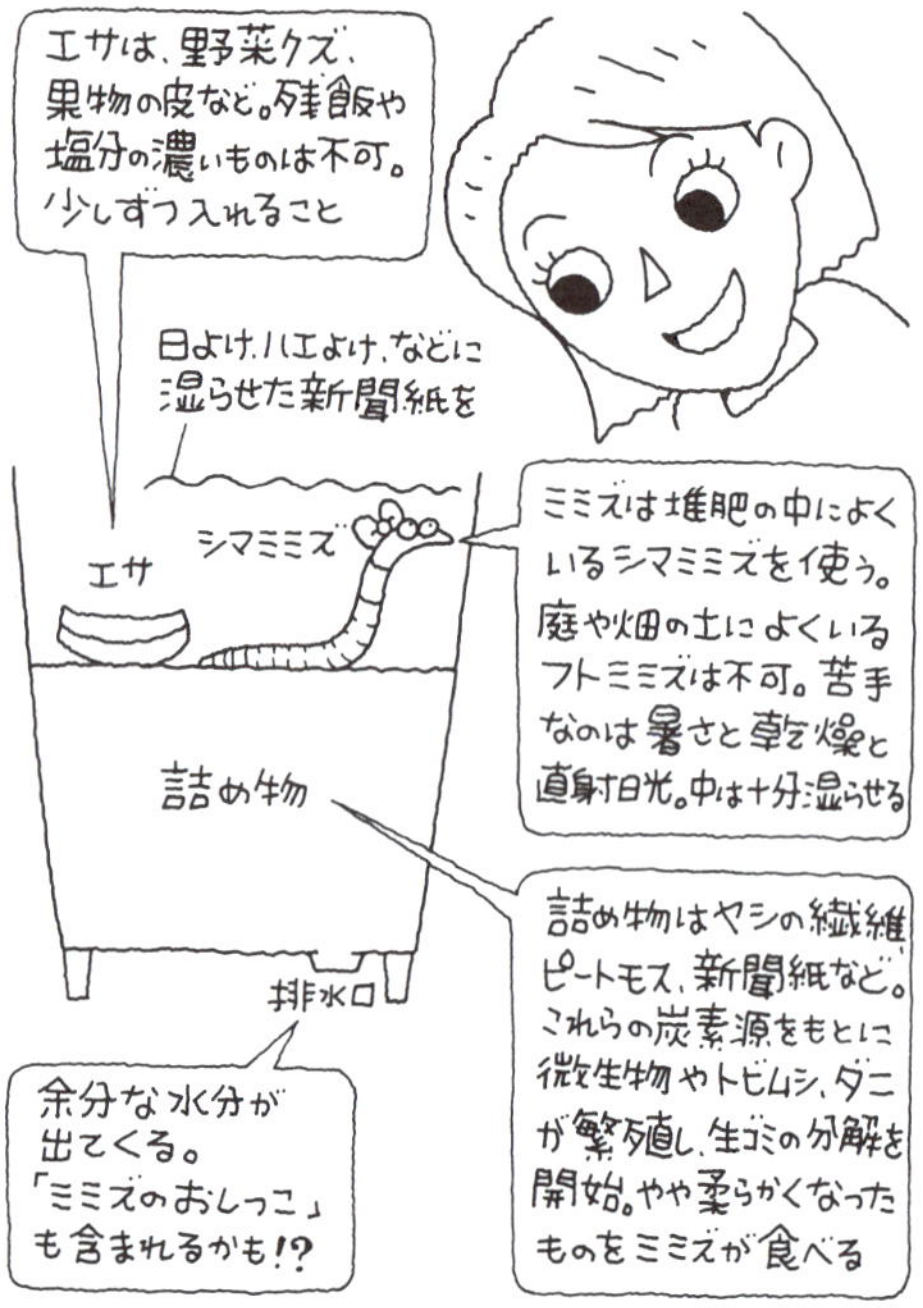
エサは、野菜クズ、果物の皮など。残飯や塩分の濃いものは不可。少しずつ入れること
日よけ、ハエよけ、などに湿らせた新聞紙を
エサ
シマミミズ
ミミズは堆肥の中によくいるシマミミズを使う。庭や畑の土によくいるフトミミズは不可。苦手なのは暑さと乾燥と直射日光。中は十分湿らせる
詰め物
詰め物はヤシの繊維、ピートモス、新聞紙など。これらの炭素源をもとに微生物やトビムシ、ダニが繁殖し、生ゴミの分解を開始。やや柔らかくなったものをミミズが食べる
排水口
余分な水分が出てくる。「ミミズのおしっこ」も含まれるかも!?

「ミミズコンポスト」キャノワーム

各トレイは網目状になっていてミミズは自由に上下移動。1断面のトレイがいっぱいになったら取り外し、上に新しいトレイを重ねる。26250円。オーストラリア製。

生ゴミはほとんど出さない

ミミズがわが家の家族になったのは、平成十年春のことです。

「キャノワーム」というミミズコンポストと共に三〇〇〇匹のシマミミズを入手して飼育を始めました。以来その日から、わが家夫婦二人の台所の生ゴミはミミズのエサとなり、良質の土へと変身をしています。おかげでわが家では生ゴミをほとんど出しません。そしてミミズが出すおしっこも液肥として観葉植物の肥料に活用しています。

夏の管理がポイント、生ゴミは刻んで少量に

ミミズは、空気、暗所、湿度とエサの条件が揃わないと生息できません。「キャノワーム」はミミズにとってよりよい環境を人工的につくってやることで、「生ゴミ処理」と「よい土づくり」をしてくれる一挙両得の器材（コンポスト）です。

ところが、環境が整いさえすればミミズは安易に飼育できると思っていたのが大間違いでした。試行錯誤のくり返しで、幾度となく全滅の危機にも遭遇しかけました。

初めは寒さ対策の心配をしていましたが、実際には暑さのほうが大敵でした。東京都心から四㎞圏内のわが家では、極寒でもコンポストに毛布を掛けた程度でミミズたちは寒さをしのぐことができました。ところが夏には、野菜がコンポストの中で腐り、カビが生え、ミミズが減ってしまいました。生ゴミの悪臭と小虫にも悩まされました。しかしそれも、夏は生ゴミをできるだけ細かく刻み、一回に与える量を少なめにすること、野菜がなくなったら与えること、を試みたところ大成功。ミミズは元気を取り戻しました。

容器の中で卵を産んでどんどん増える

最初、ミミズは詰め物（ヤシの繊維）と共に送られてきましたが、一週間程度は環境に慣れないせいで、食欲もなくコンポストから逃げ出す者が多くて困りました。しかし、落ち着いてからは食欲旺盛になり、卵をたくさん産み、たくさんの子どもが生まれ始めた時は感激でした。ミミズがふえたおかげで、現在は元気なミミズ六〇〇〇〜七〇〇〇匹程度が同居しています。

スイカやメロンが好き？カンキツ類は嫌い？

ミミズにスイカやメロンの皮を与

ミミズの生ゴミ分解力はスゴイ!

①ミミズコンポスト（ミミポット）にスイカ300gを入れた。

②4日目に乾燥防止のために新聞紙を入れる。写真は7日目。スイカがだいぶ小さくなった。

③10日目にほぼ皮だけになった。液肥も340cc採れた。

ミミズコンポストのいろいろ

ミミポット　台所に置けるバケツ形。手軽で初心者向き。排水口付き。3000円。ミミズは500匹2100円。いずれも送料別。

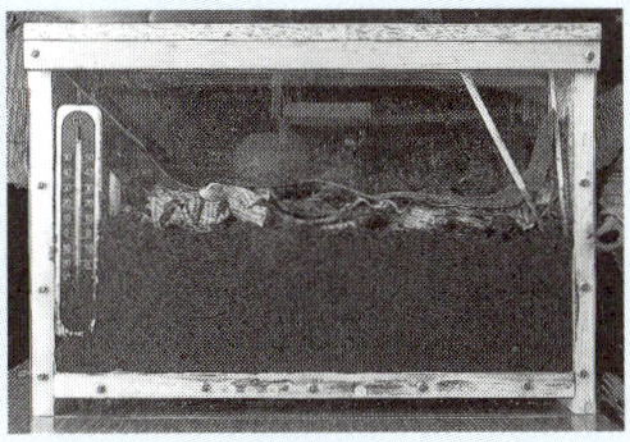

ミミハウス　両面が透明アクリル板で、生ゴミ処理より観察向き。ミミズの糞は簡易に取り出せる。排水口付き。

えると、二～三日で薄皮を残すだけできれいに食べてしまいます。果物類は糖分があるので早く腐食し、ミミズが食べやすい状態になるので好物と思われていますが、実際に甘みを感じたり好き嫌いがあるかはわかりません。

酸味が嫌いなことは確かだと思いますが、カンキツ類は時間はかかりますが分解して土になってしまうので、本当にミミズが嫌いな食べ物なのかどうか気長に観察する必要があると思っています。

環境教育にピッタリ!

私は、「自然環境を守ることが、人間にとって一番大切なことです」ということを子どもたちに伝える活動を行なっています。「アースワーム研究会」を主宰して、ミミズシンポジウムを開いたり、「ミミズ通信」を発行したり。現在、会員は年々増えて八〇名ほどいますが、ミミズはとてもよい教材になります。

実際にコンポストでできた土（ミミズの糞）を加えた土と、普通の庭の土にそれぞれ野菜の種をまき、生育の経過を観察すると、その差が顕著に現れて、ミミズの糞の効用が実感できました。子どもたちもミミズの働きを納得したようでした。

ドイツのフライブルク市にある、メルディンガー小学校のシエーフヮー校長先生を訪ねた時に、「ミミズが食べられないものがゴミです」と言われたことが印象に残っています。生ゴミはミミズによって土に還るものだからゴミではない、ミミズが食べられないような土に還らないものこそがゴミであるというわけです。これからもミミズが私たちに自然のしくみを教えてくれていることを子どもたちに伝えながら、ミミズを飼育していきたいと思っています。

（石橋美冬・（財）科学教育研究会）

http://www.sef.or.jp/

＊記事中の関連商品を科学教育研究会で販売しています。

ＴＥＬ〇三―六七九四―六七八一

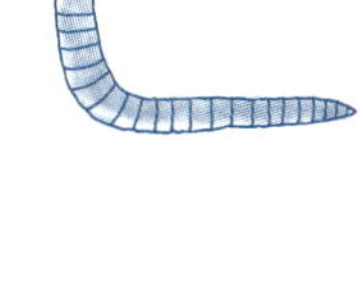

庭でリサイクル ②

落ち葉を処理する

落ち葉集め　堆肥

上手な集め方

こうすればラクラク

昔のように落ち葉をかく農家は少なくなったが、埼玉県三富《さんとめ》新田では今でも「サツマイモ畑一〇a当たりに林一〇a分の落ち葉」を目安に毎年欠かさず利用している。

フワフワとかさばり、サラサラとつかみどころのない落ち葉を効率よく集めるにはどうすればいい？　江戸時代から続く「落ち葉産地」でコツを聞いた。

落ち葉の向きを揃えて空気を抜く

三富新田の上富《かみとめ》地区・早川光男さんのサツマイモは、冬に集めた落ち葉を苗床（温床）に使い、一年寝かせた落ち葉堆肥を春、本畑に使う。落ち葉以外に肥料分を一切使わないやり方で、どこの産地にも負けない「味」をつくってきた。

光男さんは落ち葉の集め方をお父さんの宏さんから教わったが、おそらく何代にもわたって改良を施されて編み出されたやり方なのだろう。竹の熊手、人の手、竹カゴは、傍目には時代遅れに見えても、落ち葉の向きが揃って空気が抜けるので、実はもっとも合理的な方法だ。

落ち葉をかくなら竹の熊手が一番。

落ち葉かきは平地林一・二haを家族四人が、残りの五〇aはボランティア三〇人が担う。家族分は五日間かかるが、ボランティア分は二時間で済む。光男さんは「初心者向きのシートを使った簡易なやり方もあるけれど、慣れれば昔ながらのやり方のほうがラクで早い。それに参加者の評判もいい」と言う。

竹のしなやかさ人手の細やかさがいい

三富新田の下富《しもとみ》区・横山進さんも体験落ち葉かきを主催する農家の一人。他の道具をいろいろと試してみたが、結局、今まで通りが一番いいようだ。

金属製の熊手はコシが弱いとすぐ伸びてしまうし、コシが強いと引っかかり過ぎて抜けなくなる。竹の熊手はかくと落ち葉を適度につかみつつ、力を抜くと引っかかることなくスッと落ちる。先が二股になっているので、細い木の周りの落ち葉もかきとれる。裏側を使って、トントンと落ち葉を落ち着かせることもできる。

落ち葉を詰めて運ぶカゴ「はちほん」も竹製だ。落ち葉を入れれば入れるほどに安定し、転がしても口から漏れ出ない構造になっており、一カゴに八〇kgくらい入る。そして、この竹カゴに落ち葉を押し詰めるには、靴ではなく、足の指の力が活かせる地下足袋がいい。進さんは「落ち葉って自然のものでしょう？　自然のものには自然のものの相性がいい」と言う。

（編集部、協力／犬井　正・獨協大学）

落ち葉の集め方

熊手でスジ状に集める

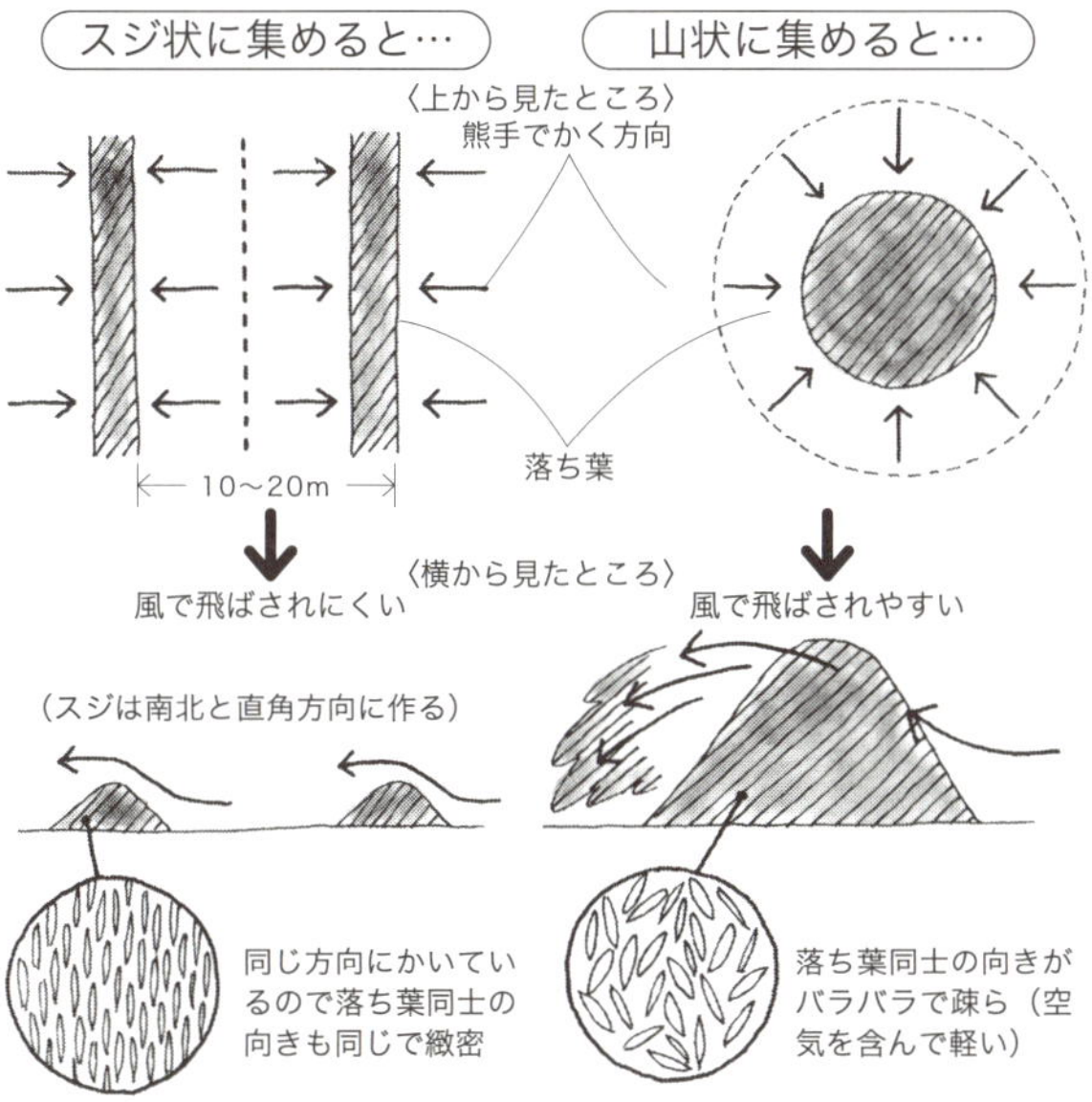

スジ状に集めると…
山状に集めると…
〈上から見たところ〉
熊手でかく方向
10〜20m
落ち葉
〈横から見たところ〉
風で飛ばされにくい
風で飛ばされやすい
（スジは南北と直角方向に作る）
同じ方向にかいているので落ち葉同士の向きも同じで緻密
落ち葉同士の向きがバラバラで疎ら（空気を含んで軽い）

竹の熊手と竹カゴ「はちほん」。落ち葉かきにはこれに勝る道具はない。

転がして運ぶ

締まっているので口からほとんど出ない
ゴロゴロと軽トラのところまで

回しながら出す

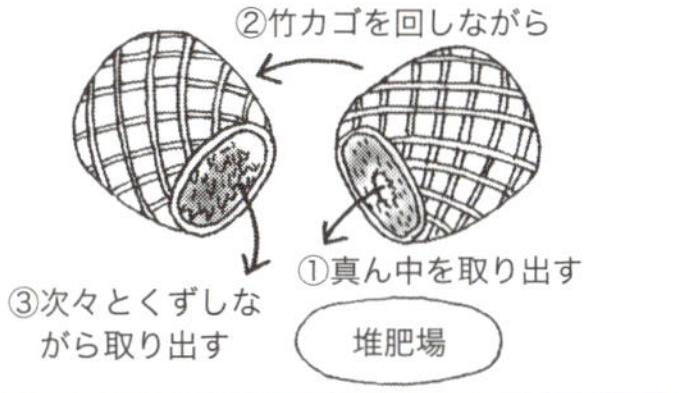

②竹カゴを回しながら
①真ん中を取り出す
③次々とくずしながら取り出す
堆肥場

もっと簡単なやり方

（能率は落ちるけど初心者向き）

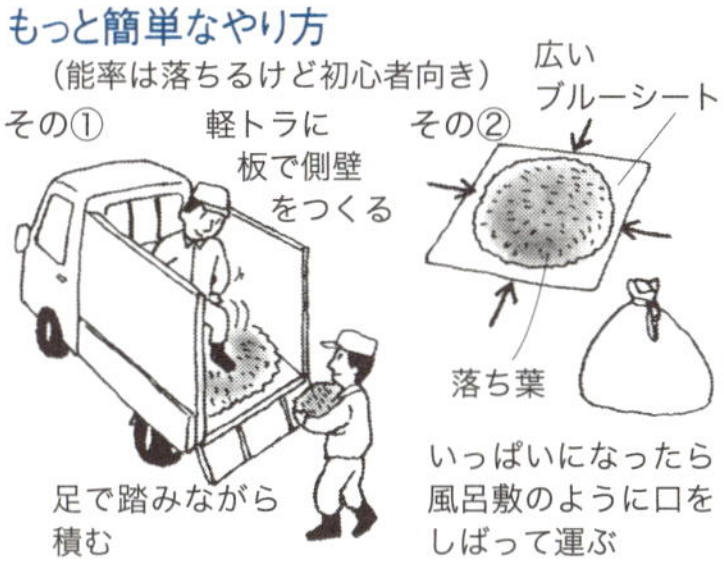

その①
軽トラに板で側壁をつくる
その②
広いブルーシート
落ち葉
足で踏みながら積む
いっぱいになったら風呂敷のように口をしばって運ぶ

竹カゴに詰める

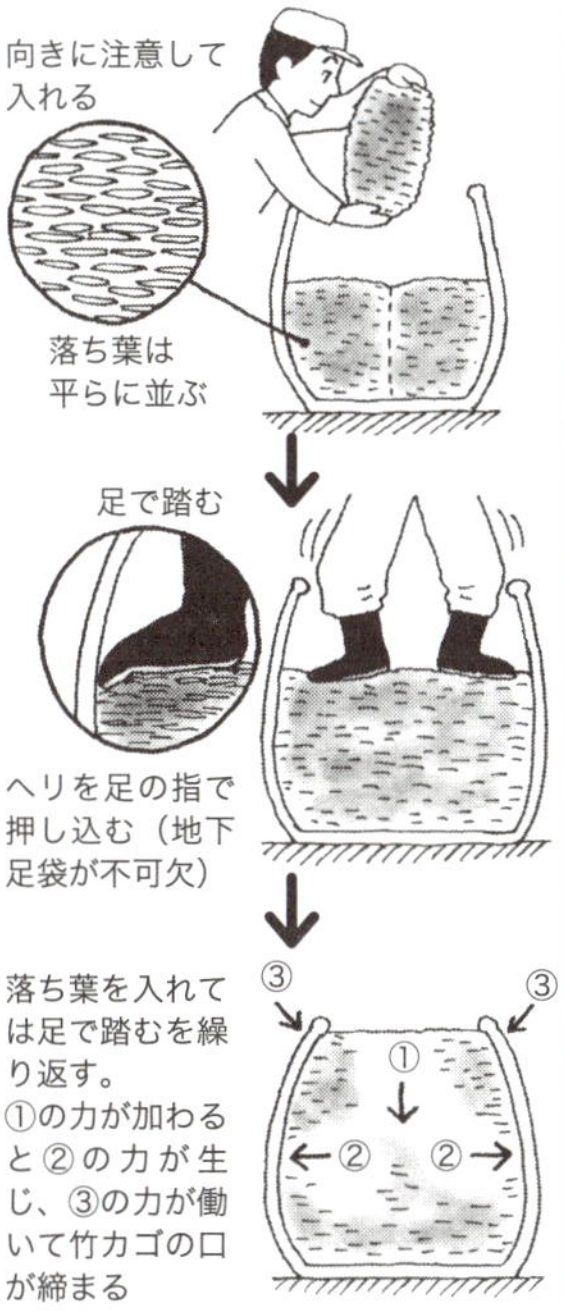

向きに注意して入れる
落ち葉は平らに並ぶ
足で踏む
ヘリを足の指で押し込む（地下足袋が不可欠）
落ち葉を入れては足で踏むを繰り返す。①の力が加わると②の力が生じ、③の力が働いて竹カゴの口が締まる
③
③
①
②
②

左右交互に手でまとめる

右手で同じ方向に落ち葉を寄せる
落ち葉の固まり
それを左手で逆方向に落ち葉を寄せる
左右繰り返すうちに固まりが大きくなっていく
向きがそろって緻密な固まりのでき上がり

二本の棒で落ち葉集め＆運びをラクに
―岡山県高梁市・平田コトさんのワザ―

落ち葉
棒

①50cmほどの棒を足元に置き、熊手で落ち葉をかき集める。棒は寄せ集める落ち葉のストッパー役になる。

②熊手で足元に落ち葉を集めたら、棒で押さえながらまとめる。

棒

③押さえつけた棒と足元に置いた棒で両方から挟み込むようにして落ち葉を持ち上げる。

ヒモ

④あらかじめ並行に置いた2本のヒモの上に、まとめた落ち葉の束を棒と一緒に置く。土手などに寄りかからせるように置くとやりやすい。

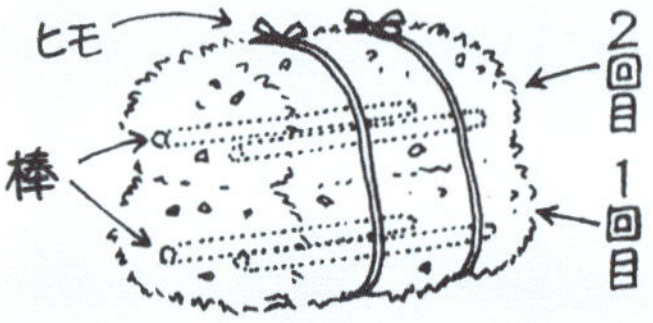
ヒモ
棒
2回目
1回目

⑤以上までを2回繰り返したらヒモで結んでまとめる。落ち葉が側面から落ちないように熊手で叩く。

（編集部）

落ち葉温床―分解時の熱を使う　温床

落ち葉の踏み込み温床で発熱の実験
けっこうあついんだぞ
オッ
じっちゃんの堆肥つくり
ひみつ基地の暖房につかえるじゃんか!
寒いときでもちゃんと発芽
5cmの厚さに落ち葉、ふすまをバラバラとかけ、水をかけながら踏み込む
落ち葉を集め、サツマイモの苗床つくりをまねて発熱の実験
熱がにげないように、まわりをワラで囲む。
しばらーくしてから手をさしこむと、60〜70℃の熱が出ていてアツイ!
（おフロよりあついんだぜ）

踏み込み温床で発熱
ビニールシートやワラを敷く
こんなじっけんも
落ち葉を食べるダンゴムシ
林床では虫が落ち葉から土をつくって大活やくしているんダ
ダンゴムシ20〜30ぴき
落ち葉
スプレーで水気を与えて、ふたをし、日陰におく
大きめのタライ
● 1〜2日で、しいれておいた落ち葉がゴッソリへる。ダンゴムシが食べて、たくさんウンコをしている。（このウンコは畑に入れると最高!）
● このウンコも微生物がきれいに食べて（分解して）しまう。

（トミタ・イチロー、協力／山田卓三・兵庫教育大学）

腐葉土に
カブトムシの力で

栃木県下野《しもつけ》市の桜井吉野さんがつくる腐葉土は、直売所でたいそうな人気だという。ずばり商品名は「カブトムシのつくった腐葉土」。裏山の落ち葉を積んでカブトムシの幼虫を入れておけば、あとは勝手に腐葉土になるのだ。手入れは一切不要。

「わたしももう年だから、なんとかラクしなきゃ。カブトムシにおまかせするのが一番手っ取り早い」

この腐葉土を野菜苗の床土にすれば根張りがよくなる。カボチャの元肥に使えば、ツルぼけせずに順調に育つ。播種後の覆土にも最適である。

「幼虫が糞出すでしょう。あの糞がいいに決まってる」

直売所では二〇ℓサイズの袋に入れて、二三〇円で販売。家庭菜園をする人がよく買っていくそうで、毎年三〇〇袋ほど売れる。去年なんて、トマト専業農家からの大量注文も舞い込んできた。

（編集部）

腐葉土

レジャーシートに落ち葉をのせて引っ張ると、ラクして大量に運べる。10a分の落ち葉を一山に積む。裏山の土地は60a歩あるので落ち葉の山が6つできる。

カブトムシの糞がたっぷりの腐葉土。これをふるいにかけて、透明の袋に入れて販売。

カブトムシにまかせて腐葉土づくり

12月

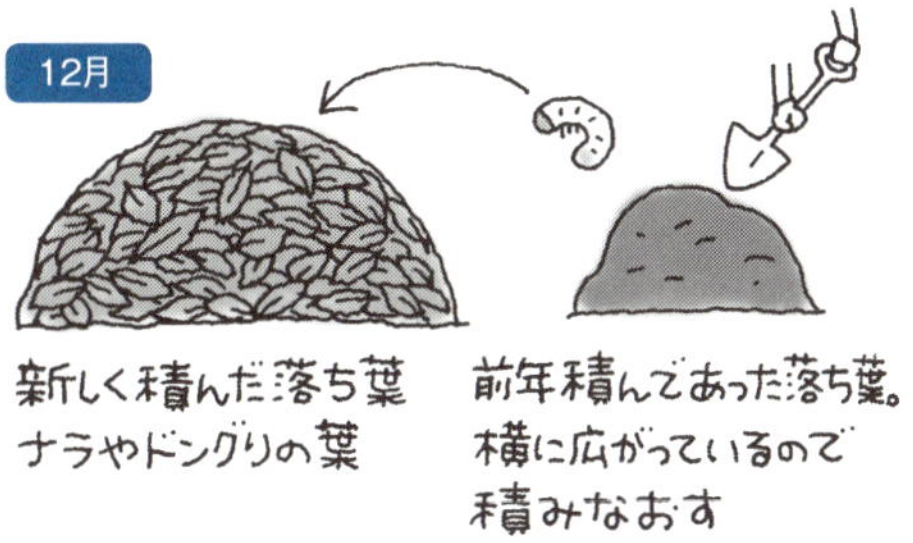
新しく積んだ落ち葉
ナラやドングリの葉
前年積んであった落ち葉。
横に広がっているので
積みなおす

前年積んだ落ち葉（腐葉土）の隣に、新しく落ち葉を積み、幼虫を300匹ほど移す。残った幼虫は孫の友達などにあげる。

2〜3月

幼虫
このあとサナギになり
落ち葉や土の中で成虫
になり、出ていく

腐葉土を販売。新しく積んだ落ち葉はまだそんなに分解していない。

7〜8月

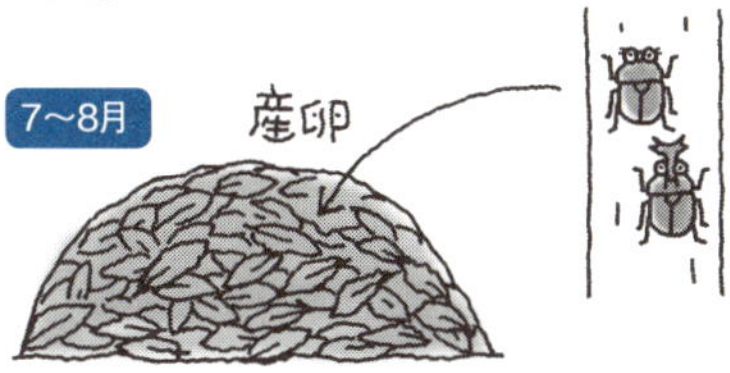
産卵

羽化したカブトムシが卵を産みにくる。そこで孵化した幼虫が盛んに落ち葉を食べ、糞を出す。微生物も活発になる時期で、落ち葉の分解が進む。

10月

かさは10分の1に。

庭でリサイクル ③

炭焼き 柿渋づくり

お花炭

空き缶で焼いてアクセサリーに

本格的な炭焼きは大きな窯と場所、時間が必要だが、誰でも簡単につくれる炭がある。お花炭だ。木の実や葉っぱ、野菜などをそのままの形で炭にしたお花炭は、人の目を引く。部屋に飾れば調湿・消臭効果のあるインテリアとなる。

お花炭を焼く簡単な方法が、お菓子や海苔の缶を使うやり方だ。フタの付いた缶ならなんでも使える。

①フタに二カ所くらい釘で穴を開けて、煙の出口にする。

②炭にするものは松ぼっくり、どんぐり、木の実、木の葉、木の枝など、缶に入れば何でも良い。そのままでもいいが、木の葉など壊れやすいものはアルミ箔で包んでから入れる。

③しっかりフタをして火にかける。火は弱めに保つほうが、きれいに焼き上がる。しばらくすると、煙が出てきて、二〇～三〇分くらいで煙が消えてくる。

④煙が消えたら火を止めて、完全に冷ましてから、フタを開ける。

他に柳や桑などの枝を焼けば軟らかい炭ができ、絵を描くことができる。

（編集部）

花炭

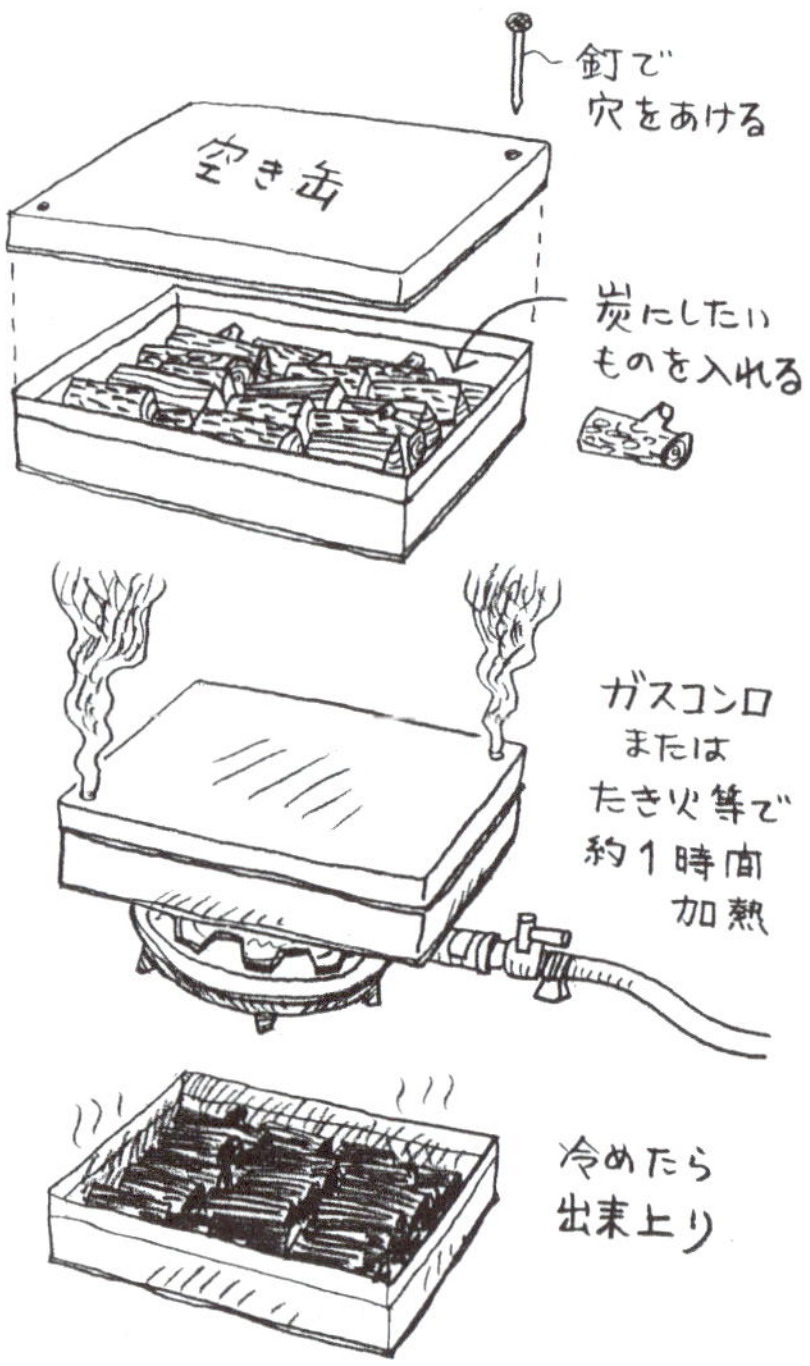

釘で穴をあける
空き缶
炭にしたいものを入れる
ガスコンロまたはたき火等で約1時間加熱
冷めたら出来上り

空き缶を使って1時間で炭を焼こう

熱いうちに開けると、熱で発火し、燃えてしまうので注意。火加減などは何度か焼いて自分たちでコツをつかみましょう。ガスコンロでなく、たき火でももちろんOK。

松ぼっくり、クリ、木の枝‥‥何でもお花炭になる。

炭を焼く

一斗缶なら場所いらずで都会向け

校庭の竹林や樹木からは毎年剪定した枝が残ります。このまま捨てると有料の事業所ゴミですが、炭に加工すれば立派なエネルギー資源です。といっても都会では煙や資材の問題もあり、なかなか炭焼きができません。そこで場所もとらず、資材もガラクタを利用できる、一斗缶を使った炭焼きを紹介します。

（山岡寛人・東京大学教育学部付属中等教育学校）

準備

- 一斗缶‥‥床用ワックスや水性ペイントの空き缶をきれいに水洗いして使う。
- 煙突用の鉄パイプ‥‥古いパイプ椅子の脚などを利用。
- 一斗缶を細工する大型の缶切り
- 穴掘り用のスコップ
- ノコギリ
- マッチ
- 軍手
- うちわ

窯づくり（約1時間）

①一斗缶の底を大型缶切りで半分ほど切ってあける。
②太さ4〜5cmの枝を一斗缶に入る長さに切り揃え、びっしりつめる。
③一斗缶の切り口を軽く閉じ、焚き口とする。
④かまど用の穴をスコップで掘る（約30cm×60cm×20cm）。

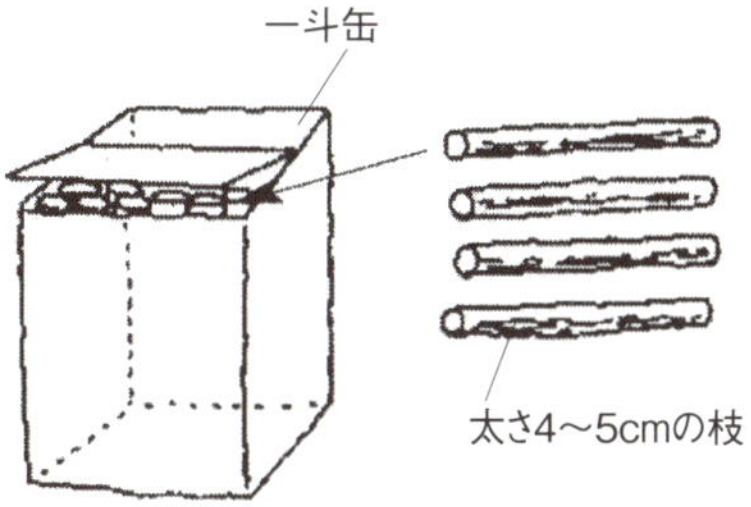

火入れ（約1時間半）

①かまどに落ち葉や細い枯れ枝を入れて、マッチで火を着ける。
②太めの枝をくべて大きなたき火にしたら太い枝を穴に渡して一斗缶をねかせる。
③一斗缶の穴から濃白色の煙（水煙）が出てくるまでたき火に枝をくべる。水煙が出たら一斗缶の枝に着火完了。
④一斗缶の穴に鉄パイプを差し込んで煙突にする。
⑤近くの雑草を抜いて、一斗缶に次々にかぶせ、さらにその上に土をどんどんかぶせる。かまどの穴が埋まっても構わないが、焚き口は開けておく。
⑥煙の色と臭いを観察する。刺激臭のある白褐色の煙（黄肌煙）になったら焚き口を閉じる。

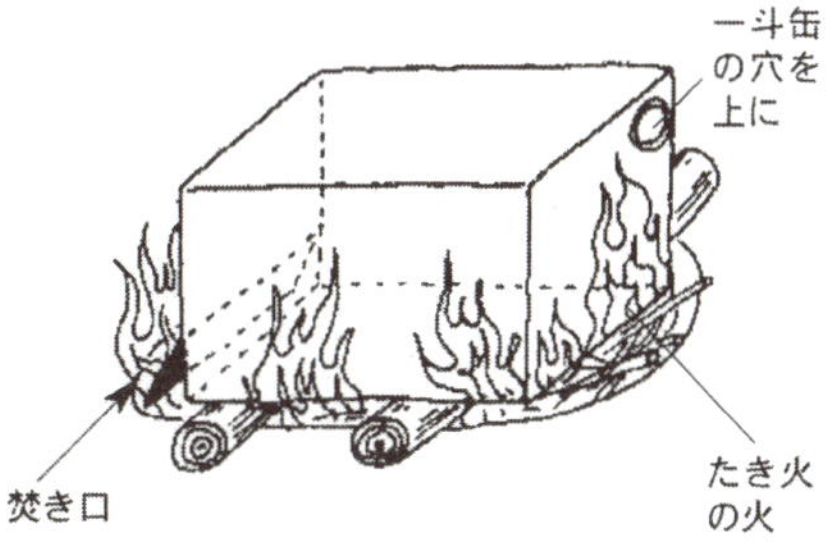

完成（約4時間）

煙の色が淡青色になったら焼き上がりに近い。煙がとまったらでき上がり。一斗缶を掘り出して、切り口を開けて、炭を取り出す（このとき、空気にふれることで、できた炭に火が付く場合があるが、バケツ一杯の砂をかけてやるか、一斗缶を掘り出さずに一晩放っておくことで対応できる）。

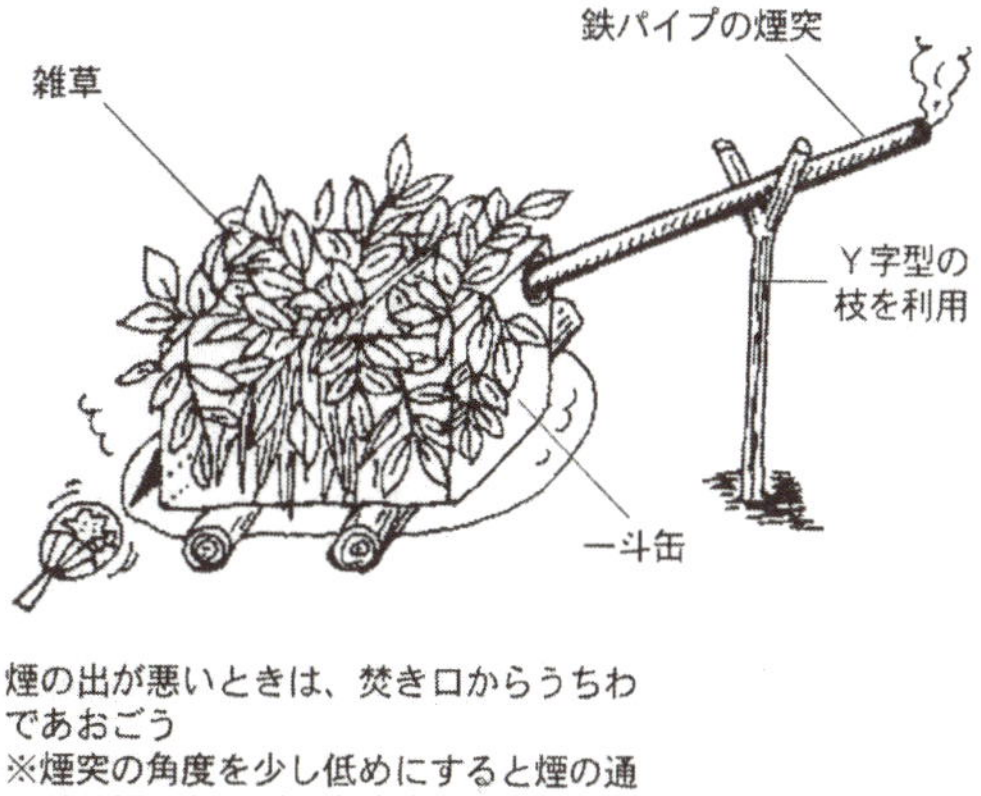

煙の出が悪いときは、焚き口からうちわであおごう
※煙突の角度を少し低めにすると煙の通りは悪くなるが、木酢液がとれます

ドラム缶・オイル缶・本窯
焼いてみよう！使ってみよう！炭・木酢
誰でもできる！溝口流 炭焼き術！
絵と文 町支哲義
LET'S TRY!
溝口秀士さん
1956年生まれ。横浜のコンピューター会社に14年間勤務後、故郷の熊本・天草にUターン。「炭焼師」として活やくしてる。
Uターン後ミニトマト栽培をはじめた溝口さんは無農薬栽培をめざし、農業に利用しようと炭焼きをはじめた。農地（借地）の契約切れで今は炭焼き専業だがまもなく炭焼百姓、復帰予定であり、友人達と地域づくり活動にも取り組んでいる
友人たちと作った手づくり小屋
この辺も30年ほど前はみんな農業をしながら炭を焼いてきましたけどねえ…
天草・姫戸町
溝口さんは炭の特長をいかした制衣品も制衣造販売している。その数も50種をこえ、ネーミングもユニーク。
遠赤外線效果がある炭の入った「愛マスク」
水や御飯をおいしくする「かまど姫」
かぶっていれば炭が脳をやさしく刺激する「炭オ帽」
足の裏のツボを刺激する竹と炭のはきもの「スミッパ」
ドラム缶窯
①設置と構造
常設するなら囲みを作ってまわりを土で囲い、屋根もつけたほうがいい。
トンカチとタガネでフタに20cm×20cm（ブロックの幅）の穴をあける
溝口流ではこのくらいまで埋めておき、やくたびに囲って土をかぶせる
L型のエントツ
鉄パイプを針金でしばって炭材置きを作る
フタと同じく穴をあける
②炭材づめ
ドラム缶の長さより30cmほど短かく切った炭材をびっしり並べる（荒くつめれば早くやけるが…）
竹材なら10kg弱の竹炭ができる
竹の場合は割り易い道具を使う。溝口さんのは鉄を溶接したオリジナル
[redacted]
③着火準備
板などをおいてドラム缶との間に土を盛る。フタをおさえブロックとドラム缶のすきまをなくす
フタをしてたき口のまわりをコンクリートブロックでかこう
ここで着火

④着火
竹材は焼きやすいが木材は着火しにくい。季節、地形、風向きを考慮しないと2〜3時間もあおがなければならないこともある
プォー
①着火をよくするためにエントツを長くする。空気の流通をよくしないと窯の中に充満した煙で火を消してしまうことになる
②白い煙がモクモクと出てきたら炭材に着火した証拠
③着火を確認してからエントツを短かくする
木酢液のとり方
•着火を確認してしばらくしてから竹筒を設置する
竹筒
30度
30cmはなす
竹筒は長いほどいいですが煙の温度が150度になったら採取中止。それ以上温度が上がるとタールなどの有害成分がまじりますから。
酸性に強い素材のガラスびんや塩化ビニールのバケツで受ける
竹を二つに割って節を取り針金などでしばる
120cm
⑤炭化
煙のいきおいがおちないのを確認して土を全体にかぶせる。炭材が竹なら4〜5時間、木材は7〜8時間おいておく。
ふぅー
土をかぶせる
急に炭化させないようにたき口に節をとった竹か、鉄パイプをおいて直径5cmくらい空気量をへらす
板などで囲み、土を支える。冬は放熱を防ぐために作業の最初から全体に土をかぶせておいてもいい。
煙のいきおいがよすぎたらエントツにブロック片などをのせて調節する。ゆっくり炭化させないといい炭にならない
⑥窯どめ
煙が青くなり、透明になりかけたら窯を密閉して窯どめをする
①まず空気穴をふさいで湿気をとる
②エントツにフタをする
③窯の上の部分の土をどけて放熱させる
フタ
④一晩（8時間くらい）そのままにしておく
空気穴をふさぐには粘土をつかうと密閉度は高い。
ファ〜
よくはたらいたぁ。さて、ひとねむり ひとねむり
⑦取り出し
ドラム缶の表面が手でさわれる程度の温度になれば取り出せる
取り出す途中で再び火がついてしまうことがあるので水を用意しておくこと
できてるできてる
ポイント!!
ドラム缶の寿命
雨ざらしでなければ週一回の使用で半年くらいはもつ。月一回なら一年、年一回なら十年くらいもつ。ただし、フタは曲がったりするので早目にとりかえるほうがいい。
木酢液
ドラム缶窯は一回に5ℓほどの木酢液がとれるが、ただしドラム缶は以前どんなものが入っていたかわからないので、特に最初の数回分は農業用に使わないほうがいい。
エントツ・温度計
エントツはL型のものと、ジョイントできるものをもう一本。
温度計は300度温度計を買う（2000円程度）
両方ともホームセンターなどで売ってる
長さ1mくらい

オイル缶窯
①設置と構造
オイル缶の高さにあわせて穴をほる
フタに10cmくらいの丸か四角の穴を中心からずらしてあける
トンカチとマイナスドライバーでエントツのサイズにあわせてくりとる
②炭材づめ
熱がにげないように新聞紙を缶の内側にまいておくのがポイント 新聞紙だって炭になる!
エントツの口を炭材でふさがないようにタテに並べる。竹を炭材につかう時は10〜15cmのものを二段重ねにする
底に竹を敷いておく。底は温度があがらず水が出るから炭材が底にふれてるとその部分だけ炭にならない。
③着火
着火をよくするためにエントツは長くしておく
炭材の上でたき火をして炭材に着火したら(エントツからいきおいよく煙が出たら)フタをする。大した時間はかからない。
④燃焼
フタの空気穴の大きさを石などをおいて調節する。1cmほどあけておく
フタの空気穴をエントツの口の反対側にくるようにするのがポイント!
ふちを土でふさぐ
エントツの上にも石などのせて煙の量を調節する じっくり焼くには空気をしぼる
余熱を利用してフタの上になべややかんをおけばキャンプや宴会にも一石二鳥だ。
⑤炭化
煙が青から透明になったらフタに土をかぶせ、煙が出なくなったらエントツにもフタをする。

炭材が竹なら1〜2時間、木材なら3〜5時間。
⑥完成
どうだい!!
オイル缶窯の利用法
ビニールハウスのそばでオイル缶窯で炭を焼き、入口を開いて煙をいれてやると、煙に含まれている木酢で燻蒸することになり、防虫、消毒に効果的です。
溝口さんはこのオイル缶窯の「炭焼きセット」をもって「出前炭焼き教室」をひらき、体験学習を指導しています。「遠くても旅費と宿泊費を出せる余裕のある人がどうしてもという場合に限り、出かけて指導します」とのこと。

精錬
ガス抜き。いい炭にする作業。より高温にするため空気口をあけ燃して未炭化をなくす。(1日)
窯どめ
空気穴、エントツ、ひびわれてる部分などをふさいで密閉する(1〜2時間)
冷却
窯内消火。夏にくらべれば冬は早く冷える(10日くらいかける)
10
窯出し
入り口をこわして中にもぐりこんで取り出す。台車をつかったり、人手がおけてす早くやらないとまた火がつくことがある。
う。
炭の利用法
炭で洗たく
100gほどの竹炭と大さじ一杯の塩を洗たく機に入れて洗う。竹炭はクラスター(水分子の固まり)を小さくし、汚れが水にとけやすくする。塩は油をおとす。すすぎが早い。
炭の染色法
木酢液にくぎや針金などの鉄をいれて充分に煮こんだ液にハンカチなどをつけ、ぼろから灰汁をこした液につけてさらにしぶい黒色に染まります。
炭焼き農家は合理的です。廃材処理、燃料確保ができ、売ることもできる。土壌改良剤になり、肥料にもなる。木酢液は防虫、消毒に役立ちます。ね!
炭、焼きませんか?!

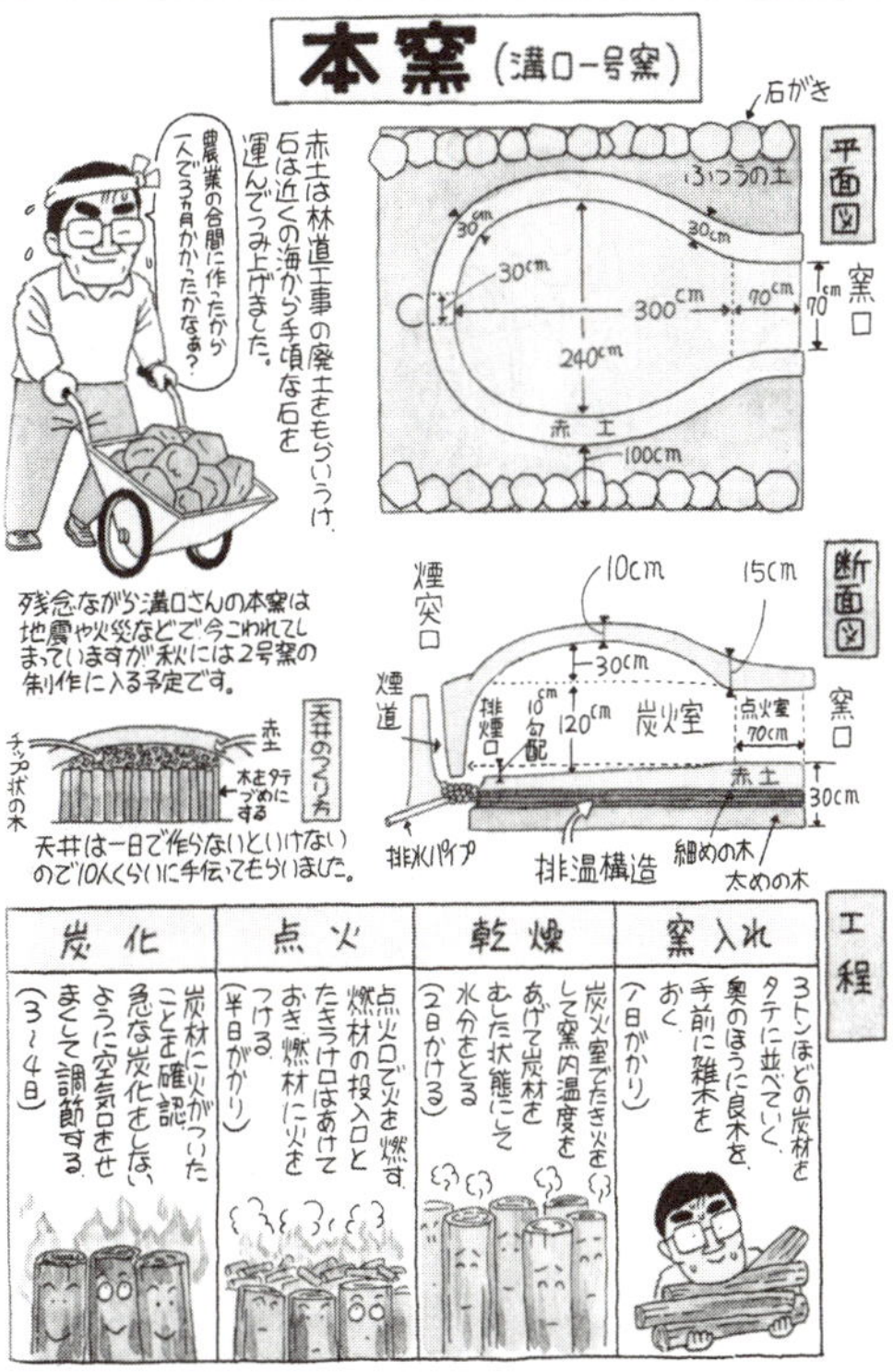
本窯(溝口一号窯)
赤土は林道工事の廃土をもらいうけ、石は近くの海から手頃な石を運んでつみ上げた。
農業の合間に作ったから一人で3ヵ月かかったかなァ?
石がき
ふつうの土
平面図
30cm
30cm
30cm
300cm
70cm
70cm
窯口
240cm
赤土
100cm
断面図
煙突口
10cm
15cm
30cm
煙道
排煙口
10cm勾配
120cm
炭火室
点火室70cm
窯口
赤土
30cm
排水パイプ
排温構造
細めの木
太めの木
残念ながら溝口さんの本窯は地震や火災などで今こわれてしまっていますが秋には2号窯の制作に入る予定です。
天井のつくり方
赤土
木をタテにつめにする
チップ状の木
天井は一日で作らないといけないので10人くらいに手伝ってもらいました。
工程
窯入れ
3トンほどの炭材をタテに並べていく。奥のほうに良木を、手前に雑木をおく(1日がかり)
乾燥
炭火室でたき火をして窯内温度をあげて炭材をむした状態にして水分をとる(2日かける)
点火
点火口で火を燃す。燃材の投入口とたき口はあけておき燃材に火をつける(半日がかり)
炭化
炭材に火がついたことを確認し、急な炭化をしないように空気口をせまくして調節する(3〜4日)

木酢の活用術
—新潟県新発田《しばた》市・伊花正敬《いばなまさのり》さんの場合

●夏の入浴剤に——木酢原液をお猪口一杯お風呂に加えると、アセモが消えるという。

●水虫に——原液をガーゼに浸して、患部にチョンチョン、とつけるだけ。なかなか治らなかったひどい水虫が、つけ始めて一週間で目に見えてきれいになり、一カ月で完治。

（編集部）

柿渋づくり

青柿とバケツがあればできる

染料

自然塗料

柿渋はかつての生活必需品

柿渋の利用は古く平安時代にまでさかのぼり、防水・防腐を目的に魚網や酒・醤油を搾る布袋、傘、団扇、民家の板壁などに塗られ、水や湿気に関係するさまざまな分野で利用されてきました。さらに、火傷や高血圧の薬としても効力がありました。昔から農家の軒先でつくられる身近な生活必需品だったのです。

わが家では寛政七年（一七九五年）から柿渋をつくってきました。埼玉県南部の大宮台地周辺で生産された「赤山渋」です。赤山渋はタンニンの含有量が多い「本玉」という渋柿品種でつくられました。江戸時代より柿渋問屋では別格で取引されていたようです。

わが家には今でも畑の周りに江戸時代から伝わる渋柿の樹が五〇本ほどあり、「赤山渋がほしい」「染め方を教えてほしい」と訪れる人が増えています。

柿渋は他の染料と違い、媒染剤や加熱が不要で、日光によって発色します。日数が経過するにつれ、薄茶色から自然に濃茶色へと色合いが変化していきます。化学染料にない楽しみです。

木綿、麻、絹などの天然素材に非常によく染まり、長時間水に浸しても色落ちしません。また、硬化作用があるので生地が堅くなります。絹は少し風合いが変わるかもしれませんが、麻などはかえってしっかりします。染める人の好み次第です。

染色以外には、住環境への関心が高まって自然塗料として珍重されるようになりました。わが家でも三年前、新築の材木すべてに柿渋を塗ったところ、茶褐色を帯び、とても光沢が出て、風格が感じられます。

昔の柿渋づくりや柿渋染めでは、いろいろな道具が使われていましたが、ここでは身近なものを使い、手軽にできる方法を紹介します。

柿渋の手軽なつくり方

①まず、青柿をバケツ一杯くらい用意します（おおよそこの二〜三割量の柿渋が取れる）。当地では八月十七日より一週間くらいが採取適期です。

②少し厚手のビニール袋に青柿を入れ、木づちで叩いて粉砕します（昔は青柿を臼に入れて杵でつく「渋つき」という作業をした）。

③粉砕した青柿をプラスチックの容器または木樽の中に入れ、浸るくらいの水を加えます。フタはせず、そのまま二昼夜ないし三昼夜置くと、ブクブクと泡が出て発酵が始まります。昔は「ふんごみ」という作業をしたのですが、ここでは容器内を一日二〜三回攪拌します。

④手ぬぐいを縫ってつくった布袋に少しずつ入れてしぼります（渋しぼり）。しぼるときはゴム手袋をしたほうがよいでしょう。柿渋は昔から皮膚病に効くと言われるように素手でも構いませんが、強い異臭があり、手に移ると二〜三日外出できないくらいニオイが消えません。

⑤しぼった液は冷暗所に置いて発酵させ、十一月下旬頃、貯蔵容器に詰め直して保存します。

色ムラを防ぐ柿渋染めのコツ
（五六頁参照）

柿渋染めは難しくありませんが、色ムラを防ぐために、いくらかコツがあります。

①まず、布地はいきなり柿渋につけず、水に二〇分くらい浸してからにします。

②染める柿渋は濃い液よりも、薄めの液で回数多くつけるほうがよいでしょう。布地は全体に柿渋液が浸透するように手でよくもみ込みます。

③布をよく絞ってから天日干しします。風などで布がゆれてヒダをつくったりしないよう注意します。

初めての人は淡く染めたほうがよいでしょう。柿渋は天日に当たって発色します。布地を染めて干すという手順を繰り返して茶褐色になります。干し上がったらすすぎ洗いし、脱水して乾かしてでき上がりですが、その後もさらに色がついていきます。時間がゆっくりと素敵な色合いに染め上げてくれるのも柿渋染めの醍醐味です。なお、柿渋液はその都度、新しく作る必要はなく、残液を使いまわしできます（一カ月くらいもつ）。

（萩原さとみ）

※「赤山渋」が欲しい方は（有）諏訪野 FAX〇四八—八七八—〇四五九まで（一ℓ一五〇〇円・送料別）

柿渋のつくり方

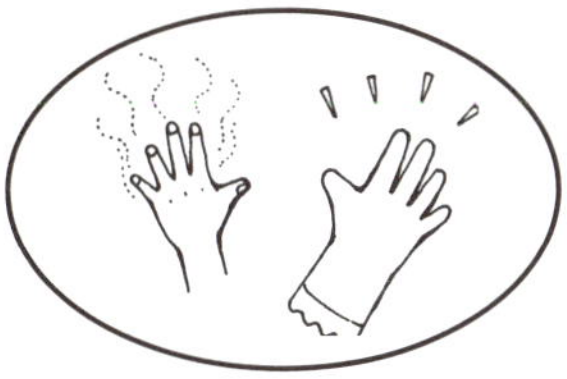

異臭が手に移らないようにゴム手袋をする。

鉄や銅の容器は渋が付くと変色する。

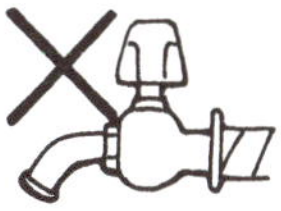

水道水は塩素で発酵しにくい。

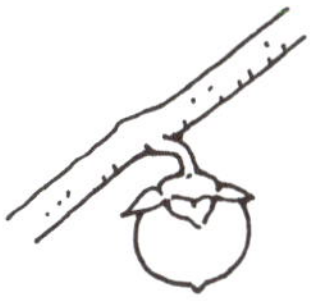

①青柿がピンポン球くらいの大きさになったら採り時。

②果面にキズがつくとそこから渋が染み出てしまうので、一つずつ丁寧にひねりながらもぎ取る。

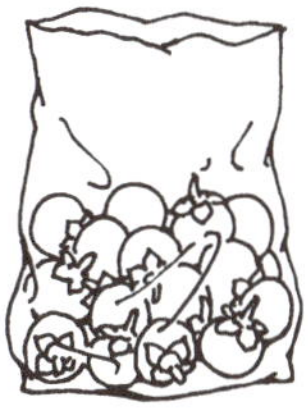

③厚手のビニール袋に青柿をヘタ付きのまま洗わずに入れる。

④片手でビニール袋の口を持ち、板の上で木槌を叩いて青柿を粉砕する。

⑤粉砕した青柿を木樽などに入れ、浸るくらいの水（自然水）を入れる。

⑥2～3日置くと、ブクブクと泡が出て、発酵が始まる。夏は早く、冬は遅い。

⑦上下を入れ替えるように1日2～3回は攪拌する。

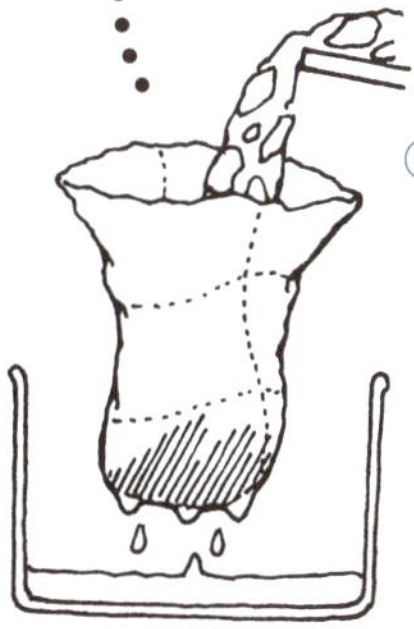

⑧3～5日で発酵が進み、異臭が強くなる。手ぬぐいを縫ってつくった布袋に少しずつ流し入れてしぼる。

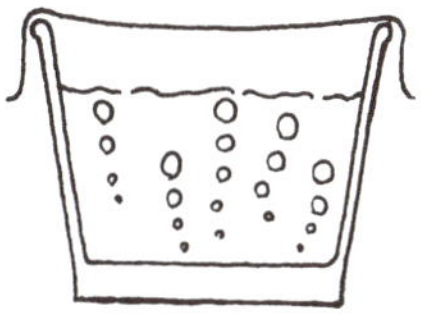

⑨しぼった液はバケツや樽に入れ、密閉せずに冷暗所で発酵させる。

⑩11月下旬頃、1升ビンなどの貯蔵容器に移し、冷暗所で保存。異臭は日が経つにつれ、消える。

和傘、渋うちわなど、かつての農山漁村での生活必需品には広く柿渋が使われていた。

200年前からつくられてきた秘伝の「赤山渋」。

柿渋の染め方

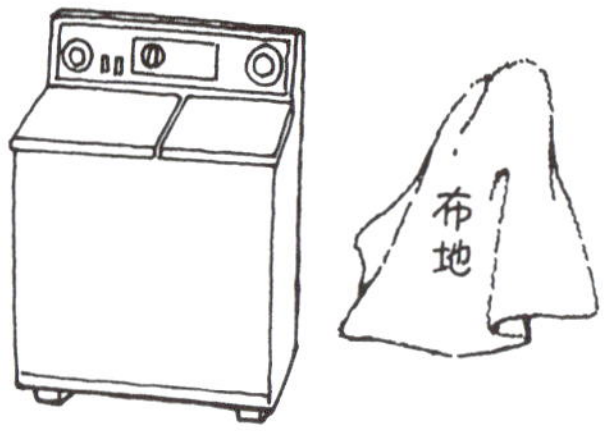

①絹・麻・木綿の布地を水洗いで汚れや糊をとり、脱水して乾かしておく。

②布は染める前、水に20分くらい浸しておく。いきなり染めるとムラになる。

濃く染めたいときは原液～3倍、薄く染めたいときは5～10倍にする。薄めの液で何回も染めたほうがムラにならない。

③布地は絞ってから柿渋液に入れ、全体に浸透するよう手で揉み込む。

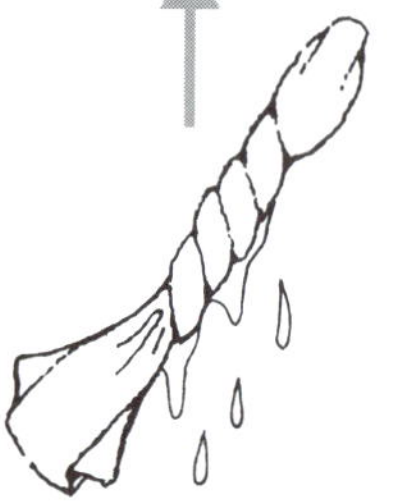

④布をよく絞る。濡れが残ると色ムラになる。

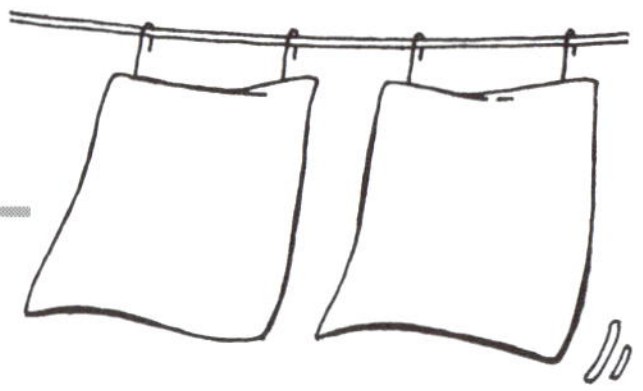

⑤天日干しする。風などでヒダをつくると、色ムラができるので注意。

⑥柿渋液に入れては天日干しを2～3回繰り返し、最後に3～5日の間天日干しで茶褐色になる。

⑦干し上がったら洗濯機で2～3分間、すすぎ洗い。すすぎが不十分だと異臭が残る。

⑧脱水して乾かせばでき上がり。時間が経つにつれ、さらに色づく。

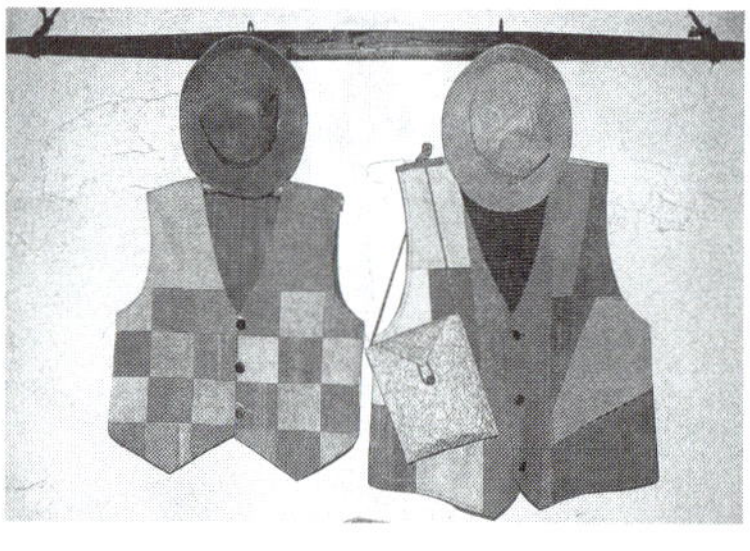

柿渋染めの帽子とチョッキ。

柿渋染め。色ムラを出さないように、まんべんなく浸透させる。

柿渋の活用法

家庭の常備薬にもなる

古来からあった柿渋療法

昔、養蚕が盛んだった当地（長野県）では、家ごとに小柿（霜に当たって黒熟する直径二㎝ほどの柿）が植えてあり、これで渋をつくり、主として蚕網をこれに浸し乾燥させて防腐ならびに靭性を強化する目的に使われていました。

また古来薬用としても利用されていたらしく、中風を患った明治二〇年代生まれの古老が、再発防止のため毎食後盃一杯程度の柿渋を飲用していたのを見聞きしております。また、誤って木から落ち、重い打撲傷を負った老人が、後遺症治療に渋を飲用していた例がありましたが、今はこの風習もすっかり忘れ去られてしまいました。

私はこのような事例から柿渋の薬用効果について興味をいだき、かねてからその利用対象について模索していたところ、たまたま虫歯の痛み止めに柿渋を用いたことが契機となって、化膿に関連する諸症状に用いた結果、その有効性がいくつか判明しました。

虫歯の痛み止めと歯槽膿漏の改善

数年前の暮れも押し迫った夜間、突然激しい歯痛に襲われました。ふと思いついて柿渋を口に含んでみました。心なしか痛みが薄らぐ感じて、十数分経ったでしょうか、あの耐え難い痛みがウソのように消え去りました。半信半疑の渋の効果＝無痛状態は一五時間ほど続いてまた再発、この繰り返しを数回経た揚げ句、歯科治療を受けたのは三日後でした。このように治療までの歯痛の一時抑えには抜群の効果があります。

また歯槽膿漏や歯茎の腫れにはこうして用いると、渋の殺菌効果と収斂作用によると思われますが、歯茎を引き締め、腫れを除き、不快感が消えるなど大変効果があります。

扁桃炎による高熱の解熱

一〇日近く扁桃炎による高熱が続いていた近所の女子学生に、渋のうがいを勧めて実施したところ、翌朝はすっかり解熱して県内へ小旅行に出かけるほどに回復しました。

常備薬

口内炎と舌炎

口内炎も症状により単一な病気でないと言われています。しかし、いずれの場合も渋盃一杯ほどを時間にして一〇分程度口に含み、患部によく浸透させせます。これを一日に三、四回繰り返します。就寝前に実施すると、唾液のえん下が少ないため効果が持続し、翌朝は随分症状が改善されます。症状にもよりますが、二、三日続ければ治る場合が多いです。なお、くちびるの荒れなどにも効果があります。

床ずれ、オムツかぶれの防止

寝たきりの病人の床ずれの初期は、皮膚の赤発から始まります。ここで渋を塗布すると炎症が治まり、潰瘍に発展するのを防ぐことができます。また小児のオムツかぶれも皮膚の赤発から始まるので、この部分を清潔に拭ったうえで、就寝前に渋を塗ると、翌朝は皮膚の色が正常に戻ります。

しもやけ、湿疹、皮膚炎などに有効

いずれの場合も患部に直接塗布すると大変効果があります。また老人性皮膚掻痒症、アトピー性皮膚炎などや虫さされなど、かゆみを止め、かき傷を治します。

急性の下痢、腹痛によく効く

前夜にウナギを食べたところ、食べ合わせが悪かったのか、深夜に至り腹痛を伴う下痢のため三度も用便に起きたが痛みは止む気配がないことがありました。そこで下痢止めに渋盃一杯を服用したところ、一〇分前後と思われるごく短時間で完全に腹痛が止み、そのまま安眠、以後下痢もなく通院せずに治ってしまいました。

柿渋の可能性

柿渋には特有の発酵臭があり、薬用として用いる場合、子どもは飲用、うがい、口内塗布など極度に嫌うので利用に難点があります。しかし飲んでも無害です。

機会がなく試みたことがありませんが、柿渋の持つ殺菌作用や収斂作用は、切り傷などの止血や化膿防止、傷口の癒合促進などにも有効ではないかと考えられます。

柿渋利用で特に申し上げたいことは、内服などは専門医にかかるまでのあくまで応急的な利用と考えていただきたい点です。

（山崎文雄）

庭でリサイクル ④

虫よけ 動物よけ

ハエ、ゴキブリ

梅味噌トラップとホウ酸ペースト

虫よけ

殺虫剤

ペットボトルでコバエを誘因するやり方をテレビで見たときの誘引液はワインでしたが、わが家のコバエの発生源（野菜・果物の腐敗臭、ゴミ箱のニオイなど）から考え、梅味噌臭を試してみました。これは大成功、おもしろいようにトラップに入りました。果物ジュース味噌もこれに次いで、よく捕まります。

既存の「ホウ酸団子」を試しましたが、誘引力が弱く、耳たぶくらいの硬さの団子は硬すぎると思いました。またアルミカップにのせるのは、ゴキブリの採食に不親切。

タマネギなどが好物のようなので、混合割合を高めるとともに、ペースト状にして柔らかく食べやすくしました。また豆腐ケースの角の丸みを両端につけて切ると、ゴキブリがのぼりやすく、〝バリアフリー〟になるような気がします。ホウ酸ペーストを食べたゴキブリは巣に戻ってから死に、さらにその死骸を食べた仲間のゴキブリも死んでいるようです。

効果バッチリ、家内も大喜びです。

（宇都宮　隆）

梅味噌トラップでコバエ（ショウジョウバエ）を誘殺

［トラップのつくり方］

①500ccのペットボトルを真ん中からカッターで切り離す。

②コバエ誘引液を2cmくらいの深さに注入し、ペットボトルの上部を逆さまに差し込む（飲み口の位置は液面から1cmくらい）。

［誘引液のつくり方］

「青梅ドレッシング」（青梅、味噌、白砂糖各1kgを3カ月以上漬け込んだ液）、または「梅ジュース」（冷凍した青梅、白砂糖各1kgを7日以上漬け込んだ液）を水で3～4倍に薄め、味噌2～3gを溶かす。この他、果物ジュースを水で2倍に薄め、味噌を5g加えて発酵させた液も効き目あり。

左が完成品。誘引液の芳香に誘われて下に落ちたコバエは元に戻れない。

ホウ酸ペーストの半練り毒エサでゴキブリ全滅

［材料］

ホウ酸（粉末）スプーン2杯、小麦粉スプーン2杯、タマネギのすりおろしスプーン1杯、砂糖スプーン1/2、使用ずみてんぷら油（タマネギを揚げた後の油が特によい）スプーン1杯

［つくり方］

材料をすべて混合し、牛乳を適量加えてペースト状にする。

［仕掛け方］

①豆腐のプラスチックケースを5片に切り分ける（側面は両端に角の丸みを残す）。

②ケースの外面を上にして、「ホウ酸ペースト」を均等に塗り広げる。

③冷蔵庫、電子レンジ、ガスコンロの下、流し台の引き出しなどに置く。

良く効くので1年に一度の設置でOK。

蛾

米ヌカで寄せ付けない

ネットを張っていてもどんどん園地に入ってくる蛾は、ナシ農家を苦しめる害虫の一つ。福島県いわき市に住む吉田正太郎さんに教えていただいたのは、米ヌカをいぶした煙でこの蛾を寄せ付けない方法。

●つくり方

①まず側面に空気の入る穴をいくつも開けた一斗缶に土を五cm入れます。

②その中央にナシの剪定枝を使っておき火をつくり、その周辺に米ヌカを一〇cmほど積み上げていきます。

③ここで葉っぱのついたナシの剪定枝を煙突代わりにいれます（葉っぱがついていると空間がふさがれないのでよくいぶされる）。

④最後に雨除けのためにフタをかぶせます。このときフタの注ぎ口から剪定枝を出してかぶせてでき上がり。

⑤これを一〇aのナシ畑に四カ所くらい置いて、フタの上に重石を載せておきます。

すると米ヌカのいぶされたニオイのきつい煙が、フタの注ぎ口のところから、もうもうと出てきて、蛾を一網打尽。それどころか昨年はカメムシも少なかったようだ、と言います。蛾は昼間は来ないので、夕方から始めると次の日の午後まで持つそうです。

（編集部）

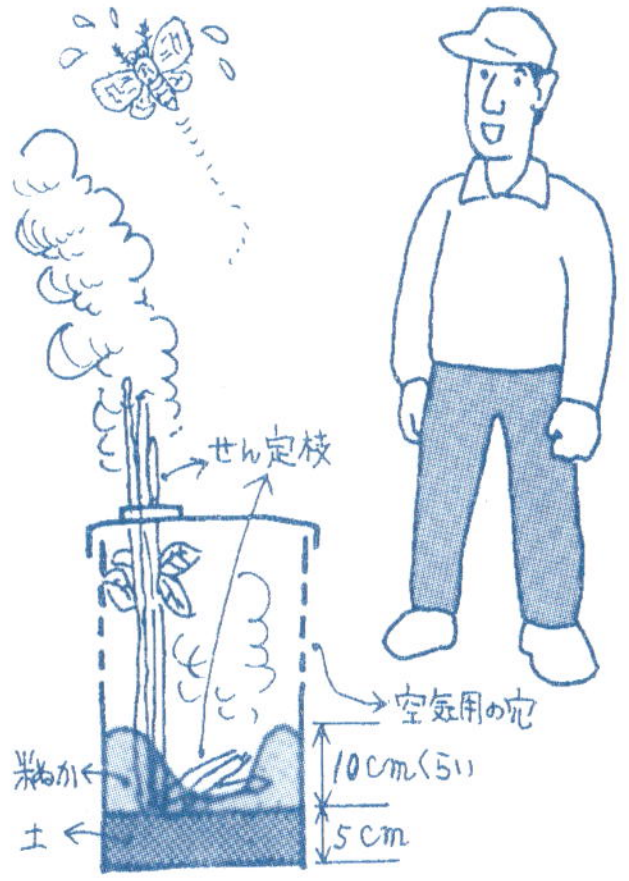

アオムシやアブラムシ

カマキリの卵を使う

家庭菜園のアオムシやアブラムシを退治するにはいろいろな方法がありますが、一〇年間殺虫剤を使っていない、という岐阜県高鷲《たかす》村のS子さんに、とっておきの天敵による防除法を教えてもらいました。

①秋のうちに茶やヨモギの枝に付いているカマキリの卵をとってきて、涼しい部屋の中で紙袋に入れてしまっておきます。

②八十八夜が終わった頃に、しまっておいた卵を、ミカンなどを入れる網袋に入れて、一〇m四方に一つの割合で棒に吊しておきます。

すると、夏になる頃、カマキリが孵化してどんどんアオムシやアブラムシを食べてくれる、というわけです。

ただし、このやり方にはコツがあって、卵を絶対に逆さまにして吊さないこと。卵には上下があって、雨が降っても流れ落ちるようになっています。しかもカマキリは重力にしたがって降りてくるので、逆さまにすると全く効果がないそうです。

（編集部）

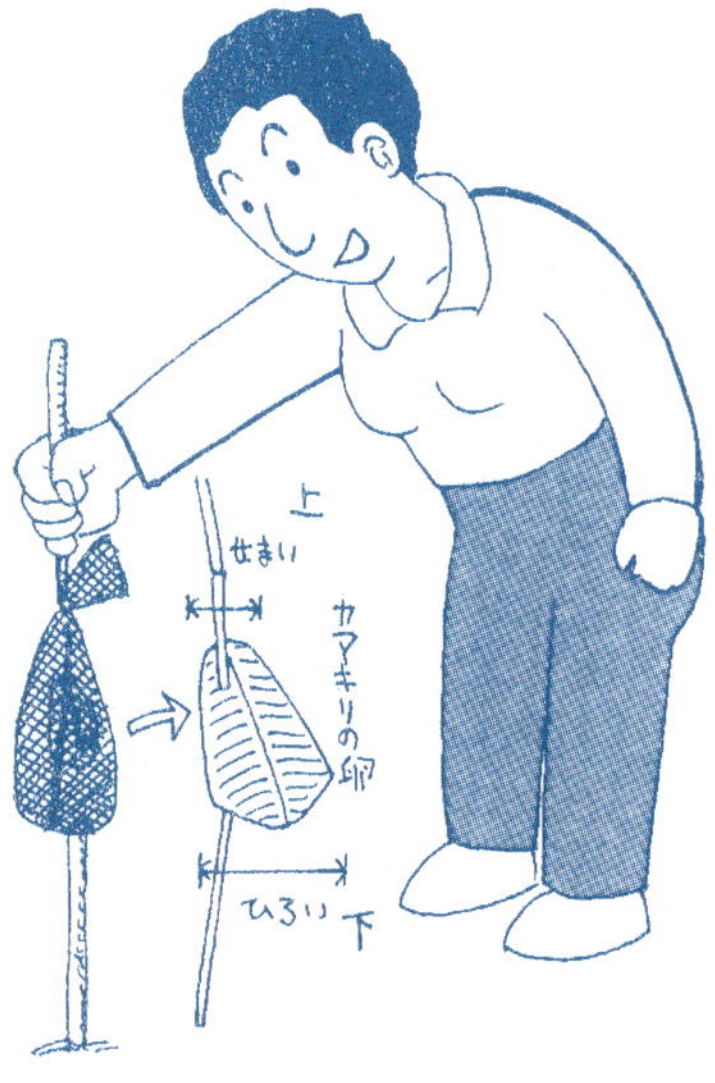

虫さされに

万能薬のビワの葉エキスで

虫さされ

湿布薬

「ビワの葉エキス」はビワの葉を焼酎に漬け込んだ濃い茶色のエキスです。アミグダリンほかの成分が虫さされ、あせも、吹き出物、アトピー性皮膚炎などにとてもよく効きます。畑や野山にも必ず持って行き、手を切った時の消毒や、虫にさされた時にすぐに塗っておくと、大事に至らず済みます。

湿布として使えば腱鞘炎、腰痛、ひざの痛み、乳腺炎、のどの腫れなどによく効き、何度、助けられたかわかりません。飲むこともでき、口内炎、歯肉炎、のどの痛みによく使います。じんましん、ひざの痛みには、外から塗るのと内服で効果が高まります。飲む時は二〜三倍に薄めます。

ビワの葉エキス一〇升分くらいなら、一日目の朝、ビワの葉を取るのに一〜二時間。夜、葉を洗うのに二時間。二日目の朝、葉を干すのに三〇分。夜、葉を刻んで焼酎に漬けるのに二時間。三日目の朝、ラベルを貼って冷暗所に保存。合計七〜八時間くらいの作業時間でつくることができます。

（西村文子）

ビワの葉エキスのつくり方
—効き目バツグン—

①ビワの葉を採る
11〜2月頃の葉に有効成分アミグダリンが多い。なるべく厚くてゴワゴワした古い葉をたくさん採る。

②ていねいに水洗い
葉は1枚ずつまな板の上に置き、水を少しずつ流しながら両面をきれいにする。大きなザルで一晩水気を切る。

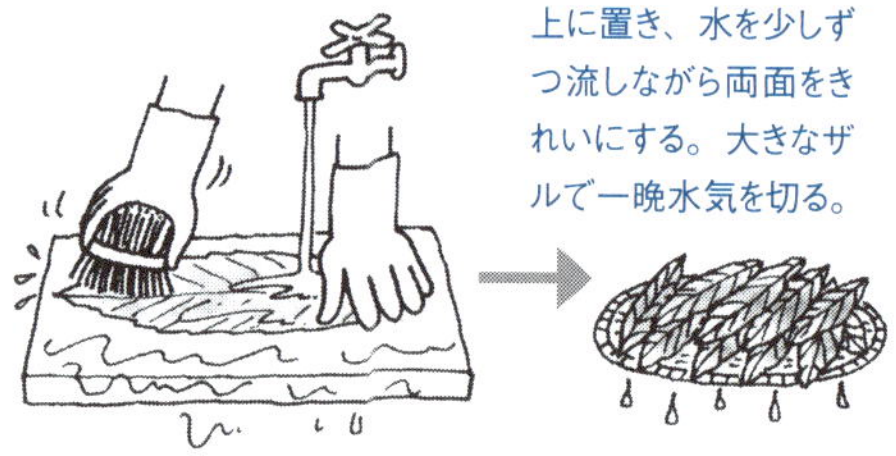

③天日干し〜裁断
平らなカゴに広げ、天日と風で乾かす。ハサミで2cmくらいに切る。

④焼酎で漬け込み
ビワの葉をたっぷり使うのがコツ。色の濃い、効果の高いエキスになる。

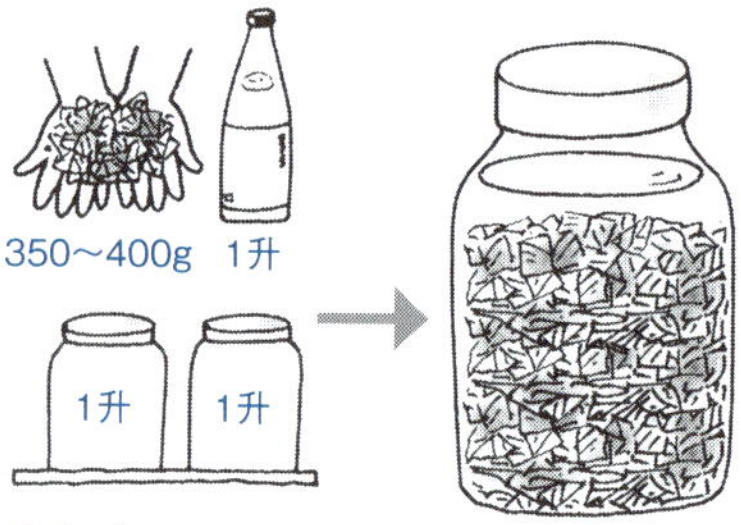

家中で1日に10ml使うとして3600ml（2升）くらい漬けておくと安心。

フタをして冷暗所に置き、4カ月くらいで使える。何年でも保存可能。

エキスを使い切って残った葉は布袋に入れ、薬草風呂に。お肌ツルツルのいい湯になる。

タネも使える！

6月、ビワの実を食べたら種を取っておき、さっと洗ってよく干し、ビンに1/3入れ、3倍量の焼酎。葉のように茶色にならない。

有効成分アミグダリンが葉の3000倍も含まれているという説もある。葉のエキスで直らない頑固なカユミ、虫さされ、ダニの害などに効果がある。

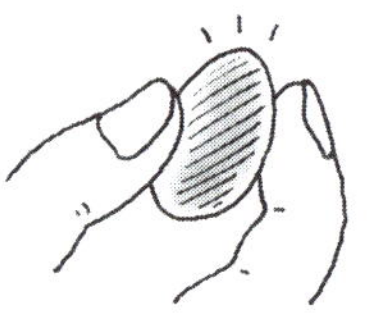

虫よけ

ミカンの皮の煮汁が使える！

虫よけ

家庭菜園で農薬はいっさい使わない宮城県栗原町の佐藤幸子さんは、ミカンの皮の煮汁を虫よけに使っています。

●つくり方

①冬に大量に出るミカンの皮は捨てずにネットに入れ、外の寒気にさらしておきます。すると、春先には黄色のきれいな色が残ったまま乾燥してパリパリに。

②乾燥したミカンの皮を大きな鍋いっぱいにこれを入れ、そこへ水をいっぱいに注いで火にかけて、沸騰したら三〇分、そのまま煮立ててから火を止めます。

③冷めたらザルなどで煮汁を濾し、容器にとっておきます。

●使い方

できた煮汁は濃い茶色。そのまま使うと強すぎて、作物の葉が茶色くなってしまうので、沸かしたお湯で割り、お茶くらいの色に薄めて使います。

三～七日に一回作物にかけておくと、すっぱみを嫌がるのか虫が寄ってこなくなります。竹酢と混ぜて使うと効果倍増。

ミカンの皮は一度煮出しても捨てないで、二～三回は煮出せます。

普段ならゴミになってしまうミカンの皮には、こんな利用法もあったんですね。

（編集部）

蚊

竹酢で庭や畑でも心配いらず

虫よけ　殺虫剤

竹炭を焼くと同時にとれる竹酢。竹酢は作物や花の害虫だけでなく、蚊除けにも使える。網戸に吹き付けて雑巾で広げるようにすれば蚊が寄りつきにくくなる。

玄関や勝手口など、家の出入口にはハンドスプレーに入れた竹酢を常に置いている。畑へ行く前に顔や首筋に吹き掛け虫刺されを防ぐためだ。窓の開け閉めの際に蚊が入ってこないよう、窓の外や縁側には竹酢を竹筒に入れておく。これだけで結構効果を発揮する。

竹酢は肌に付けるものだから原料や製造工程がちゃんとしている国産のもの、できれば地元の業者のものなど製造元がはっきりしているものが安全だ。

また竹酢は作物や花はもちろん、家中の掃除にも使える。バケツに竹酢を一㎝ほど入れ、水を入れる。これで壁や床、棚などを拭く。わが家では食事用のテーブルに竹酢を吹き掛けて布巾でサッと拭いている。殺菌効果があるので安心して使える。

（新地《みいじ》　修）

ブヨ

ドクダミで撃退

虫よけ

大分県萩町の赤木照夫さんにドクダミ利用のブヨ撃退法を教えていただきました。方法はいたって簡単。

①ドクダミを手ですりつぶす。

②それを帽子のつばの部分になすりつける。

この臭いには「ブト」（この辺りでのブヨの呼び名）もすっかり退散というわけです。

ドクダミと言えば冷蔵庫の「キムコ」代わりに使えます。

これも萩町に住む阿南チエ子さんから聞いた話。生のドクダミを二、三本、冷蔵庫に入れるだけで消臭剤の役割をするんだそうです。一回で一週間はもつそうです。周りの食品にニオイがつくことはありません。お試しください。

（編集部）

カラス・ヒヨドリなど

蚊取り線香の時限爆竹装置

蚊取り線香の時限爆竹装置で鳥よけ！

秋になると自慢のリンゴ畑をカラス・ヒヨドリ・ムクドリに突かれて困っていた長野県塩尻市小沢定雄さん。爆竹と蚊取り線香を利用して時限発火式爆竹線香を考案。

雨よけのためにお菓子の缶を利用。
深さは5cmあったほうがよい。

アルミの洗濯バサミで留める（プラスチックでは溶ける）。

酸欠防止の煙抜け穴

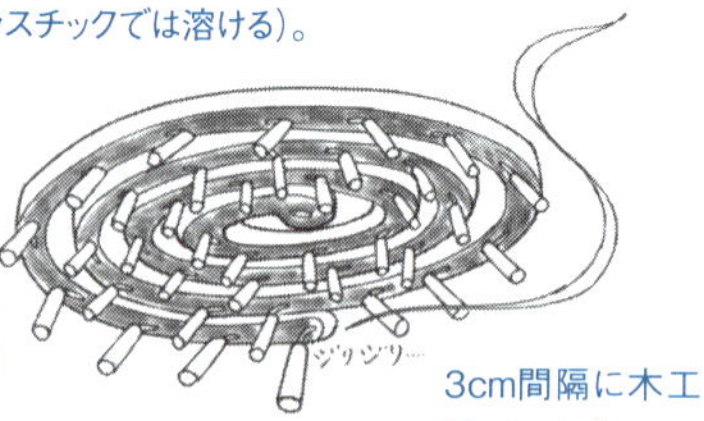

導火線に火がつき、下に落ちて爆発（10分間隔くらい）。

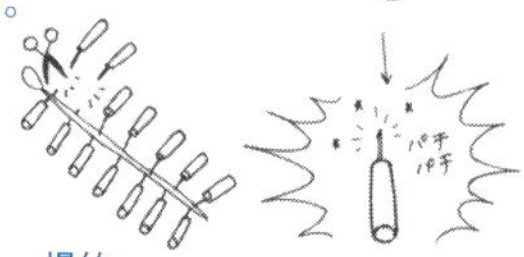

爆竹

3cm間隔に木工用ボンドでつけていくと一巻に30〜35個の爆竹がつく。湿度によって違うが4〜5時間もつ。

設置期間は8月中旬〜11月くらいまで。
15aに1個くらい設置。
2個つければ、さらに効果アップ。

（松野真由美）

ネズミ捕り

塩ビパイプの落とし穴

効果抜群！ 簡単Tパイプのネズミ捕り

エサのない冬にリンゴの幼木の皮や根をネズミにかじられて困っていた福島県会津三里町の小島忠夫さん。塩ビパイプで簡単につくったネズミ捕りは、落ちたネズミが仲間を呼び、次から次に入る。ひと冬にひとつで7匹くらい捕れるすぐれもの。

土手にも設置すると効果アップ。
畑の中は100mに3本くらい。

10年生くらいまでは毎年仕掛ける。

ネズミは水が嫌いで乾いているところが好き。パイプが雨にぬれないようにワラをかぶせ肥料袋をかける。

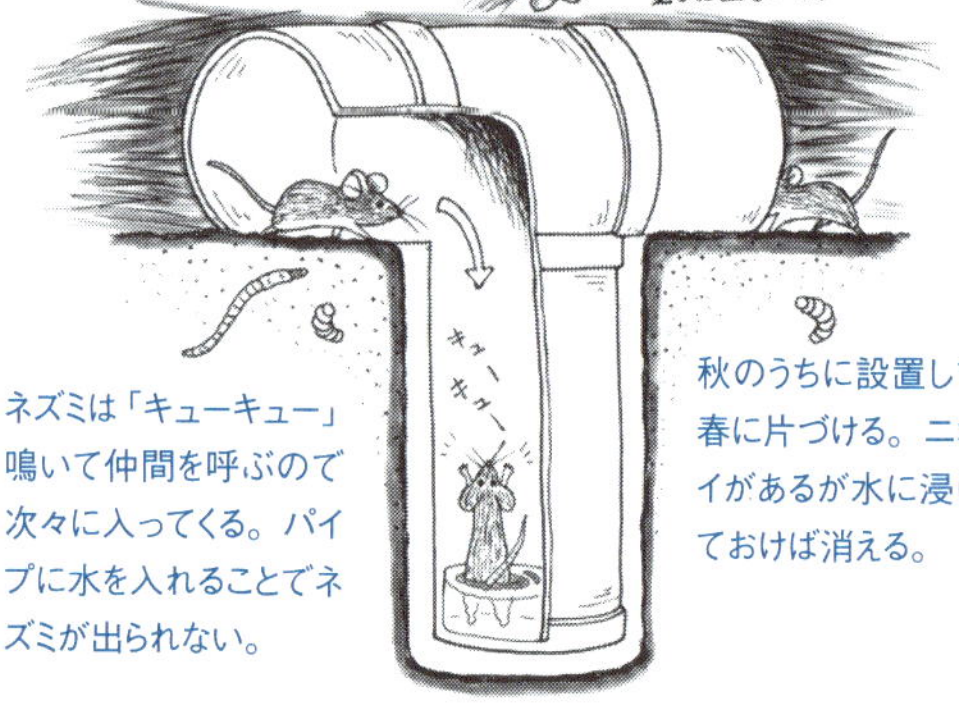

ネズミは「キューキュー」鳴いて仲間を呼ぶので次々に入ってくる。パイプに水を入れることでネズミが出られない。

秋のうちに設置して春に片づける。ニオイがあるが水に浸けておけば消える。

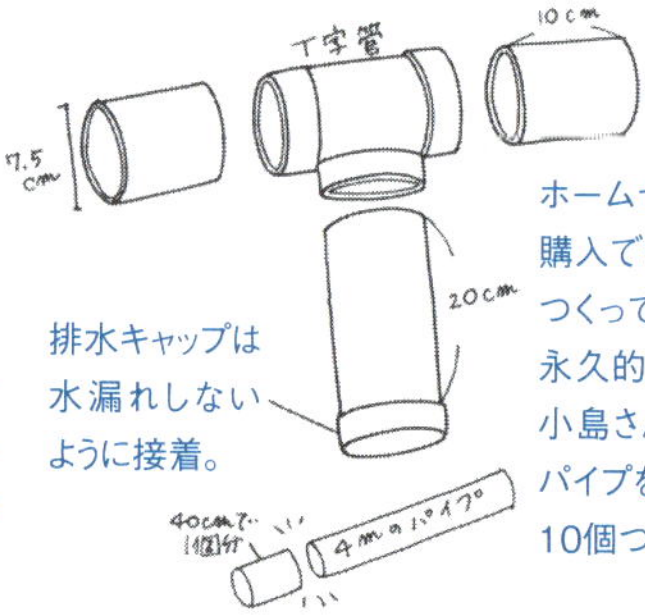

排水キャップは水漏れしないように接着。

ホームセンターで購入できる。1度つくっておけば半永久的に使える。小島さんは4mのパイプをカットして10個つくった。

（松野真由美）

※リンゴ園だけでなく、野菜畑でもその効果はお墨つき

Part 2

自然の力がはたらく住まいづくり

パンやごはんに混ざる炭の香り、パチパチ薪がはぜる音、
しぼりたてのヤギ乳の温もり‥‥。
つくる楽しみ、使ううれしさも広がる
家族や仲間といっしょにつくる住まい。

火・水・土を感じて住まう

自然の力がはたらく住まいづくり

トイレをつくる

微生物の力を利用したバイオトイレのしくみはすごい！
野外で便利！　持ち運びできる野良トイレ。

→ p.94〜99

竹で小屋をつくる

手入れをしなくなった竹林を有効利用。
倉庫や子どもの遊び場に竹ハウスや竹ドームはいかが？

→ p.100〜103

土間をつくる

土間はかつてはどこの住まいにもあった自由空間。
地元の土を使って、住み手が自分でつくれます。

→ p.104〜107

「火所」をつくる

火の素晴らしさが実感できる囲炉裏。
野外には石窯をつくっておいしいキッチンを満喫しよう。

→ p.66〜73

薪で暖を採る

人気上昇の薪ストーブ。設置と使い方の勘どころは？
薪一束で一日の暖房がまかなえるオンドルのつくり方も伝授。

→ p.74〜79

風呂をつくる

露天風呂に最適の五右衛門風呂やドラム缶風呂。
体内の老廃物まで排出！　農家に大人気の酵素風呂。

→ p.80〜87

温水をつくる、水を浄化する

浄水器や太陽熱温水器も手づくりなら費用もわずか。
山の水を家庭に導くことができれば最高のぜいたく。

→ p.88〜93

エネルギーを自給する

機械や車を動かす燃料をつくる

食用油で機械や車も動かせる⁉
廃油とペットボトルでバイオディーゼル燃料づくり。

→ p.108～111

バイオガスをつくる

生ゴミやし尿から出るバイオガスを調理や発電に。
バイオガスプラントのつくり方を紹介します。

→ p.112～115

水の力で電気をつくる

小さな小川や用水路があればできる、
1家庭分はまかなえる超小型水力発電。
日本の山間部には活躍できる場所がたくさんあります。

→ p.116～117

家畜と暮らす

ニワトリを飼う

エサは家庭残飯で充分！
最高の卵を得られる自給養鶏がオススメ。

→ p.118～119

ミツバチを飼う

日本ミツバチは日本固有の在来種。
庭先のハチミツは料理の隠し味にピッタリ。

→ p.120～123

ヤギを飼う

野の草や田んぼのあぜ草をエサに。
一頭飼えば、毎日3升のお乳がしぼれます。

→ p.124～125

火・水・土を感じて住まう ①

「火所」をつくる

石窯

畑や庭をおいしいキッチンに

石窯

畑や庭をキッチンに変える石窯

一坪菜園やガーデニングに石窯を取り入れたいという方が増えています。あなたが太陽の下で草取りや収穫に汗を流す間、石窯も負けないくらいカンカンと熱くなっています。煙が気になるなら、薪のかわりに炭を使えばよいでしょう。

石窯の土台部分をロックガーデンにして、花やハーブを植える手もありです。焼きたてのクッキーやピザに歓声があがるところに、ロックガーデンのハーブをひとつまみ添える。石窯は、畑や庭をおいしいキッチンにしてくれる魔法の石なのです。

石窯は輻射《ふくしゃ》熱を巧みに使う構造

一坪あれば菜園がつくれるように、畳半分のスペースがあれば石窯がつくれます。身近な素材を使って、簡単にできる石窯からチャレンジしましょう。薪を燃やすところ（火床）と調理するところ（焼き床）が一緒のタイプが基本形です。

石窯の基本は輻射熱を使うことにあります。この基本さえ押さえれば誰でもどこでも石窯がつくれます。輻射熱は熱くなった物体から放射されるもので、遠赤外線とも言います。

石窯は蓄熱材と断熱材と組合わせてつくります。本体を蓄熱材でつくって熱を蓄え、外側を断熱材で覆って熱を逃がさない、というのが基本です。蓄熱材は熱を蓄える素材のことで、熱くなるのに時間がかかるけれど、その分多量に熱を蓄えてくれます。石、粘土、レンガ、耐火セメントなどです。

逆に断熱材とは熱を伝えにくい素材。石窯に使う断熱材は乾いた砂や灰などの燃えない素材がよいでしょう。パーライトや、珪藻土を固めた断熱レンガもあります。日除けに使うヨシズも茎が中空なので優秀な断熱材です。

石窯で食べ物とのつながりを実感

私の石窯には近所の子どもらが遊びに来ます。ゆらめく炎を黙っていつまでも見つめている小さな哲学者もいれば、「もっと燃やせー！」と貴重な薪を次々に放り込む情熱家もいます。みんなで一緒に手を動かして、食べ物と自分のつながりが実感できる場所。そんな場所がもっと増えてほしいし、そこにはぜひ石窯をつくってほしい。

食べ物をつくるために、窯からつくるという原点回帰。石の硬さや火の熱さ、煙の渋さ、パン生地の不定形。あれやこれやを感じながら、最後においしく食べる道のりは、他に得がたい経験です。

自分には縁遠いものだった山や森が、実はどれほど豊かなものか。一切れのパンやピザやチキンに、どれほどの手間がかかっているか。そのありがたさが石窯をつくることでわかるのです。

（須藤 章・石窯制作室）

http://www.ishigama-sudo.com

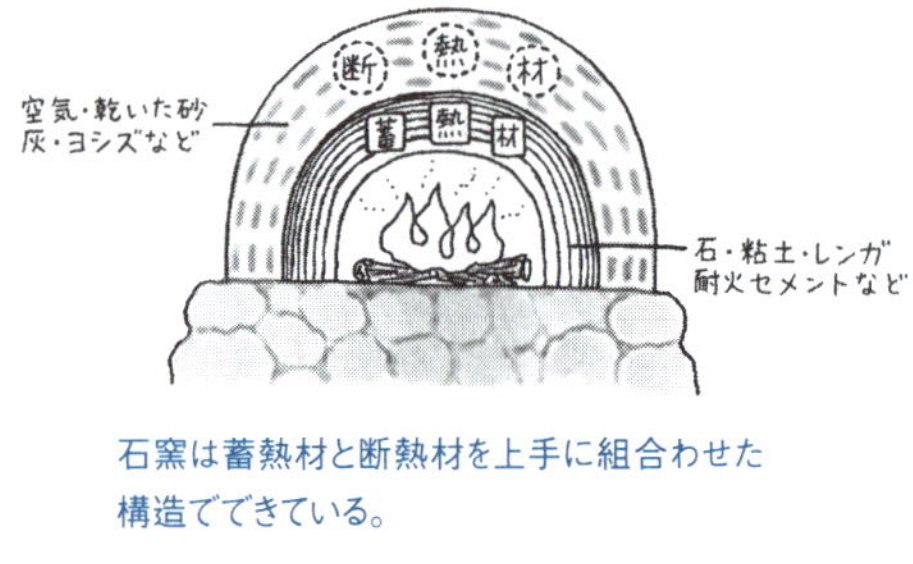

石窯は蓄熱材と断熱材を上手に組合わせた構造でできている。

1日でつくれる簡単石窯のつくり方

[材料]
コンクリートブロック 36個、赤レンガ 約200個、
鉄板6mm厚 1枚、鉄筋太さ9mm 15本、粘土

[手順]
石窯のサイズはスペースと予算に合わせて調整してください。大きめのほうが失敗しにくいです。長持ちさせたいときは耐火レンガを使ってください(1日のイベントであれば赤レンガで十分)。

①コンクリートブロックを12個並べて、正六角形×3段に積む。中は空洞のままでよい(鉄板を調達できない場合は空洞に土をつめる)。

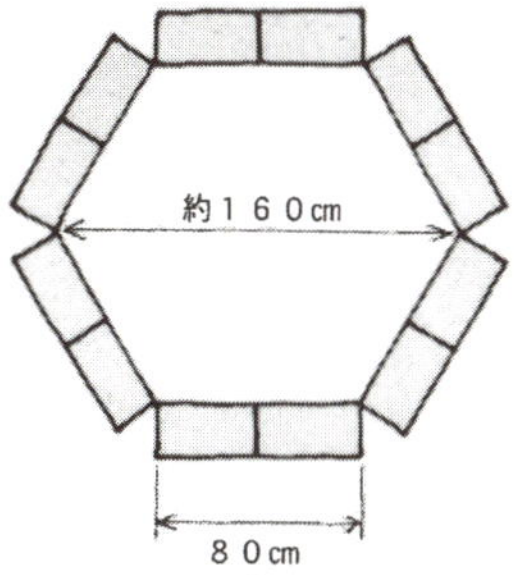

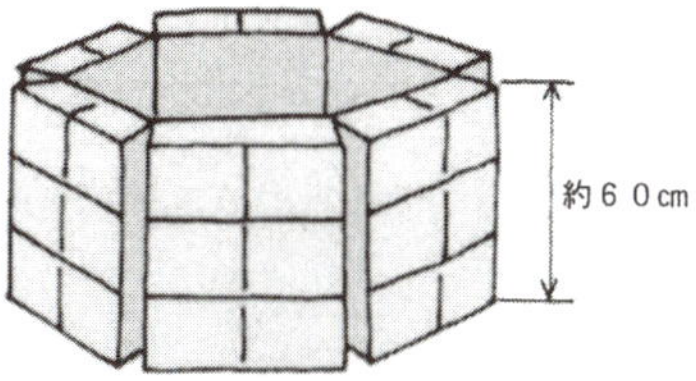

②鉄工所で切ってもらった鉄板をコンクリートブロックの上にかぶせる(鉄板は6mm厚、形は六角形でも円でもいい)。

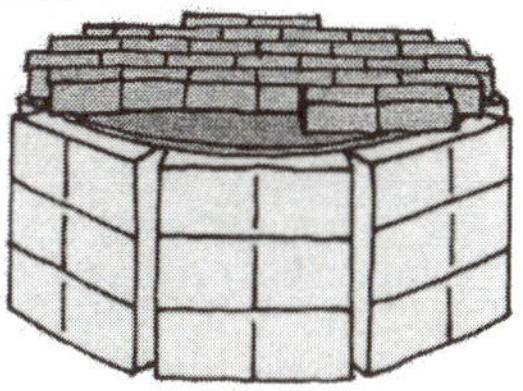

鉄板の上に、赤レンガをびっしり並べる。

③床の赤レンガの上に赤レンガを並べる。約20個×3段(セメント不要)。

半分ずらして積む

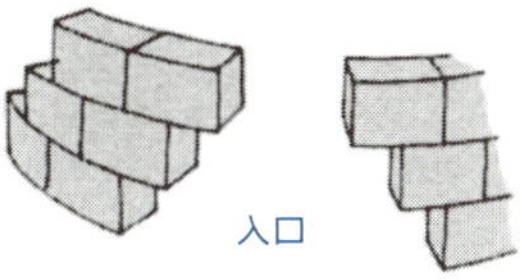

④コンクリートブロック用の鉄筋(太さ9mm)を15本並べる。その上に、赤レンガをタテ一つ分を2本の鉄筋で支える要領で置いて屋根をつくる(鉄筋はあらかじめ長さを計算してホームセンターか鉄工所で切ってもらう。長さを少し長めにしておくと良い)。

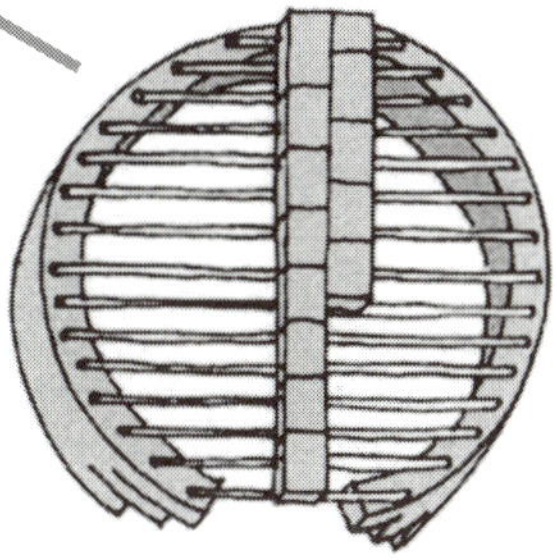

鉄筋の端っこを埋める。

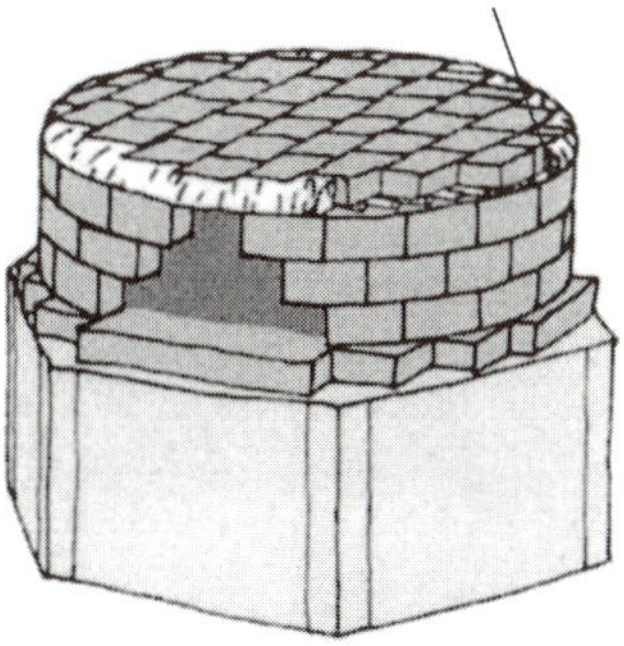

⑤屋根と壁の間が鉄筋の分だけ空いているので粘土でふさぐ。普通のセメントを少し混ぜると硬くなる。

⑥できあがり。

レンガはむき出しです。熱くなるので絶対に触らないこと。土をたっぷりかぶせて断熱してもよい。

コンクリートブロックに漆喰を塗れば、地中海風。色ガラスのかけらやペイントでデコレーションすると楽しい。おしゃれなほうがお客さんも集まるよ!

石窯で本格派ピザを焼こう

[材料]100gの生地で3枚分
小麦粉　150g
塩　2g
オリーブオイル　15g
水　75g
具はお好み

①材料を一度に混ぜてこねる。あんまりこねすぎるとサックリした食感ではなく、パンのような食感になるので注意。生地が乾かないようにタッパーに入れておく（前日にこねて冷蔵しておいてもよい）。

②薪を1時間ぐらい真ん中で燃やして充分に熱くする。

③薪を隅に寄せる。消してはいけない。少しずつ薪を継いで炎を燃やし続ける。その一方で濡らしたモップで灰を拭く。ただし、やりすぎるとレンガが冷えてしまうので軽く1〜2回でよい。

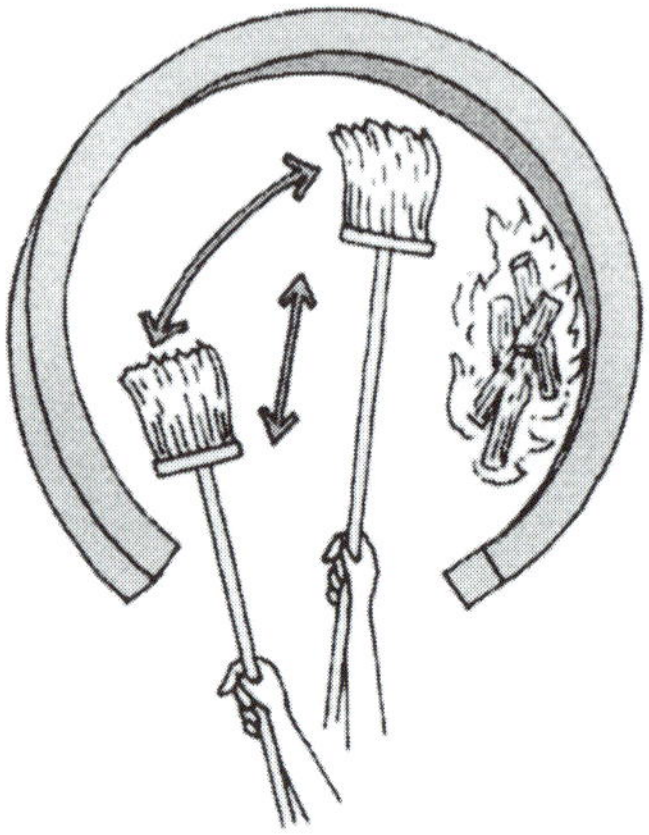

④①の材料を3つか4つに分けて、麺棒で薄く伸ばす。麺棒がなければビール瓶でもよい。具をのせて、鉄板におく。

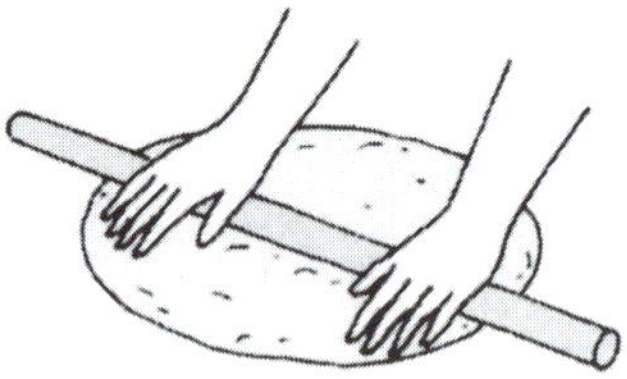

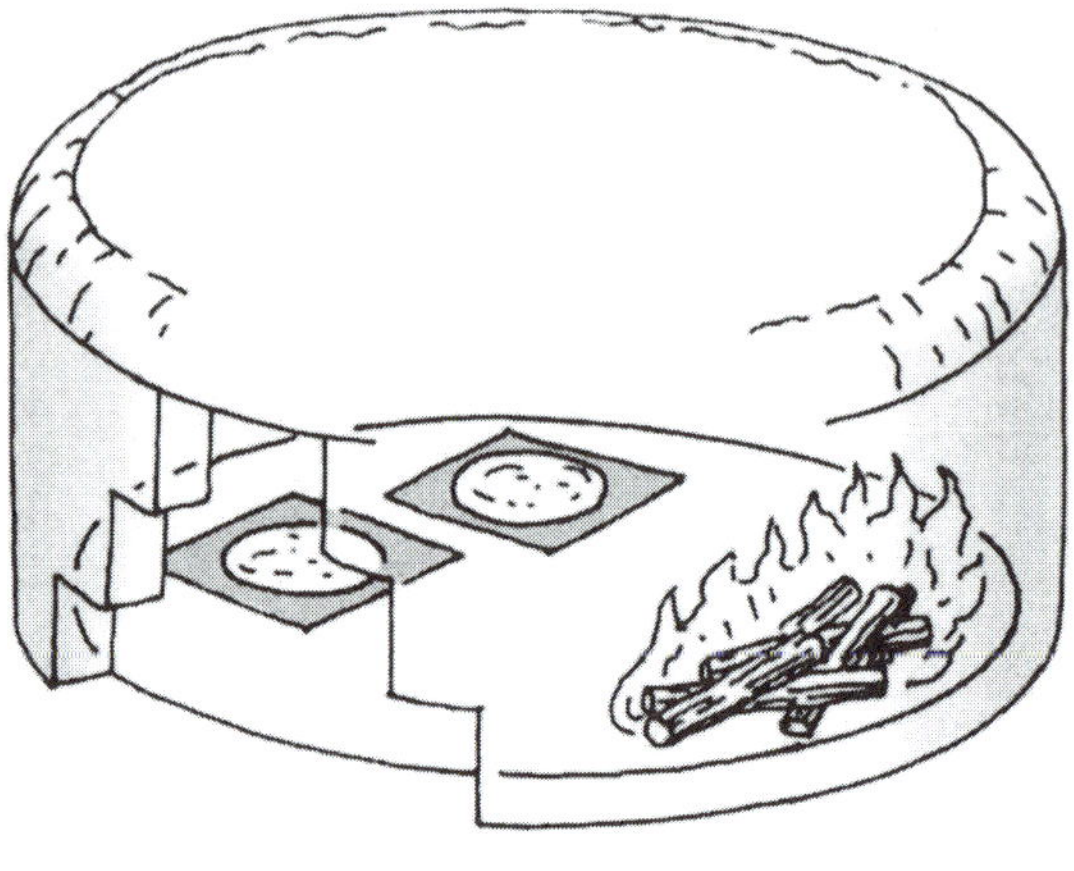

⑤炎との距離に気をつけながらピザを焼く。2〜4分で焼ける。生地が厚すぎたり具が多いと、生焼けになる。生地だけを先に軽く焼いてから あらためて具をのせて焼き直す手もある。

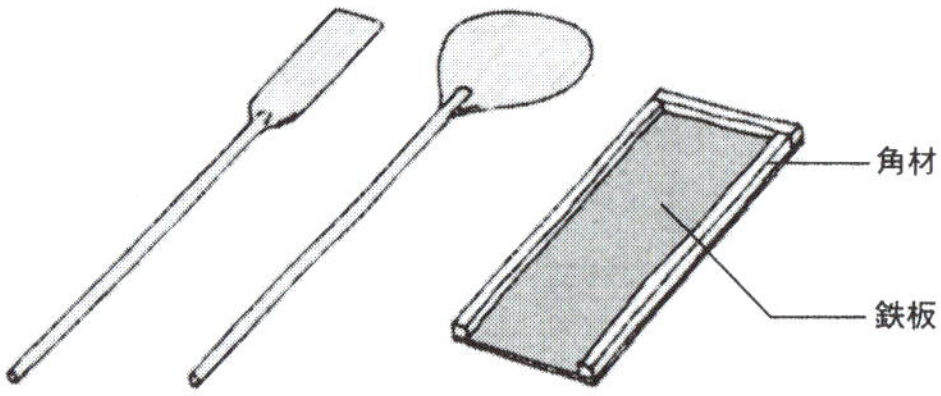

炉端焼きで使うようなヘラがあれば鉄板の出し入れにベストだが、なければ角材や板材を削って自作する。

ヌカ釜

ペール缶でつくる

ペール缶ヌカ釜の構造

ペール缶をひっくり返したところ。底にドリルで直径1cmの穴を開ける。これから側面にも1cmの穴を無数に開ける。また、3カ所にクリップ。これで置いたときに底に隙間ができ、下から空気を取り入れられる。

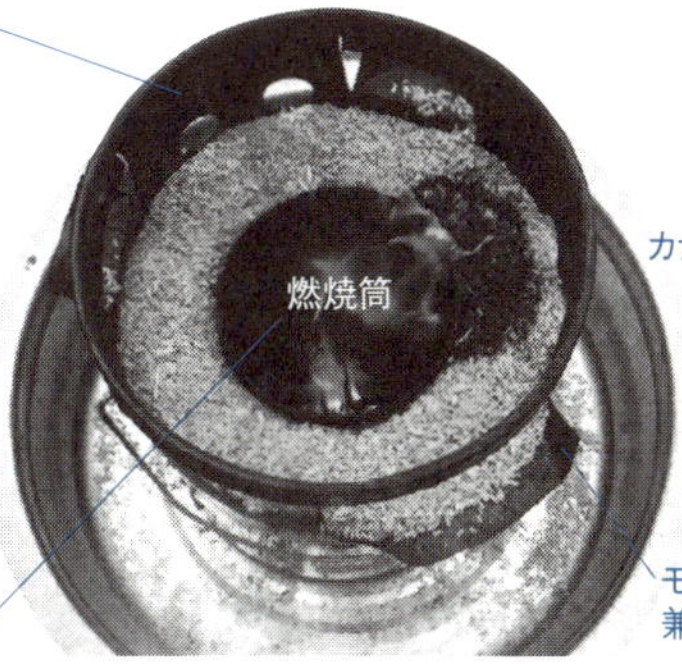

スギ葉に火をつけて炎が落ち着いたら燃焼筒に入れて、羽釜を置く。やがてモミガラが燃え出して、ご飯が炊ける。

いろいろ試した結果、高さ20cm、内径15cmのトマトケチャップ缶が燃焼筒に一番いいとわかった。底はくり抜いてあり、側面には直径約2cmの穴を縦に5つ、8列（定規の目盛りの単位は寸、1寸＝約3cm）。

ヌカ釜

電気炊飯器などない時代、農家では「ヌカ釜」と呼ばれる、モミガラ専用のかまどが活躍していた。

仕組みは、点火剤のスギが燃えて「はじめチョロチョロ」、モミガラに火が燃え移れば強火になって「中パッパ」。おまけに、モミガラが炭になってからは、おき火で蒸らしもできるのだ。つまり、火をつけさえすれば、あとはなんにもしなくていい、元祖全自動炊飯器！　炊けたご飯は、とにかくうまい。米の一粒一粒が大きく膨らみ、しかもそれぞれが上を向くように立ち上がる。

このヌカ釜、長野県安曇野市でも昭和二十〜三十年代には「ぬかくど」（ぬかはモミガラ、くどはかまどの意味）の愛称で親しまれていた。これを現代に復活させようと、自作に挑戦しているのが舎爐夢《しゃろむ》ヒュッテという宿を経営している臼井健二さんである。しかも、材料はペール缶（オイル缶）やトマトケチャップ缶などすぐに手に入るものばかり。

ただ、臼井さん、はじめの頃は失敗の連続だったという。空気の通りがうまくいかず、モミガラが途中でくすぶってしまうのだ。こうなると、モミガラがきれいに燃えきらず、おいしいご飯が炊けない。

どうやらコツは缶に空ける穴の大きさや間隔にありそうだ——。そこで「再再再再わからないくらいのチャレンジ」で、ついに成功したという「ぬかくど」のつくり方を大公開！

（編集部）

ペール缶を利用したヌカ釜。1升炊きがちょうどいい。

かまど

かまどの構造といろいろな種類

かつて農家のかまどと言えば、農村の生活改善の中心的な問題として、多くの改良かまどが工夫されていました。

竹内芳太郎は昭和初期から日本各地の農村住宅をつぶさに調査し、農村住宅の改善に尽力した建築家ですが、当時のかまどについても興味深い原稿を書いています。以下に紹介するのは『図集・農家の台所』（農文協、昭和29年3月発行）に発表された「よいかまどの構造と作り方」です。これから新たにかまどをつくってみたい人がその構造を知る参考になります。（編集部）

かまどには実に種類が多くて、どれを紹介したらよいか迷ってしまいます。手許に集められたかずかずの資料の中から主に異なった形式のものを誌面の都合で五種類だけ取り出しました。

奈良―やまとかまど

オキをとりやすくするために、ロストル*1をやめたかまどが随分あります。**図1**もその一つですが、これは特殊な鋳鉄製の火床をとりつけて、その下から暖められた空気をすいこませ、それを火袋の奥からふき出させて未燃焼のガスを燃やす働きをさせています。よい思いつきで、これがこのかまどの特色です。

たき口からの通風が十分であると、下からの空気の流れ込む力が自然に少なくなって、よく調節ができると言われています。

この種のかまどは余熱利用をあまり考えていないので、熱効率の低いことが欠点となっています。

福井―居関式万能かまど

籾殻、おが屑、薪、長い薪でさえ焚くことのできるのが長所です（**図2**）。余熱は天火《てんぴ》と釜とに利用していますから熱効率も高いです。天火を入れると、炎に直接あたるのでとかく傷みやすいのがふつうですが、これでは特にレンガを並べてそれを防いでいます。

上向きの焚き口は主として籾殻やおが屑を焚くためですが、ここから長い薪をつっこんでもいいのです。しかし、斜ロストルをはずせば横の口

かまどの種類

図1 やまとかまど
（奈良）

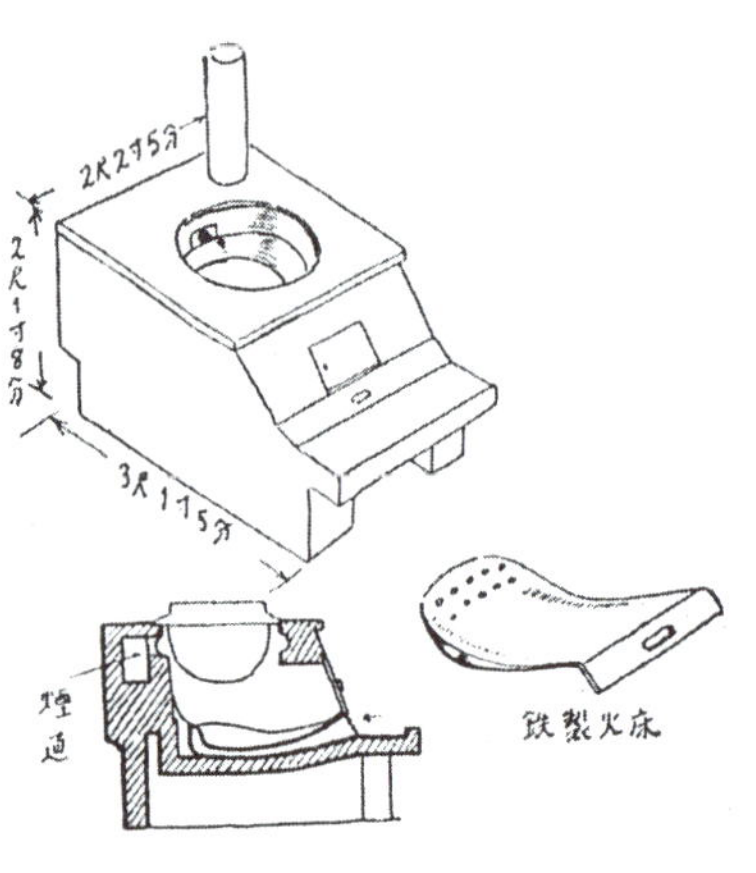

図2 居関式万能かまど
（福井）

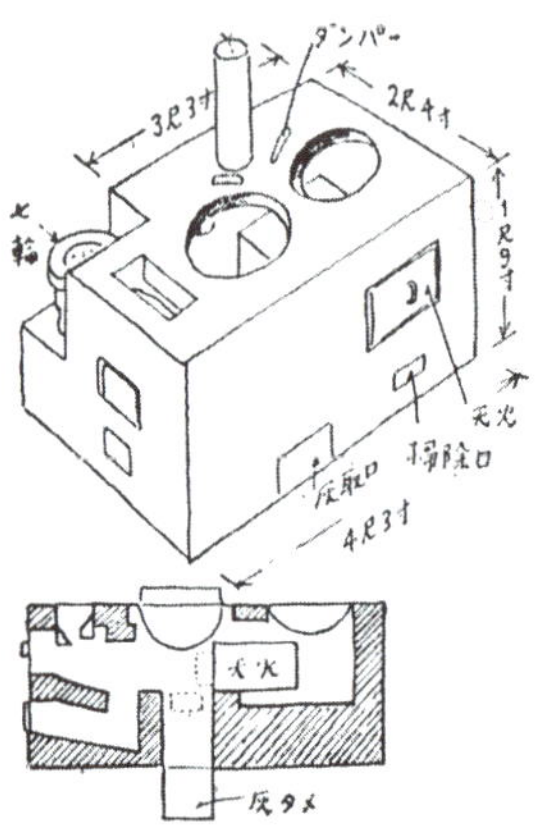

図3 香川式第3号かまど
（香川）

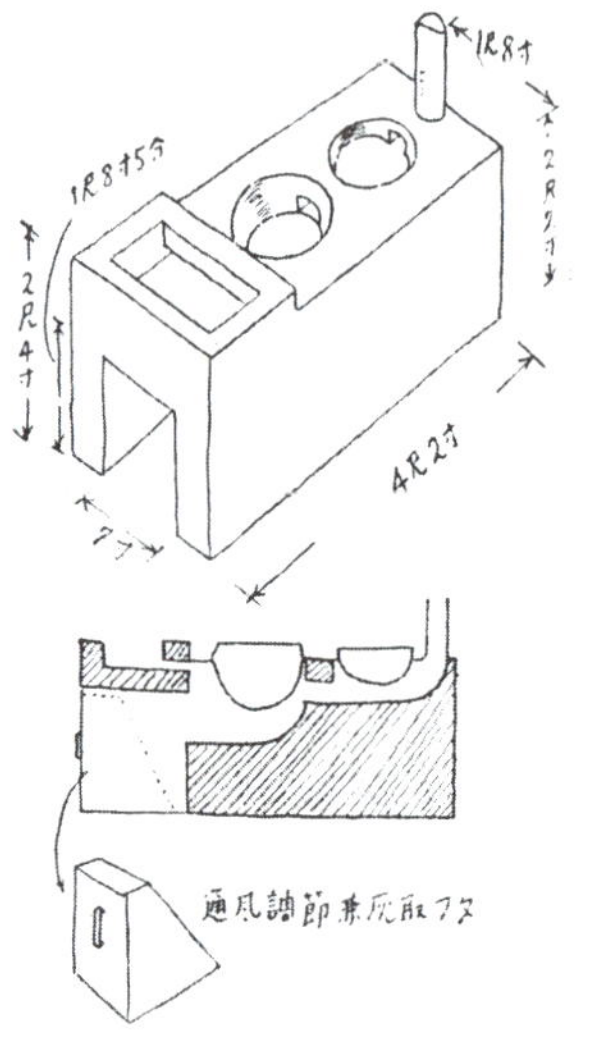

※1分＝約3mm、1寸＝約3cm、1尺＝約30cm

*1　燃料を置く火格子
*2　燃え方を調整する通気遮断板

からも長薪が焚けます。柴やワラの場合、できた灰は押してやれば灰溜めに落ちます。

ダンパー[*2]がついているので熱は思うままに利用できますが、この構造のはかまどの周囲の二方があいていないといけないので、築造の場所に制限があることと、オキが奥の方にあってとりにくいことは欠点です。

香川―香川式第3号かまど

斜ロストルを使って籾殻を上から落としながら燃えるようにし、余熱を利用した点が特色です。灰落としの部分に鉄板製のフタをして通気の調整をしている点も気が利いています（図3）。

実験の結果では、米一升五合を炊くのに、バケツ一杯の籾殻がいります。時間は二三分から一五分です。水田六反歩あれば、五人家族でおよそ半年分の燃料が得られ、その上良質の焼き籾殻がとれるわけです。余熱ガマの下は、寒い地方では野菜入れにするのもいいでしょう。

栃木―栃式煉瓦かまど

火袋を一度ヒョウタン型に絞ると、燃える炎の火力が強くなるものです。この原理を応用して、火をうまく釜の周囲にぐるりと回すように火袋の中に火棚を設けた点が、このかまどの特色です（図4）。

余熱を十分に利用するために釜をもう一つと、天火と、さらに捨て釜をその上にとりつけています。これで余熱は大部分吸収されますから、熱の損失は少ないです。

第二の釜にも焚き口をつけたのは、独立して使う場合のためと、釜のかけかえをしないですますためです。

茨城―偕楽かまど

誰がつくっても火袋の型が違わず、よい結果が得られるように、陶器製の中壺を利用してある、というのが、このかまどの特色です（図5）。

中壺は組立式になっていますから、これを組合わせさえすれば、かまどの生命というべき火袋ができてしまいます。あとは周囲を粘土でもレンガでも使って、形をつくればそれでよいわけです。

中壺は釜によって大小がありますから、かける釜の大きさを予め決めておく必要があります。そうしないと熱効率が下がります。この点が欠点といえば言えますが、この種のかまどには避けがたいことでもあります。

（竹内芳太郎）

図5 偕楽かまど
（茨城）

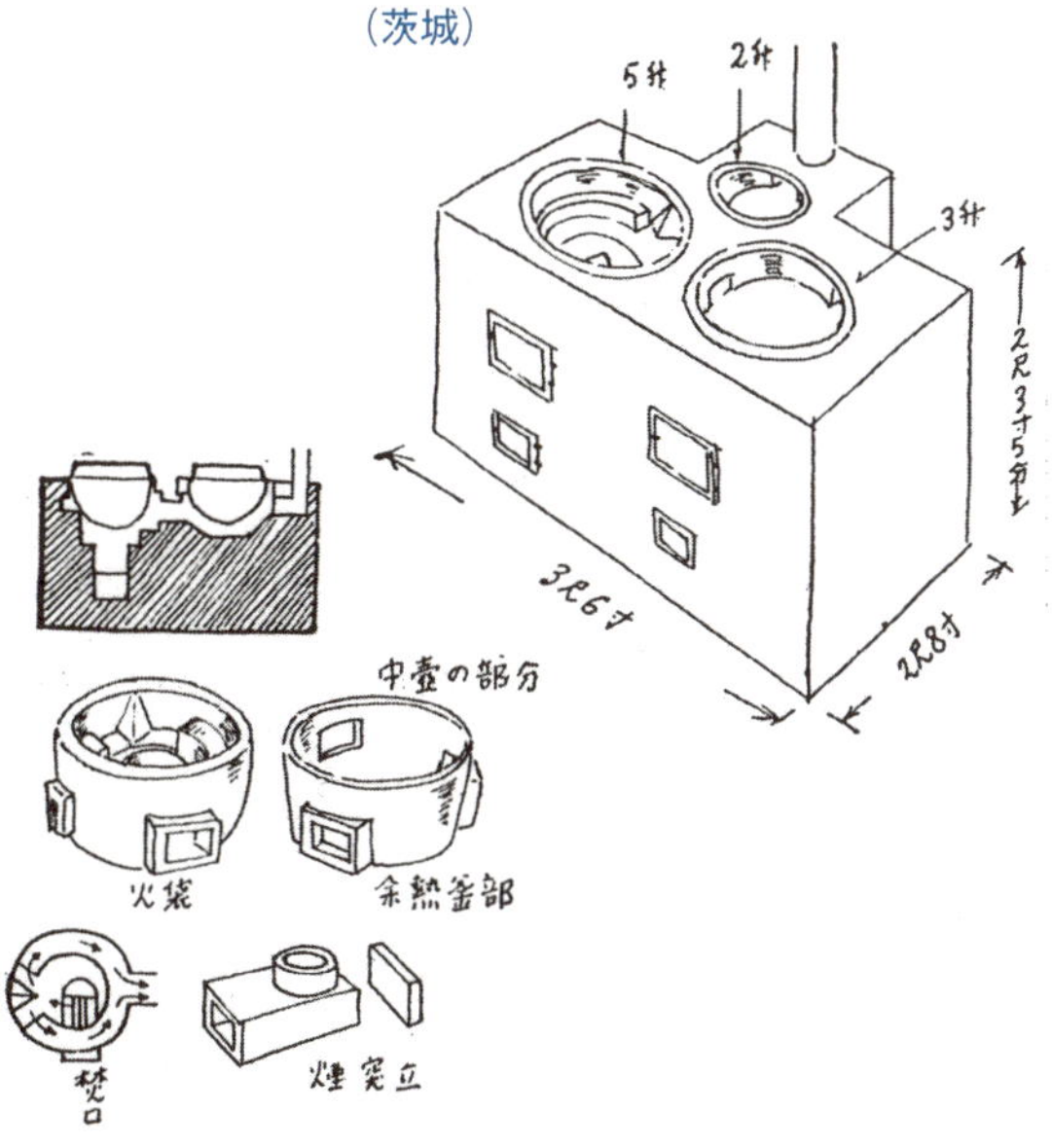

図4 栃式煉瓦かまど
（栃木）

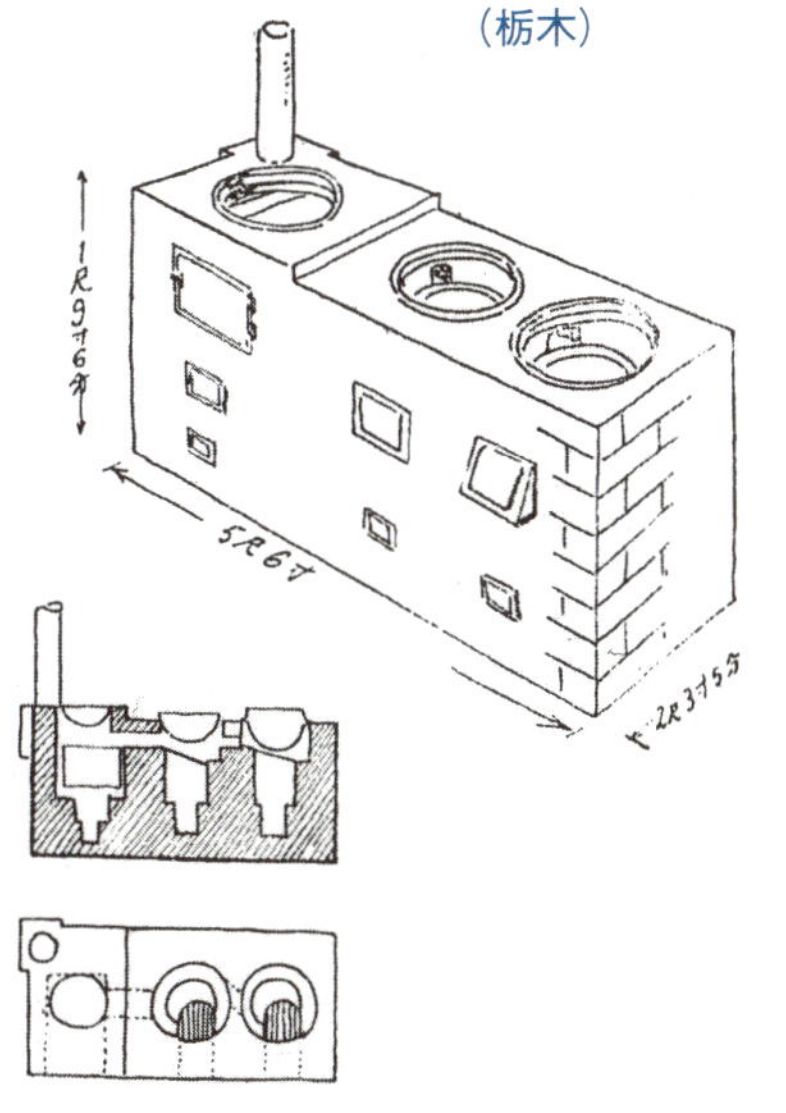

囲炉裏

火のすばらしさを体感する

群馬県藤岡市の山中の築百年の古民家を再生しながら生活をしている。そしてついに囲炉裏を始めた。土間から続く部屋に石で組まれた炉が隠れていたのだが、いずれこの囲炉裏部屋を復活させたいと思っていたのだ。廃材で枠をつくり、すき間を石と粘土でふさぎ、灰をつぎ足した。

これまで焚き火、薪ストーブ、カマドといろいろ薪火を使ってきたが、実際に囲炉裏を使ってみて驚くのは薪が長持ちすること、そして料理炉としてのバリエーションの豊かさである。

自在鉤は実によく考えられた装置で、鍋を上下に動かすことで、火加減を調節できる。かたわらで五徳を使えば鍋の保温もでき、位置も自由に変えられる。熾《おき》火で焼きものや灰に埋めて蒸し焼き料理も楽しめる。竹串を斜めにかざして焼く方法は、炎を立てても素材が焦げず、ススがつきにくい。

灰や薪を的確に繰りながら炎と熾を使うとき、囲炉裏は最も自由でローコスト、ローインパクトな「炉」の王者であると実感する。

囲炉裏の構造

囲炉裏の土台は石と土で組まれている。その内側に粘土が打たれ、灰が入っている。囲炉裏の四周には木の枠が納まり、その枠の上面はテーブル代わりにもなる。

建物の梁から自在鉤が吊される。自在鉤の上には物を乾燥・燻製にするための棚をかけることもある。

囲炉裏の部屋は土間と続く場所が適する。薪運びや掃除に便利だし、採光や換気にもいい。

火の燃やし方・消し方

囲炉裏の着火や火の維持は、焚き火の方法とほとんど変わらない。ただし、野外と違うのは紙ゴミや落ち葉など、煙にいやな匂いのあるもの、煙や煤の出やすいものは燃やさないことだ。素材としては竹やマツなどは煤が出るので避ける。爆《は》ぜやすい薪（スギ、ヒノキ、クリ）は火の付いた熾き炭が飛んで危険だが、そのような薪でも常に小口から燃やすようにすれば爆ぜなくなる。

囲炉裏は小枝から丸太までどんなサイズの薪でも燃やせる。特にスギの枯れ枝は囲炉裏に最適な薪だ。長い枝は囲炉裏の対角線上に渡して中央から燃やすと二つに分かれる。切る手間が省ける便利な燃やし方である。

囲炉裏の火は薪をいじらないでおくと自然に消えるが、早く消したいときは燃えている薪に厚く灰をかける。冷たい灰をかけて温度を下げ、かつ空気を遮断するわけだ。風の強い日に外出するようなときは、灰を厚くかけた上に、自在鉤を下ろして吊り鍋や鉄瓶の底を灰につけてしまうと万全だ。

（大内正伸）

2005年、板の間に眠っていた囲炉裏を再生した。今は暮らしにすっかり定着し、私たちの暮らしになくてはならないものになっている。

煙抜きのかたち

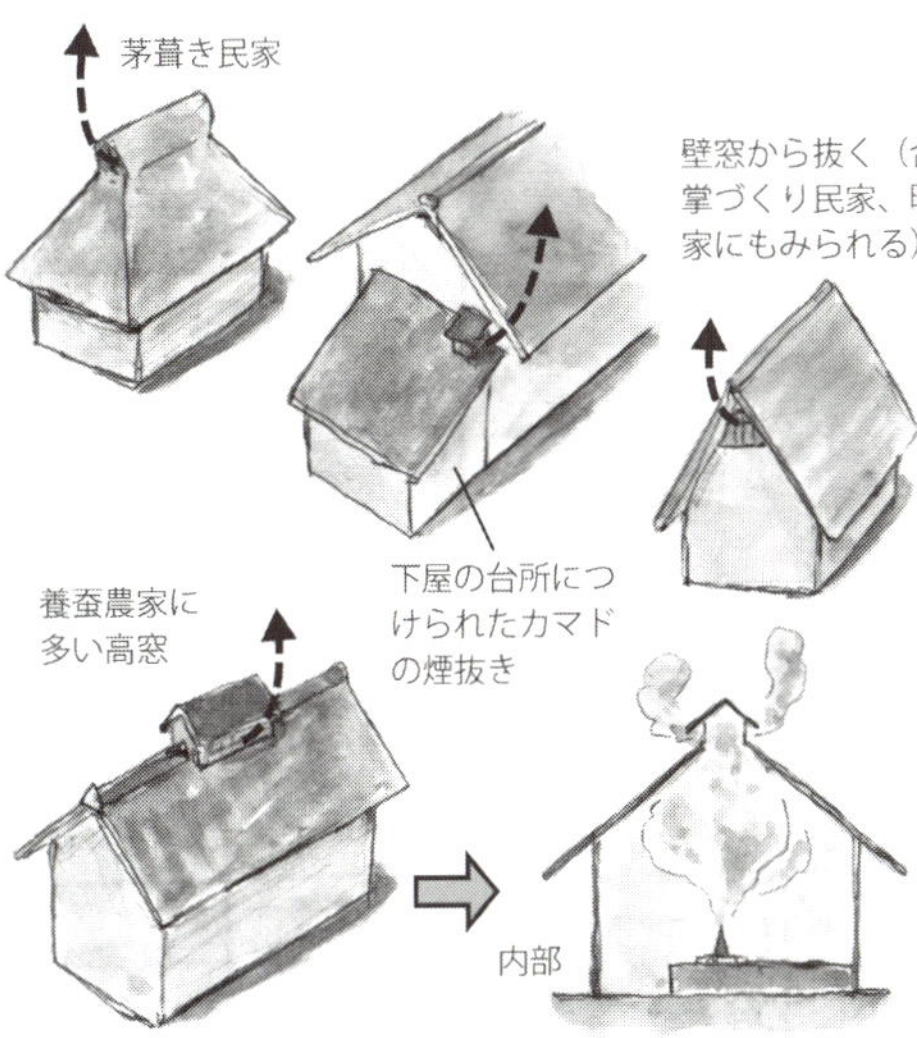
茅葺き民家
壁窓から抜く（合掌づくり民家、町家にもみられる）
下屋の台所につけられたカマドの煙抜き
養蚕農家に多い高窓
内部

囲炉裏の構造

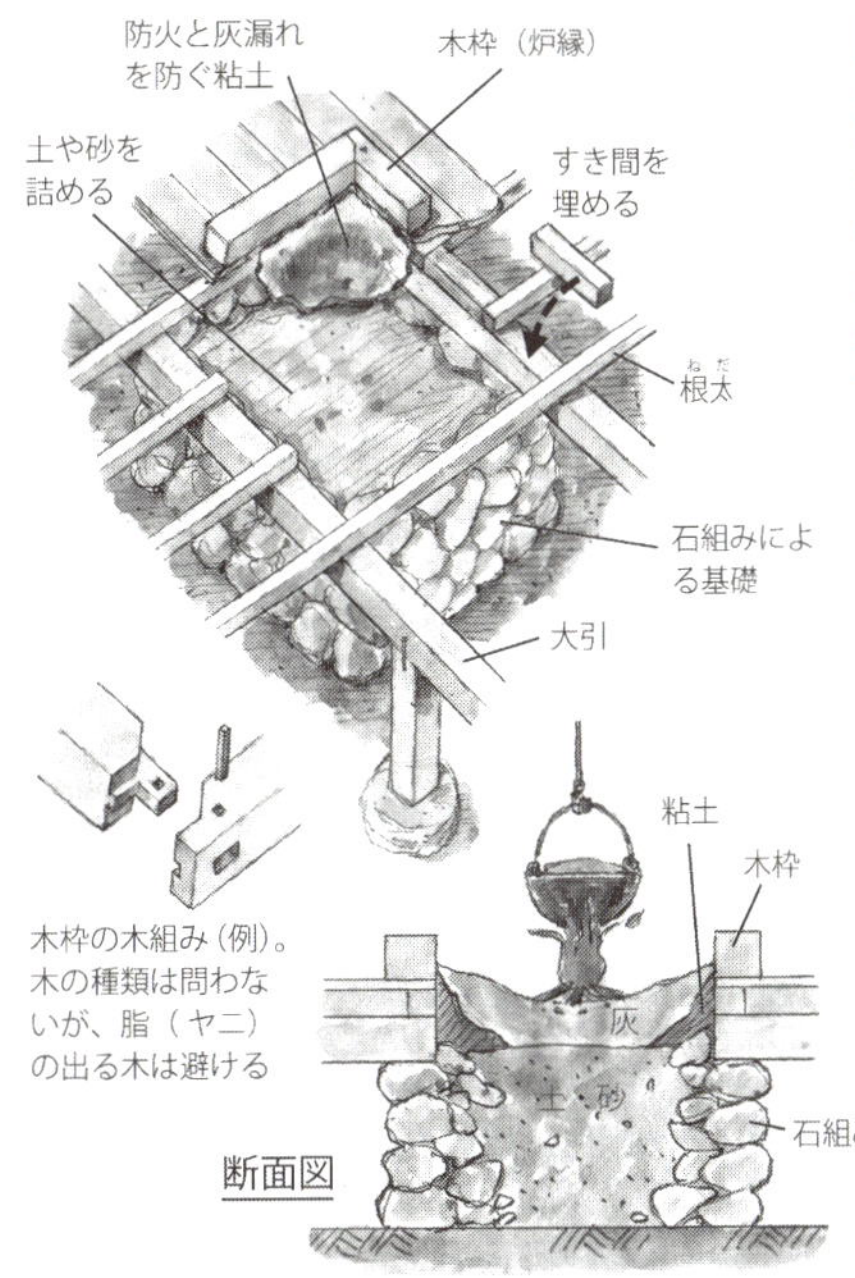
防火と灰漏れを防ぐ粘土
木枠（炉縁）
土や砂を詰める
すき間を埋める
根太《ねだ》
石組みによる基礎
大引
木枠の木組み（例）。木の種類は問わないが、脂（ヤニ）の出る木は避ける
粘土
木枠
灰
土・砂
石組み
断面図

囲炉裏再生の手順

①囲炉裏の下には基礎の石組みがある。再生するときは石が欠けていれば補う。新規につくる場合は、大引の1スパンを囲炉裏の位置と考え、その間の根太を切り取り、石を積み、中央は土や砂を詰める。

②古い灰やゴミを取り除き、木枠を付ける。木枠の内寸は80cm前後が使いやすい。一辺を薪置きスペースにした。

③石の間から灰がもれないように粘土でふさぐ。粘土は壁土を再利用した。

④新しい灰を入れる。囲炉裏の灰で調理もしたいので、紙ゴミを燃やした灰が混ざらないように純度の高い木灰を使用。カマドストーブや火鉢から出た灰をとっておいて使った。

火・水・土を感じて住まう

② 薪で暖を採る

薪ストーブ

設置のカンドコロ

薪ストーブと暮らす

いまから数十年前、農家や山間部では薪ストーブのある暮らしはあたりまえでした。薪ストーブはなくても、風呂を薪で沸かし、かまどで煮炊きするのも薪に頼っていました。薪を使った暮らしがそこにありました。そうした生活は、やがて電気やガスといったエネルギーに取って代わられ、より便利な方向へと向かっていきます。そして現在、多くの人がふたたび薪ストーブに関心を寄せ、薪ストーブを生活の道具として使うようになってきました。なぜでしょうか。

そこには、のんびりとした暮らしへの憧れもあるのだろうと思います。炎を見ていると心が安らぐこともあるでしょう。暖房をしながら、ストーブに載せた鍋で煮炊きできるのも楽しいでしょう。燃料となる薪を、自分の手で用意するということも魅力のひとつと考えられます。

これから本格的な薪ストーブを設置しようとお考えの方に、知っていただきたいことを書いてみたいと思います。

薪ストーブ

薪ストーブの性能を見分けるポイント

①高温空気の供給

燃えるというのは酸化作用です。それに必要なものといえば燃料、空気（酸素）、そして熱なのです。この三つのうち一つでも欠けたら燃焼は起きません。したがって、火室には隅々までまんべんなく空気を送る構造が必要です。それがうまくできていないと不完全燃焼になってしまいます。

順を追って説明してみましょう。薪の燃焼のなかで、最初の燃焼を一次燃焼と呼びます。この一次燃焼の熱分解で発生した可燃性ガスを、さらに積極的に燃焼させるには二次燃焼空気や三次燃焼空気を送ってやることが大切になります。しかも、このときの空気は予熱された空気のほうが効果的なのです。たとえ暖房の効いた室内空気であっても、火室に必要な温度と比べたら低すぎます。そこで、燃焼空気の取り入れ口から吹き出し口までに加熱回路を備える。それによって高温空気が供給され、よく燃える薪ストーブとなるのです（左頁図）。

私がつくる薪ストーブにも取り入れているこの燃焼方式（クリーンバーン方式）の最大のメリットは、燃料のもつエネルギーを最大限に引き出すとともに、煙突からの排気をク

ピザも焼けるオーブン付き薪ストーブ。

トラックのホイールを利用してつくった薪ストーブ。

縦型のオーブン付き薪ストーブ。

リーンなものにしてくれることです。メンテナンスのコストが低く抑えられるのも利点です。

②燃焼速度のコントロール

ストーブを選ぶときにもう一つ大切なことは、燃焼速度をコントロールできるストーブこそが優秀な薪ストーブだということです。たんに薪を燃やすためだけの器ではなく、コントロールできる道具だからこそ、私はあえて「ストーブの運転」と表現します。

必要最低限の空気を火室にまんべんなく送り込み、ゆったりとした炎を鑑賞できる。薪をゆっくり長く燃やすことができる。それが正しい薪ストーブの姿です。大事なのは炉の気密精度で、空気が必要以上に入らない造りであればよいと思います。それを確認するには、実際に火を入れてみて、空気調整が行なえるかどうかを見ることです。

杉浦さんの
薪ストーブの断面図

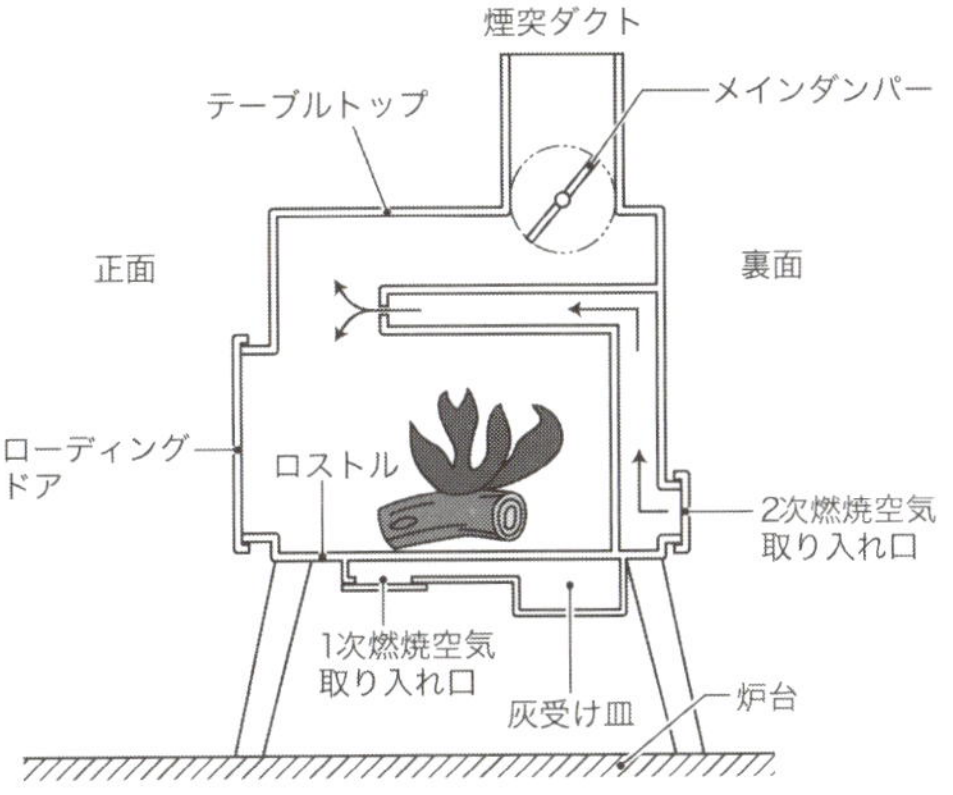
煙突ダクト
テーブルトップ
メインダンパー
正面
裏面
ローディング
ドア
ロストル
2次燃焼空気
取り入れ口
1次燃焼空気
取り入れ口
灰受け皿
炉台

煙突の向きが性能を左右する

薪ストーブにとっては、煙突の設置もたいへん重要です。煙突の設置の仕方いかんでストーブの性能も左右されるといっていいでしょう。詳細は説明しきれませんが、冬の風向きを考慮して煙突の位置を決めることが大切です。

煙突だけでもけっこう高くつくイメージがありますが、薪ストーブ専用のものにこだわらなければ意外と安く購入できます。工業用の排気耐熱ダクト（ステンレス製）を使用しても問題ありません。ただし、屋根や壁の貫通部と屋外煙突だけは、断熱二重煙突を使用してください。火災予防のために有効です。

燃焼空気の導入をスムーズに

最近は気密性の高い住宅が増えていますが、薪ストーブには燃焼空気がうまく導入されなければなりません。気密性の高い家屋の場合は、炉台の下から取り入れる手もあります。その空気を薪ストーブの空気取り入れ口に接続するか、その近くまで引き込むことで、部屋の空気圧が保たれます。

また、薪ストーブのある部屋に換気扇があったりすると、排気に影響するので計画段階で設置業者に相談しましょう。薪ストーブ自体が換気システムをもっていますから、換気扇など必要はありません。

また、炉台は重い薪ストーブを支える重要な台となるので、床の構造を補強したほうがいいでしょう。新築するときなら基礎工事のときから設計されることをお勧めします。それに、炉台と床には段差をつけないこと。ストーブに薪を入れるとき、段差につまずいたりなんてゾッとしますよね。見た目の格好良さより安全を優先しましょう。

薪の確保の仕方

ところで、ここまでストーブ本体にまつわる解説をしてきましたが、薪ストーブを運転するにあたり、最初にすべきことは薪の確保です。それも、よく乾燥した薪の準備が必要です。そのため、薪ストーブを設置する時期からさかのぼり、最低一年前には薪を割って積み上げておかなくてはなりません。薪をしっかり乾燥させるために一年以上の時間を費やしてください。生乾きの薪を燃やそうとしても、煙が上がるばかりで温度は上がりません。煙突の内部を煤やタールで詰まらせる原因にもなります。

薪は乾燥する前に割っておく

入手した木は、まず薪ストーブに投入しやすい長さにタマ切りします。投入口（ローディングドア）から入らない大きさい薪では困りますから。続いて、丸太をタマ切りにしたらすぐに割っておいたほうがいいでしょう。乾燥した木は、斧を跳ね返すぐらい堅くなるものがあるからです。

薪棚や薪小屋を用意することもお忘れなく。入手した薪から積み上げていき、その入手日を薪にメモしておくと役立ちます。

薪を乾燥させるには、日陰よりも太陽の光があたる場所がよく乾きます。ただ日陰であっても風通しがよければ乾燥します。水分量の多い薪はすぐに積み上げず、しばらく山積みしておくといいでしょう。せめて表面の水分を乾燥させてから薪棚に積むことをおすすめします。

手に入る薪は なんでももらっておこう

樹木は針葉樹と広葉樹に分けられますが、薪の発熱量は針葉樹のほうがわずかに高く、樹木の中心部（心材）より周辺部（辺材）のほうが温度がやや高くなるようです。

贅沢を言えばキリがありませんが、ブナ・ナラ・ケヤキといった広葉樹の薪の「御三家」などは、その燃え方もゆったりとしており、快適な薪ストーブライフが楽しめます。しかし樹種にこだわらず、手に入る樹木はいただいておきましょう。私は、ときには大工さんから国産ヒノキの端材をいただきますが、着火用に細く割っておくと焚きつけのときに重宝します。

薪ストーブの楽しみ

存在感のある鉄製ストーブは、穏やかに暖まり、かつ蓄熱性がよいので、夜、薪を入れるのをやめても一晩中部屋を暖かく保ちます。

ストーブの上では料理を楽しみましょう。熱源となる本体の上（テーブルトップ）は調理場になります。たとえば、サツマイモをアルミホイルで包んでここに置くだけで、二時間くらいで焼きイモのできあがり。テーブルトップには温度分布に違いがあるので、薪が燃焼している真上なら高温での調理、シチューなどの煮込み料理をしたいときは端っこと使い分けます。またオーブン付きの薪ストーブでしたら、二〇〇度まで温度を上げて高温で焼くピザも夢ではありません。

薪ストーブの楽しみ方は、まだまだあるはずです。けっこう冬が来るのが待ち遠しくなったりするものですよ。

（杉浦章介・（有）杉浦熔接）

http://www.katch.ne.jp/~showsuke/

薪ストーブ

二〇〇〇円薪ストーブ
燃料は剪定枝でOK

岩手県盛岡市の佐々木信之さん（三三歳）宅の居間に置いてあるのは、ホームセンターで二〇〇〇円くらいで売られている薪ストーブ。ブリキの薪ストーブは、鉄や鋳物の本格薪ストーブと違って二〜三年に一度は買い換える必要があるが、冬になると大活躍するのは変わらない。リンゴ二haを中心にオウトウ・ウメ・洋ナシなどの果樹をいろいろつくる佐々木さん宅では、毎年、剪定した枝や改植した樹の廃材がたくさん出る。薪ストーブがあれば、これすべて暖房用の燃料として使えるのだ。

十月も中旬になると最低気温が一〇度を切る日が続く。そうなると薪ストーブの出番。朝いちばんに火を着けるのは佐々木さんの仕事だ。子どもたちが起き出してくるころには温まっているので、薪ストーブのそばが学校へ行く前の着替え場所になる。ストーブに載せた鉄瓶ではいつもお湯が沸いている。お茶を入れるのに使うのはもちろん、流しで洗いものをするのに使えば湯沸かし器を使わなくてすむ。

去年から始めて家族に人気なのは、薪ストーブで沸いたお湯の湯たんぽだ。家族八人分の湯たんぽにお湯を入れ、みんなの布団に入れておくのは冬の子どもの仕事になった。薪ストーブは布団まで温めてくれる。一月上旬、佐々木さんはウメの剪定の際に出る太枝を暖かい居間に持ち込む。一カ月ほどで花を咲かせるので、近所の人も呼んで花見となる。花見の終わった太枝も薪ストーブの薪に。果樹農家ならではの薪ストーブの楽しみ方である。

（編集部）

佐々木さん宅のものとは違うが、比較的安価な鉄板製の時計型薪ストーブ。（ホンマ製作所、4400円）

薪屋が教える乾燥のコツ

私は、新潟県三条市の里山のど真ん中で薪ストーブ用の薪の専門店「薪屋ドットコム」を営んでおります。新潟県内の薪ストーブ愛好家さんに薪を製造・販売・配達させていただく地域限定のネットショップです。お客さんが用途や好みで選べるように樹種ごとに販売しています。扱っている薪の樹種は、ナラ、サクラ、ホオ、広葉樹ミックス、焚きつけ（スギの細割り）、他に薪を自分でつくれる方用に原木や玉切り薪も販売してます。

扱いやすい薪にするには

うちの薪はホームセンターのとどう違うのか？とよく聞かれます。

一つは、当店の薪は乾燥を徹底しています。

巷の薪の多くが、乾燥不十分の状態で販売されているという事実に気がつきました。ナマでは燃えが悪いし暖かくありません（炎の熱エネルギーが水分蒸発のために浪費されるため）。そして煙突が詰まります。そこで、当店では薪を十分に乾燥して、お客様に満足いただける品質にすることにしました。

二つに、薪の大きさです。薪ストーブの機種によって最適なサイズ（長さ、割りの大きさ）があります。当店ではお客様が使っている薪ストーブの機種をお聞きして、最適なサイズをお届けしています。

私の思いとしては、地産地消の薪屋が各地にでき、地元の里山から木が間伐されてお金が動き、二酸化炭素を吸収して木が育って何十年後かにまた木が伐り出されて販売される、という「流れ」をつくりたい。間伐は山全体の植生を豊かにし、災害に強い山にします。

田舎に転がっている資源を都市部のお客様に好まれる「商品」に練り上げること。これが、田舎に生きる者の醍醐味だろうと思います。

（館脇信王丸《たてわきのぶおうまる》）

※ホームページは「薪屋ドットコム」で検索

薪を乾燥させるコツ

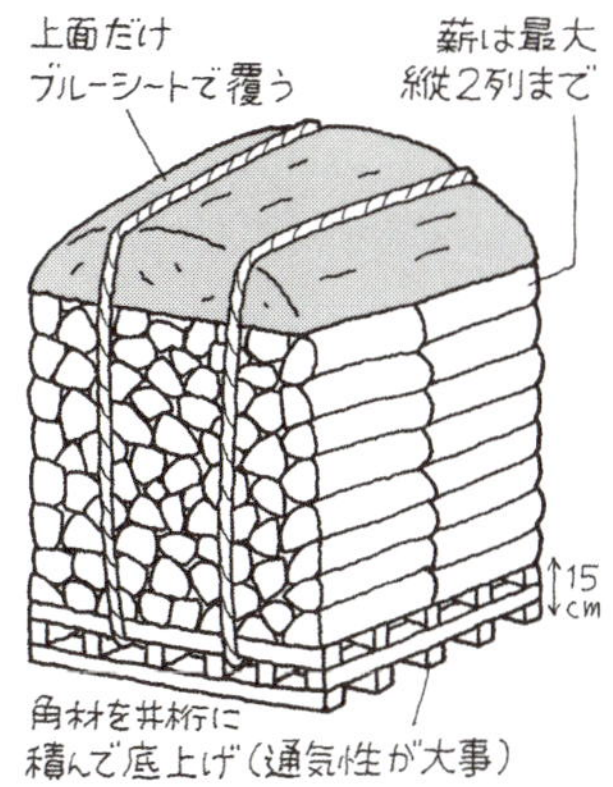
上面だけ
ブルーシートで覆う
薪は最大
縦2列まで
15cm
角材を井桁に
積んで底上げ（通気性が大事）

①とにかく風通しのいい場所を選ぶ

最初は自宅近くの掘っ立て小屋の中に薪を積み上げていましたが、屋根が付いているのにカビが生える始末。スギ林のすぐ脇では風通しが悪いため、乾燥が進まないことがわかりました。現在は、里に下りて集落の田んぼの脇の土地を使用しています。

②雨よけは上面だけブルーシートでOK

割った薪は、地面から15cm上げて縦2列に積み上げて、真上だけに防水シート（ブルーシート）を掛けます。簡素で大ざっぱに見えると思いますが、これが一番乾燥しやすい条件です。側面の囲いは絶対にしてはいけません。薪は風通しによって乾きます。縦3列もだめ。真ん中の薪が乾きません。

③お盆の猛暑の前に乾燥をはじめる

お盆の猛暑を過ぎてから薪を割っても、乾燥が進まずにその年の冬には使えません。夏の猛暑に薪の内部水分を抜き去ってしまえば、あとは横殴りの雨に打たれても水分は表面近くまでにしか浸透しません。雨が上がってお天道様の日が差せば表面の濡れはすぐに乾きます。

④ナラはじっくりじっくり乾燥

ナラは他の広葉樹に較べて乾燥が非常に遅く、細割りでも半年以上、大割りだと1〜2年以上の乾燥期間が必要です。多くの薪屋が、未乾燥のナラ薪を販売している気持ちもよくわかります。誰しも長期間の在庫を抱えたくないですから。ですが、妥協は禁物。お客様にご迷惑をおかけしてはいけません。

オンドル

韓国の床下暖房を手づくりで

一日の燃料は薪一束!

韓国旅行で、オンドルを体験した際、わが家にもつくろうと思い、五年前、一室をオンドルに改造しました。

オンドルとは韓国の床暖房のことです。その歴史は古く、最も古い遺構は約二三〇〇年前のものが発見されています。オンドルはもともと火を焚いた熱を床下に通し部屋を暖めるものでしたが、現在は床下に温水パイプを通す現代的な形式もオンドルと呼んでいます。

昔ながらのオンドルの大部分は台所の熱を利用しており、火を焚くため遠赤外線が床から出る効果もあります。燃料は一日薪一束と知り、そんなに燃料が少なくてすむならと、半信半疑でしたが、手作りしてみることにしました。手に入りにくい材料は他のもので代用しました。

費用一五万円で オンドルを手づくり

●オンドルのつくり方

①まず床下を剥がし、地面を掘って床面から一m下に焚き口を設ける。

②焚き口から煙突まで滑らかな坂になるように地面を整える。

③部屋の四方の床下の部分をレンガやブロックで囲み、中は耐熱性レンガやブロックを使用して煙道をつくる。

④その上に棚板（焼きものを焼くときに使う平らな板）を乗せて床面をつくり、泥コンクリート、コンクリートを塗る。

⑤焚き口付近は熱くなるので棚板を二重にし、泥コンクリートとコンクリートも厚めに塗る。

⑥コンクリートの上に薄い和紙、厚い和紙、オンドル紙（厚い油紙）の順に貼る。

⑦煙突は、立ち上がり部分をレンガで、上の部分は木でつくる。

改造した部屋は五畳ほどの部屋で、工事は家族で行なったので、費用は材料代だけで約一五万円でした。

夕方薪を焚けば 次の日の朝まで暖かい

わが家のオンドルは今では、冬にはなくてはならないものです。オンドルを焚くのは夕方一回、薪一束を

コンクリートの上に薄い和紙を貼る。その上に厚い和紙を貼り、仕上げはオンドル紙。すべて煙が抜けるのを防止するため。

オンドル紙が床となる。手に入らない場合は、和紙を何重にも貼り付けて、ゴザなどを敷いてもよい。

暖房をオンドルに改造した部屋。写真右下が焚き口。

焚くだけで、次の日の朝まで暖かいです。真冬には朝と夕方の二回焚くこともありますが、うちに薪はたくさんあるので、本当に省エネです。

また、室内の掃除は床に油紙を貼っているため、多少の汚れはぬらした雑巾で簡単に拭き取ることができます。掃き掃除もラクにできます。

オンドルは土と石などでできているため、湿気を吸収しますが、すると保存状態が悪くなってしまいます。そのため、韓国では湿気の多い時期に数回火を焚くことがすすめられていました。日本では梅雨の時期が最も危険な時期だと思います。わが家では梅雨の時期はまだ涼しいのでオンドルを利用していますが、洗濯物の乾燥室としても利用しています。

足が暖まり冷え性が治る 母の緑内障も改善

現代社会にはいろいろな暖房設備がありますが、人にとって最もよい室内環境は「頭寒足熱」と言われていて、この環境をつくれるのがオンドルや床暖房です。エアコンは温風で室内を暖めるため、室内のチリが舞い上がり、常に空気中にチリが蔓延している状態です。そのチリを吸い込むせいで、ぜんそくなどの病気が増えていると考えられています。

その点、オンドルや床暖房はチリが舞い上がる心配もありません。温度を感じやすい足を暖めることで体感温度が増し、低い温度でも暖かく感じられます。冷え性もなくなります。

足を冷やすことは身体全体を冷やすことにつながり、反対に、足を暖めればさまざまな病因を解消できると言われています。以前、母は緑内障になりかけていましたが、今ではすっかり改善され、医師からもオンドルの効果だと言われるほどです。

省エネでなおかつ身体にもよいオンドルが広まっていけばいいなと思っています。

（大泉菜子）

床下の構造

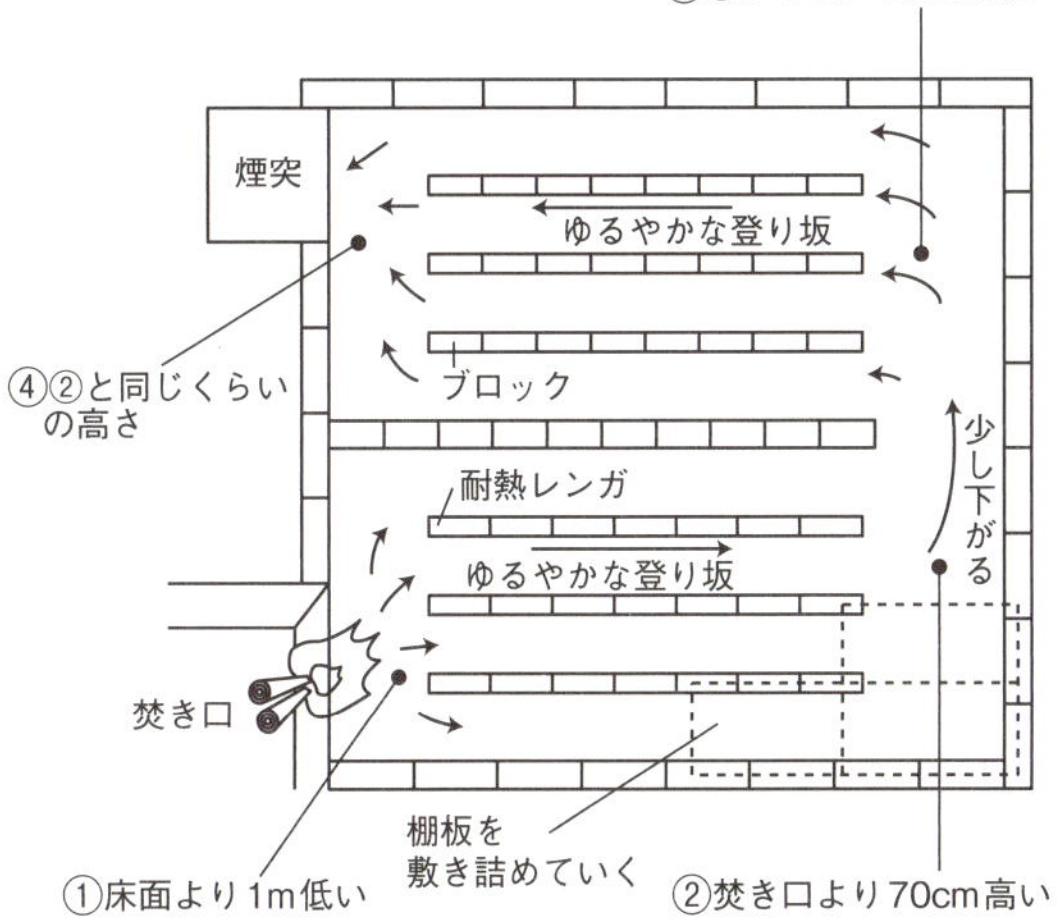
③②より10〜20cm低い
煙突
ゆるやかな登り坂
④②と同じくらいの高さ
ブロック
少し下がる
耐熱レンガ
ゆるやかな登り坂
焚き口
棚板を敷き詰めていく
①床面より1m低い
②焚き口より70cm高い

焚き口に近いところは温度が高いので、耐火レンガで煙道をつくる。煙は床下を通っていくうちに熱が奪われるので、焚き口から離れたところはブロックでもよい。その上に棚板を敷き詰め、泥コンクリート（普通のコンクリートよりも煙が抜けにくい）を塗る。泥コンクリートが乾いたら普通のコンクリートを全面に塗り、ヒビを埋める。

焚き口と煙突の関係

わが家のオンドル

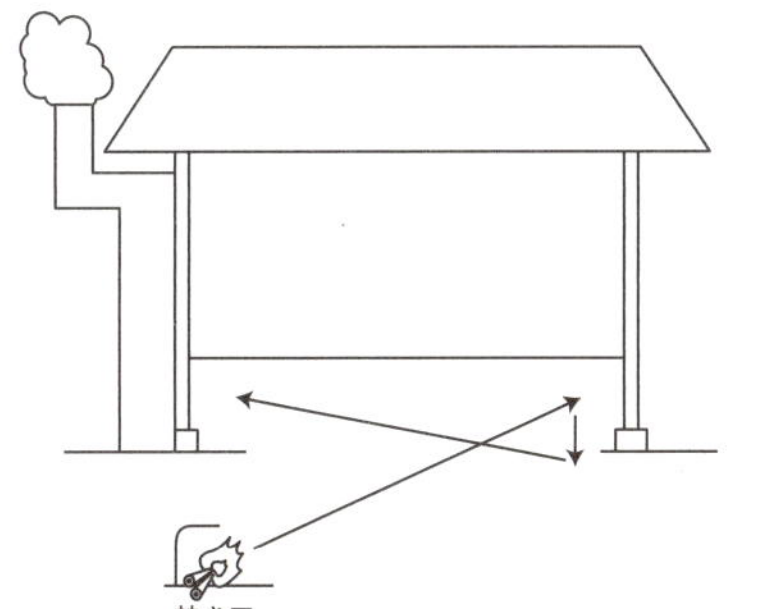
焚き口

部屋の構造上、焚き口と煙突を向かい合うように設置できなかったため、どっちも片側に設置。煙は床下でUターンして戻ってくる感じ。

一般的なオンドルの構造

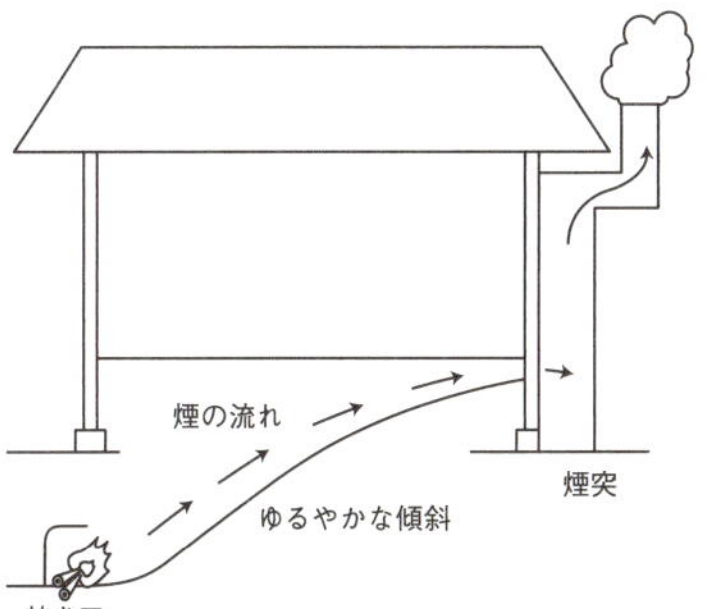
煙の流れ
煙突
ゆるやかな傾斜
焚き口

焚き口と煙突が対の位置にあり、地面はゆるやかな傾斜。煙が部屋全体の床下に行き渡るように、レンガやブロックなどで煙道をつくってある。

火・水・土を感じて住まう ③

風呂をつくる

五右衛門風呂

手づくりでもう最高!

「コロコロ梨工房」の手づくり五右衛門風呂。

風呂

ナシ狩りに来た人に喜んでもらうために五右衛門風呂

六年ほど前に、観光ナシ狩り園をはじめた私たち家族（両親・夫・私・弟夫婦）は、ナシ狩りの他にもなにかお客様に喜んでいただけることができないかと、あれこれ考えました。

そして、うちの直売所の駐車場の一角に二つの五右衛門風呂をつくることにしたのです。お店のまわりには民家もなく、高台で景色もいいので、半露天にするには最適でした。

風呂の釜は、一つは親戚が昔住んでいた家のものをいただき、もう一つはインターネットで調べて広島から取り寄せました。

釜が届き、父と主人と弟の三人で風呂をつくる予定でしたが、父の提案で、近所にいる五右衛門風呂づくりの経験者に手伝っていただきました。

父の話では、熱を逃さず、煙を上手に外に出す構造にすることで、お風呂が沸くまでの時間をかなり短縮できるということでしたので、経験者の知恵と技を借りることにしたのです。

五右衛門風呂のつくり方

①レンガで釜を置く土台をつくります。薪をくべるところと煙の抜け道を確保しながら、レンガを積み上げ、釜を載せ固定します。この時、レンガとレンガをつなぐセメントに、石灰と砂と赤土を混ぜるのが重要なポイントです。セメントだけだと、熱に弱く、割れやすいそうです。

②脱衣場と洗い場をセメントで固めました。お風呂と洗い場のまわりには、近くの川で拾ってきた川石を敷き詰め、岩風呂風にしました。

③屋根と囲いは、山から杉や竹を切り出してつくりました。お風呂のフタ、踏み板（釜の底に敷く板）をつくり、煙突をつけたらでき上がり。

五右衛門風呂が完成し、初めて薪をくべ、煙突から煙が出た時は、家

自分の土地に露天風呂があるというぜいたくは農家ならでは。薪はナシの剪定枝。ナシ狩りのお客さんに入浴料500円で提供。

五右衛門風呂のつくり方

①レンガで釜を置く土台をつくる。薪をくべるスペースをつくり、釜を載せる。

②煙の抜け道を確保し、レンガを積み上げて、釜を固定する。風呂のまわりに川石を敷き詰め、煙突を付ければ完成。下中央の穴が薪をくべる穴。その上の左右の四角い穴はススを掃除する穴。普段は閉じておく。

③上の写真を裏側からみたところ。

五右衛門風呂の構造

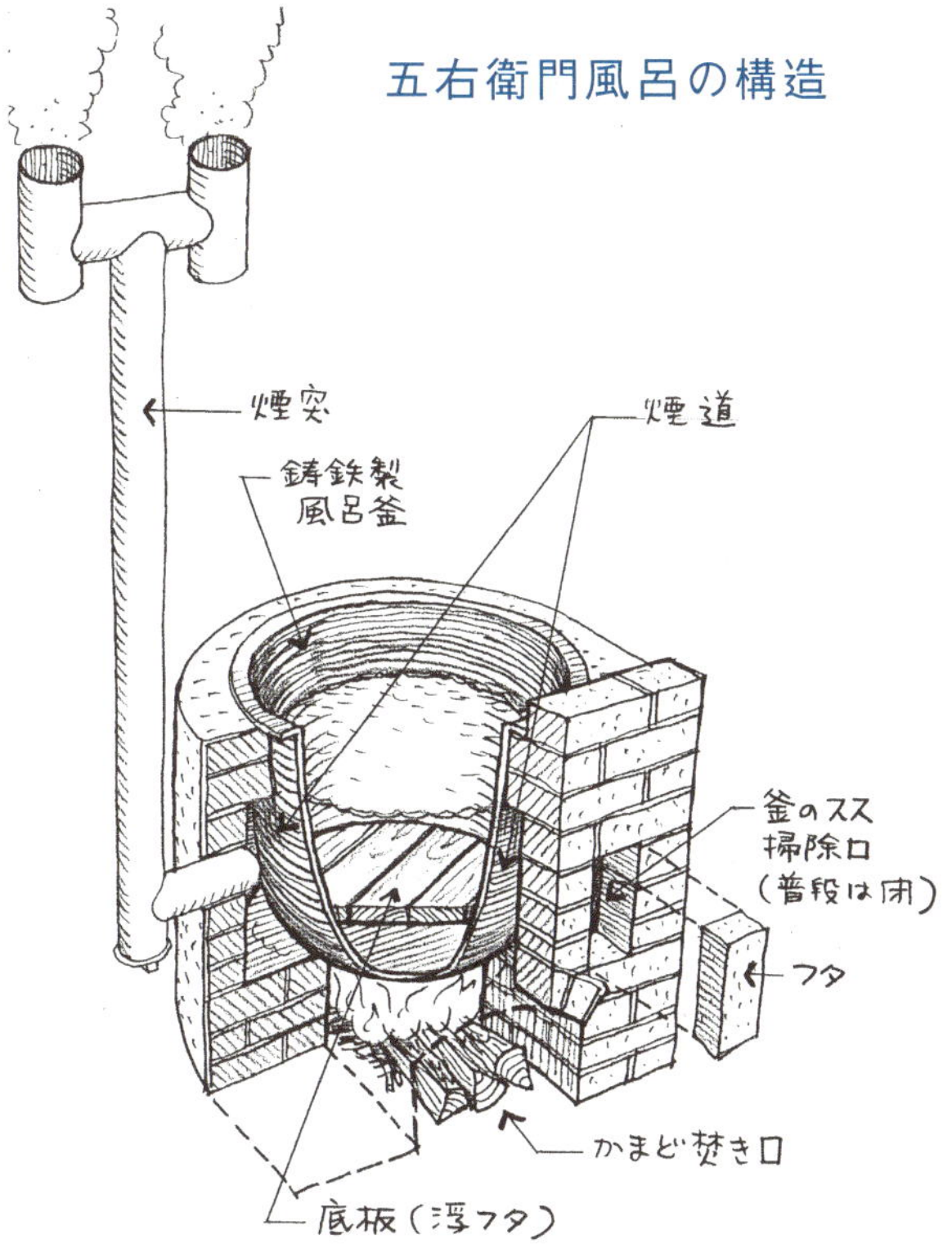
煙突
煙道
鋳鉄製
風呂釜
釜のスス
掃除口
（普段は閉）
フタ
かまど焚き口
底板（浮フタ）

族みんな大喜びでした。

初風呂はもちろん父です。孫四人と一緒に入っても、薪が少しずつ燃えているので、湯冷めすることもなく、気持ちよかったそうです。

この時から、子どもたちは五右衛門風呂にはじいちゃんと入るものだと思ったらしく、「じいちゃんお風呂入ろう‼　お風呂入ろう‼」と、いつもせがんでいます。

沸くまでは火をつけて二〇分

お客様に利用していただく場合は、一釜五〇〇円で、一家族一時間半から二時間くらいです。水を張り、前年に剪定したナシの枝を薪にして、お客様に自分で沸かしてもらいます。

火をつけて二〇分くらいで沸くのですが、子どもさんが薪をくべすぎて、お湯が熱くなり、なかなか入れないというパターンが多いようです。スイッチひとつでお風呂のお湯が出てくる時代に育った子どもたちにとって、薪をくべるという行為は、とても新鮮でワクワクするものなのでしょう。

お風呂に入るときも、踏み板を踏みながら沈める時のドキドキ感や、釜に触れている背中がだんだん熱くなる感覚……、初めての経験がたくさんできると思います。

子どもさんに負けないくらい大人のみなさんも楽しまれています。「今日は楽しかったー。また来ます」と言って帰っていく姿を見ると、私たちまでうれしくなります。

楽しいナシ狩りの思い出の中に、五右衛門風呂のぬくもりも残っていてくれることでしょう。

（原田加代子・コロコロ梨工房）

ドラム缶風呂

野外風呂にピッタリ

風呂

遊んだ後の風呂は気持ちいい！　ドラム缶風呂のつくり方は簡単。ブロックの上にドラム缶を載せて火を焚くだけ。

田植え前のたんぼで「泥んこ運動会」。

泥んこをさっぱり落として、「ごくらくごくらく」。

ここ、高知県南国市奈路《なろ》では一四年前から、さわやか五月の日曜日、おんちゃん、オバちゃん、若い衆、小学生から幼児まで、田植え前の田んぼで思いっきり跳ね回る「泥んこ球戯大会」が行なわれています。

ここでは、泥まみれになって奮戦する選手たちはもちろん、泥を浴びながら応援する観客、カメラマンも主役ですが、じつは影の主役があるのです。それは会場横の神社の境内に鎮座するドラム缶風呂。

子どもから大人まで泥んこだらけ

この日は、朝からまず「泥んこバレーボール」の予選リーグ。県下各地からの応募のうち抽選で一六チームが出場。一チーム五人制で、うち二人以上は女性であること。このルールで会場はぐんと華やぐのです。はじめのうちは泥しぶきを気にしていた選手も一度泥を浴びたら、後はもう頭からのダイビング。回転レシーブなど続出です。

バレーの予選リーグが終わったら、今度は「泥んこ相撲」。頭からぶつかる激しい立ち合いがあるかと思えば、ねこだましの応酬あり、ひたすら土俵を逃げ回る女力士がいたり、でも勝負は大迫力。泥に足をとられるうえ、黒パイプの土俵は波で移動するしで逆転劇の連続です。

そのあと、幼児の「ちびっこお菓子拾い」。これももちろん田んぼの中。

そしてバレーの決勝トーナメント。ここでの最大の見ものは負けチームだけに許される「罰ゲーム」。助走をつけて思いっきりダイビング。顔から田んぼに突き刺さると同時に盛大な泥しぶきが観客を襲います。「罰ゲーム」とはいうものの、これをやりたくてベスト四進出を目指すチームが増えているほどです。

天国、極楽、桃源郷

そして最後はこの日のメインイベント、奈路小学校の「泥んこ運動会」。全校児童三四名プラス地区外からの希望者も加わり、「しっぽ取り」や「二人三脚」「親子ソリレース」などが繰り広げられ、山あいに歓声が響きわたります。

今年は運動会最後の種目ももう少しというところで無常の雨が。五月の雨はやっぱり冷たくて閉会式はみんな震え気味。

ここで大活躍するのがドラム缶風呂なんです。

その前に、消防ポンプの放水でまず泥落とし。放水は源流に近い川の水なのでメチャ冷たいだけに、その後に入るドラム缶風呂はまさに天国、極楽、桃源郷ってわけ。

ドラム缶風呂のつくり方

そのドラム缶風呂のつくり方、これは簡単。
①上蓋をきれいに丸く切り取る。
②グラインダーで磨く。
あとは円形の踏み板があればOK。

ところで、ドラム缶風呂って二段ほどに積んだブロックの上に置いたドラム缶を下から薪を燃やして沸かすのだから、缶の外側はずいぶん熱いだろうと思うでしょうが、これはまったく心配ご無用、お湯の温度と同じです。

ということで、子どもたちは一つのドラム缶風呂に二人三人と一緒に入って「ごくらく、ごくらく」などとオヤジみたいなこと言いながら、なかなか出ようとしないのです。

（川村一成）

鉄砲風呂
昔なつかしい薪風呂

風呂

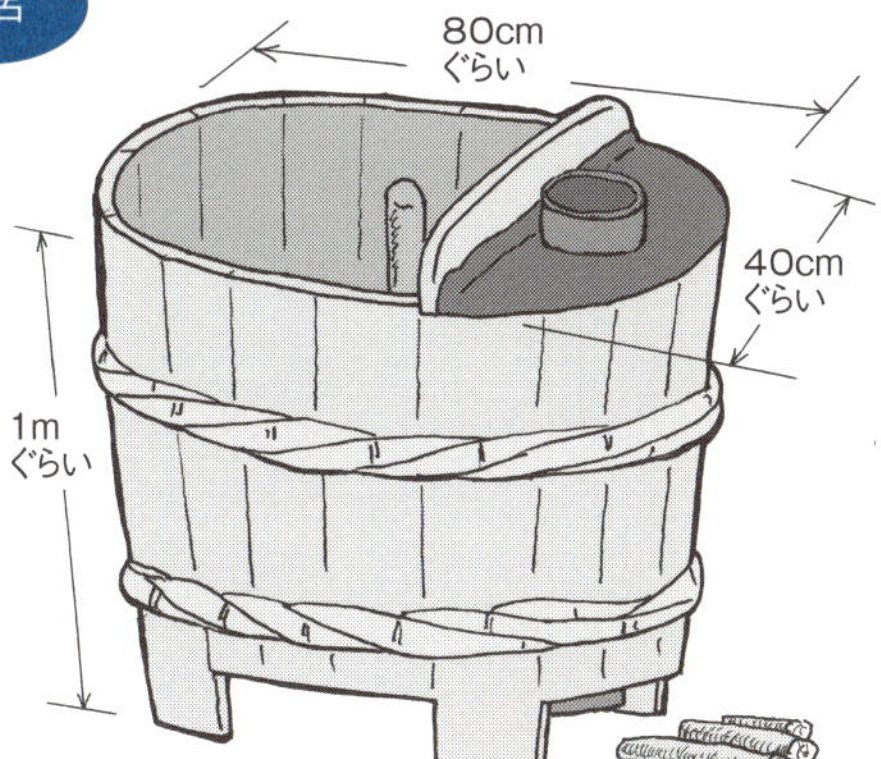
80cm
ぐらい
40cm
ぐらい
1m
ぐらい

昔は週に一度か二度くらい、田畑の仕事で体についた汗や土を流すた
めに風呂に入りました。鉄砲の筒を立てたような形の釜なので、鉄砲風呂といいます。昭和十年頃まで使っていました。

桶板にすき間ができると、米ヌカを詰めて水漏れを防いだ。

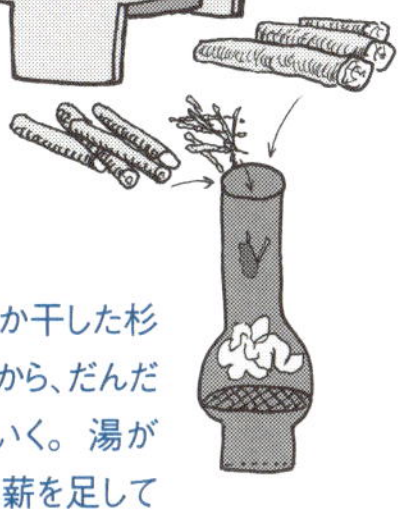

釜の上からカンナクズか干した杉葉を入れて火をつけてから、だんだん大きな木を入れていく。湯が沸いた後は、ときどき薪を足して湯が冷めないようにする。

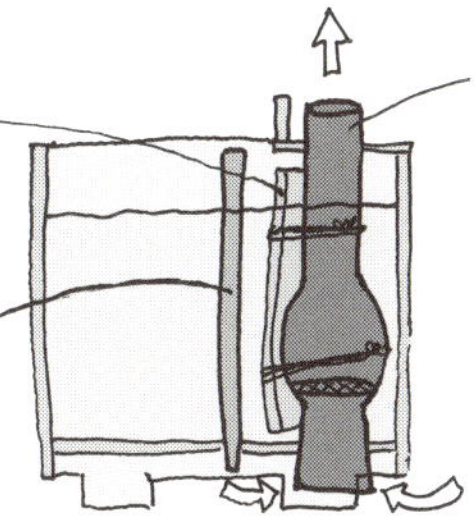

釜に体が触れると火傷するので、板を当てて針金で縛りつける。

この中で火を焚いて湯を沸かす。薪は完全燃焼して灰になり、下に落ちる。

湯を抜くときに手が濡れないよう、水面から頭が出るくらいの長い栓をつけた。

下のすき間から入る風が上に抜け、火力がつく。

昔は湯船の中で体を洗ったので、水がだんだん汚れてきた。最後にお風呂に入るお嫁さんは、かわいそうなものだった。

（高橋しんじ）

ヒョットコ釜、長州風呂

薪が燃料の風呂たち

昭和二九年三月発行の『図集・農家の台所』には、「便利で快いふろ場」と題して、竹内芳太郎によって薪が燃料だった頃のいろいろな種類の風呂が紹介されています。

農家の住宅に風呂場というものができたのは、そんな古いことではありませんが、今日でもまだ全くない家はいくらもあります。なぜだろうという詮索は不必要かも知れませんが、遠い昔には入浴の習慣がなかったのかというと、決してそうではありません。形式こそ違いますが、沐浴とか行水などが行われていたわけです。ただそのためには特別に風呂場というような場所は必要なかったのかも知れません。どこでも湯桶やタライを持って行って、それに湯を入れさえすればゆあみができたわけですから。

それが桶自身に水をわかす装置をするようになってから、その置物を固定する必要がおきたのですが、でもかんたんな風呂釜を取り付けて、移動のできるものが考案されたので、やはりそれまでの習慣通り、土間の隅や軒下、または井戸端や川の流れの傍らに、必要な時期にそれを運んで入浴し続けてきたわけです。

最初の浴槽 五右衛門風呂

最初に浴槽としてできたのは五右衛門風呂とか地獄風呂とか言われるものでしょう。炊事用のカマドも、元はただ火焚場を石や土で囲ったにすぎません。それと同じように火焚場をつくって、その上に鉄の平鍋に似たものを裏返しに伏せ、さらにその上に底のない桶をのせて、その継目を水の漏らないようにつめたやり方がそれです。だからこれは底だけに熱があたるようになっているわけです。近頃は同じ方法でドラムカンなどを利用したものを見受けます。

今日こそ入浴といえば腰を沈めて肩が隠れるまで湯をいれるのが常識となっていますが、昔は、行水と同様に、腰湯程度しかいれなかったものです。風呂桶の上には、わらでつくった天蓋のようなものが梁から吊してあって、人が入ると紐をゆるめて下げ、桶の蓋をするような仕組み

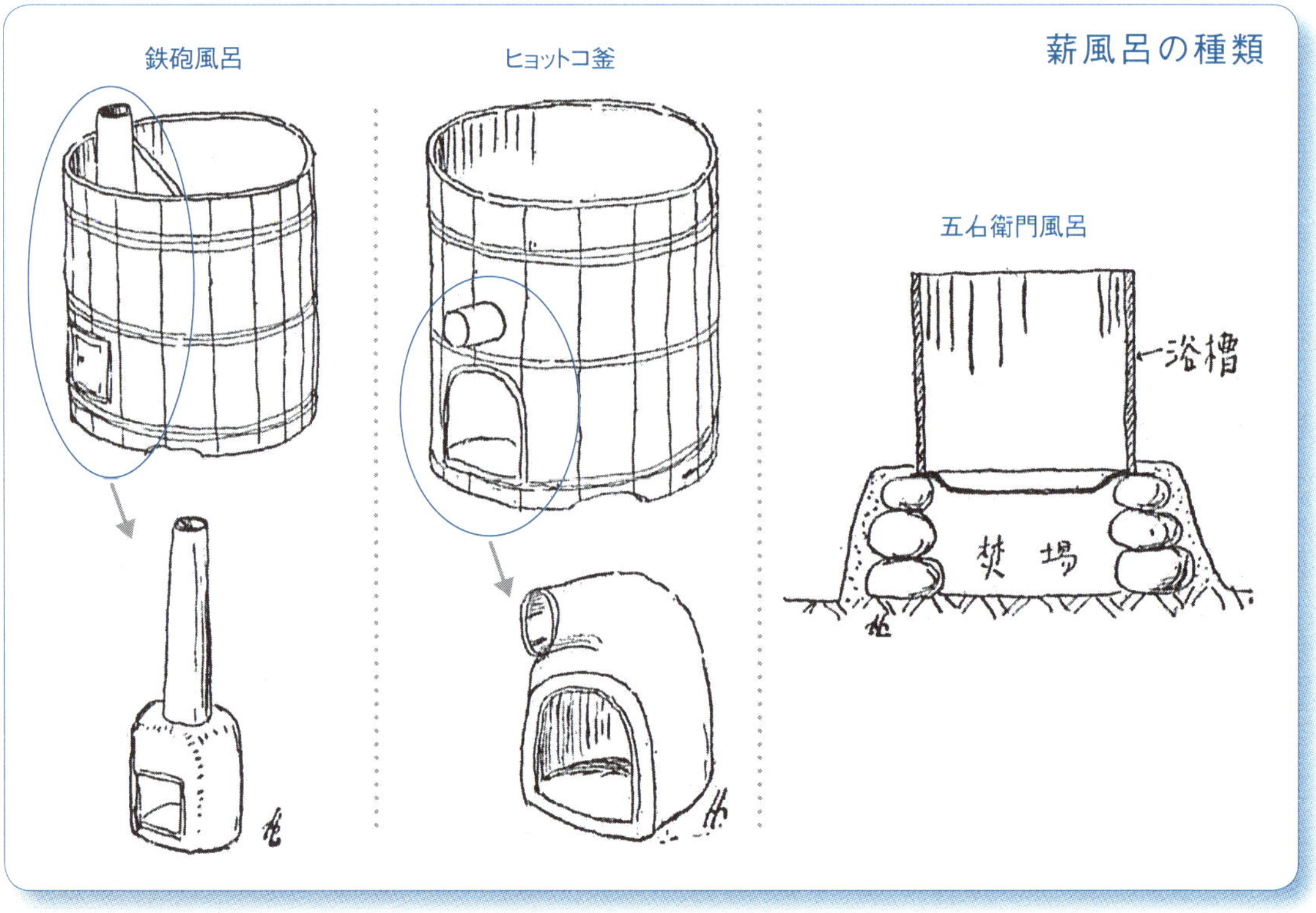

になっていました。つまり蒸し風呂です。この形式の風呂は、明治中期頃までは、近畿地方にも残っていました。

湯を直接わかす ヒョットコ釜・鉄砲風呂

それから特別に鋳鉄製の風呂釜をつくって、それを槽の中に装置し、直接湯をわかす方法が考えられ、ヒョットコとか鉄砲風呂の類ができました。ガス風呂だって一種の鉄砲風呂だと言えましょう。

どんな燃料でもOK! 長州風呂

また五右衛門風呂の系統としては、桶と底とを一体にした深い鉄の釜のようなものをつくり、底だけでなく周囲にも熱がまわるようにした長州風呂が発明されました。これは燃料が非常に経済であり、また燃料の種類を選びませんから調法なわけです。

長州風呂以外のものは、浴槽に燃焼装置が取り付けられているから、移動しようと思えばできます。しかし風呂場に置く場合でも、焚口だけを壁の外に出し、外から焚くようにしたものもあります。長州風呂は煉瓦で周囲を築くから、移動はできません。多くは風呂場の中に造り付けにしますが、中には全く仕切りをつけないで、あけ放しになっているものもあります。

湯を循環させる 外釜式

もう一つの形式は、いわゆる外釜式とか循環式とか言われるものです。それは浴槽とは別に、湯をわかすボイラーを設け、それの上部と下部とを浴槽に連続させ、熱湯は上から浴槽へ、浴槽から下のパイプで湯釜へ、湯を循環させる方法です。

それからさらにボイラーで湯をわかし、それをパイプで浴槽なり風呂場なりへ引く方法もありますが、これは経費がかかる欠点があります。またボイラーを地下に埋め、温泉のように下から熱い湯が湧き出るような仕掛けにしたものもあります。それからまた五右衛門風呂と同じ方法ですが、火袋に新しい工夫をこらし、合理的にしたものも近頃普及されています。太陽熱利用の風呂も近頃ボツボツ見かけます。

（竹内芳太郎）

ボイラーの構造

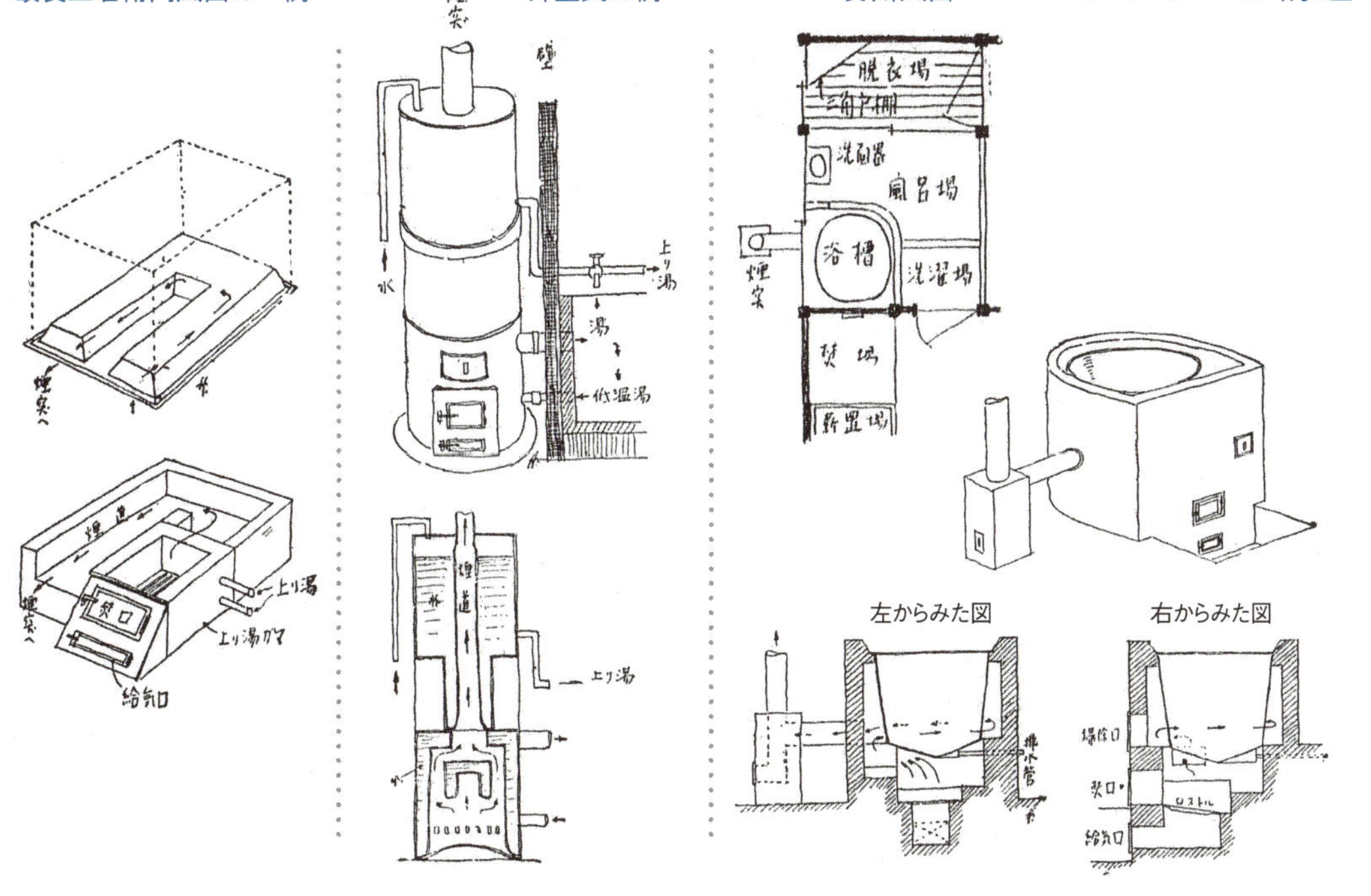

酵素風呂

農家に大人気! 究極の健康風呂

酵素風呂は微生物の発酵熱を利用するもので、しくみはいたって簡単。しかし、その発酵熱は医者がサジを投げた病気をも治すといわれている。

なぜ、酵素風呂が身体にいいのか?誰にでもできるつくり方、失敗しない手入れのコツなど、酵素風呂歴一四年の大久保義宣さんに聞いた。

お湯風呂ともサウナとも違う 身体がじっくり温まる

「お湯風呂との違いねえ…。一番の違いは寝てしまっても溺れないことかな」

お湯風呂で寝て溺れる人は少ないが、酵素風呂で眠りこけてしまう人は多い。それだけ、リラックス、脱力できるのも酵素風呂だから。ふだんはあまり意識しないが、お湯風呂で身体にかかる水圧は相当なもの。汗腺がふさがれ、心臓や脳、血管などにも負担がかかっている。

「お湯風呂はせいぜい四〇～五〇度だけど、酵素風呂は六〇～七〇度。温まり方も違う」。お湯で六〇度なら火傷する温度だが、空気を含む「酵素」（発酵床材のこと。以下同じ）なら問題ない。体温をはるかに上回る温度で、ジックリ身体を温め、血流が促される。でも、それなら、さらに湿度が低くて温度が高く、水圧もかからないサウナと同じではないだろうか?

「酵素風呂の熱はサウナと違って、微生物が出す熱。熱というよりも遠赤外線、いや、波のようなものかな」

入ってみるとわかるが、酵素の熱はお腹にズーンと響く。単に熱が届いているだけでなく「腸内細菌たちと共鳴し合っている」。そんな熱だ。

さらに、「入っていると身体がヌルヌルしてくる。汗じゃない。最初は米ヌカか何かの成分かとも思ったが違う。身体の中のよくないものがしみ出てるんだと思う」。ヌルヌルは体調の悪い人ほど多く、たとえば、目の悪い人は目が見えなくなるくらい目脂《めやに》が出るそうだ。

酵素風呂の入り方

床が三〇～四〇cmくらい掘られ、その中に仰向けに身を横たえ、その上に酵素が一〇～一五cm被せられる。

大久保義宣さんの酵素風呂。スコップでかき混ぜると、モウモウと湯気が上がる。

酵素は水分を含んでいてズッシリ、意外と熱くて背中からお尻にかけてジリジリ。体中の水分がなくなってしまうくらい汗が噴き出すが、五分くらいで汗はヌルヌルに変わり、一五分くらいでジリジリも気にならなくなる。こうやって土の中に埋まる機会ってないよな…とボンヤリ思う。

三〇分くらいで教わった通り、手足を出すと全身にこもっていた熱気がスーッと流れ出す。一時間後、ヨイショッと起き上がって歩き出すと身体がフワフワ軽い。シャワーを浴びて服を着ると、お湯やサウナのような「ふぅ～」といった倦怠感がなくスッキリ。ちょっと死んで生き返ってきたような?清々しさ。

しばらく身体のポカポカが抜けないまま、一時間半後、強烈な眠気に襲われる。ポカポカの自然治癒力が働いた後の眠気だったのだろうか。

まずは足ゆでお試しを!

「酵素風呂を自家用に試すなら、まずは足ゆがいい。ちょっと大きめのウレタン箱があれば誰にでもつくれる」（ステップ1）。足ゆ（湯ではないのでゆ）で酵素風呂の勘所がわかるし、足を温めるだけでもお湯との効果の違いがわかる。

「次に、一人入るくらいならベニヤの四枚もあればつくれる」（ステップ2）。つくりは簡単だが、しくみや手入れは本格的なものと変わらない。

ステップ1●室内でもOK！　酵素足ゆのやり方

①材料を混ぜて発酵

［配合割合］
- オガクズ7に対し、米ヌカ3
- 酵素の元（野草や果実から培養したもの。つくり方は頁下を参照）。
- 水分60%で調整
- 海塩など適宜。

オガクズはヒノキがよく、スギやヒバなどは適さない。よくかき混ぜ、2〜3日発酵させる。酵素の元はEM菌（p. 11）やえひめAI（p. 20）を使用してもOK。

②箱の中で再発酵

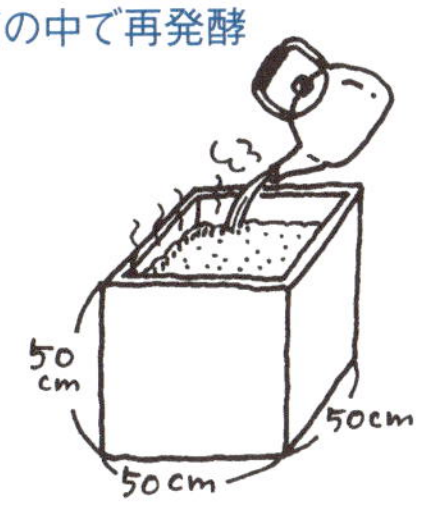

ウレタンなど断熱性のある箱に①を入れ、縁に熱湯をかけてフタをし、30分後にかき混ぜる。毎日1回かき混ぜると、2〜3日で温度が上がってくる。足ゆしない日も必ず1回はかき混ぜておく。

③毎日、足を入れて30分

酵素の真ん中を掘って、バケツに入れ、穴に足を入れてバケツの酵素を戻す。火傷に注意。

温度が下がらないように微生物のエサを毎日カップラーメン1杯分ずつ加える。エサはオガクズ5に対し、米ヌカ5，酵素の元、海塩、湯。増量であふれた酵素は肥料として使う。

ステップ2●納屋（土間）でもできる酵素風呂1人用のやり方

①ベニヤ板4枚で浴槽をつくる

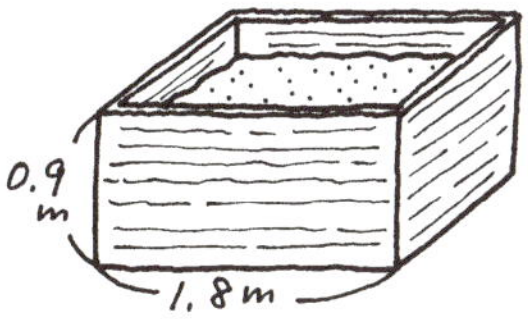

手間もかかるので、土を掘り下げる必要はない（底が土と接していればOK）。材料の配合、発酵法はステップ1と同じ。熱湯ではなく、お湯を全面にまいてかき混ぜる。

②毎日、首まで入って30分

入浴2時間前に、微生物のエサ（ステップ1と同じ）をまき、表面をかき混ぜる。これにより温度が上がり始める。入浴しない日もエサをやり、深くかき混ぜておく。

③悪臭がしてきてもあきらめない

3カ月目頃、酵素が劣化してくる。入れ替えたりせず、臭いがまぎれて微生物を活性化させるようなもの（木酢液、ハーブ類など）をまく。3カ月程度がまんすれば酵素が落ち着き、悪臭が消える。

しかし、「一番問題になるのが三カ月目。足ゆも同じだが、酵素が劣化して悪臭が出る。でも、ここで酵素を入れ替えたりせず、何とかガマンすることが最大のコツ」。

この移行期間をしのげば酵素が成熟し、以後、格段に管理がラクになる。

「それに、酵素をムヤミにかき混ぜないこと」。酸素の供給が抑制されることでパワーが溜め込まれ、入浴で酸素が入ったとき、爆発的に温度が上がるそうだ。

（編集部）

●酵素の元のつくり方

酵素風呂に使う酵素は、家の周りの薬草から抽出することができる。

①イチジクやビワ、イチョウの葉、オオバコ、ハコベ（できるだけ種類を多く）などを水洗いして刻む。

②同じ重量の蜂蜜と混ぜて桶に入れて、軽く重しをしておく。

③一日で水分が出てくるので、以降、一日一回かき混ぜる。一週間ほどでエキスが抽出される。

④抽出されたエキスが酵素。水で薄めて、水分調節を兼ねてオガクズ・米ヌカに散布する。

火・水・土を感じて住まう ④

温水をつくる 水を浄化する

太陽熱温水器

総材料費わずか三万円！

屋根に設置した自作の太陽熱温水器。

温水器

二〇〇八年の灯油の価格高騰をきっかけに太陽熱温水器の購入を検討しましたが、思ったより費用がかかることがわかり、思いきって自作にチャレンジしてみました。

ペンキで黒く塗った塩ビ管を組み立てて集熱器を兼ねた貯湯タンクとし、この中に蓄えた水道水を太陽光でお湯にします。日光が当たらなくなるとすぐにお湯が冷めてしまうのが欠点で、保温対策が今後の課題ですが、夏場の晴れの日は入浴に十分な温度のお湯が得られます。

太陽の恵みで沸かしたお風呂は格別です。

材料はホームセンターで揃う

材料はホームセンターで揃えました。

集熱兼貯湯タンクとなる塩ビ管は、様々なサイズの中から直径一〇cm・長さ二mのものを選択しました。この塩ビ管一本の容積は約一五・七ℓです。わが家のお風呂一杯分（約二〇〇ℓ）をまかなうため、このサイズの塩ビ管を一二本用意することにしました。

塩ビ管の容積は円柱容積の公式（円周率×半径の二乗×高さ）に当てはめて、次のように求めます。

三・一四×五cm×五cm×二〇〇cm＝一五七〇〇mℓ（一五・七ℓ）

貯湯タンクのそのほかの材料は八九頁の図のとおりです。

集熱器を兼ねた貯湯タンクを組み立てる

集熱効果を高めるため、貯湯タンクとなる塩ビ管を黒いペンキ（つや消し）で塗りました。貯湯タンクは、一方をインクリーザー・接続パイプ・チーズと接続して、一方をキャップでフタをします。

使用する接着剤は塩ビ管専用のものを使います。塩ビ管専用の接着剤は速乾性で、一度接着するとすぐに硬化して二度と外れません。接着＆組み付け作業は、やり直しのきかない一発勝負になります。

インクリーザーとチーズ、チーズとチーズをつなぐ接続パイプは、全部で二三個必要でした。これは、直径五cm・長さ二mの塩ビ管を購入し、それをノコギリで一定の大きさに切り分けました。

給水口の部分は九〇頁の写真のとおりです。

貯湯タンクを連結する

貯湯タンクを連結する作業は屋根の上で行ないました。屋根の上で組み立てれば、屋根の形状に対して微妙に調整しながらタンクを連結することができます。

空気抜き穴をあける

一二本すべてのタンクの端に空気抜き穴をあけます。あまり大きな穴をあけると虫やゴミが入ってしまうので、穴の大きさは直径一・五mmにしました。

給水の際、水がいっぱいになると、この空気抜き穴から水が噴き出す様子が地上からもよく見えるので、給水をストップするタイミングを計る目印になります。また、熱膨張した

貯湯タンクの材料

接続部には塩ビ管用の接着剤（ヒシボンド）を刷毛で塗る。

インクリーザー。直径10cmから5cmに変換する役割。

ホームセンターで購入した材料（総額は約3万円）。

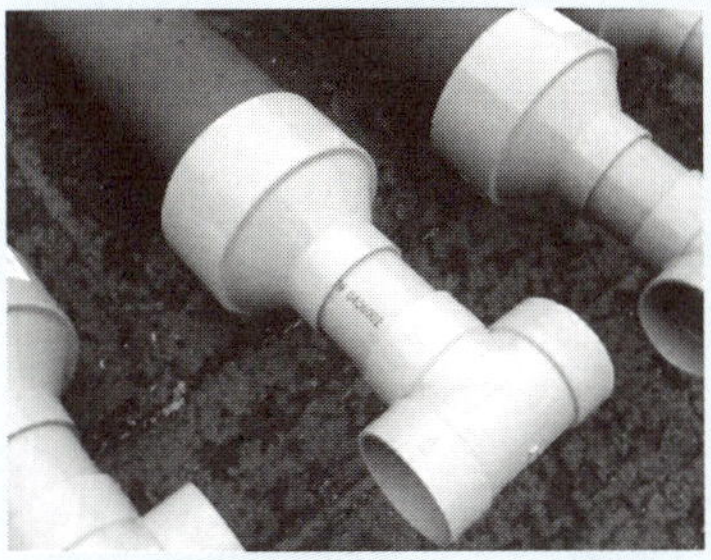

インクリーザーとチーズを組み付けた状態。

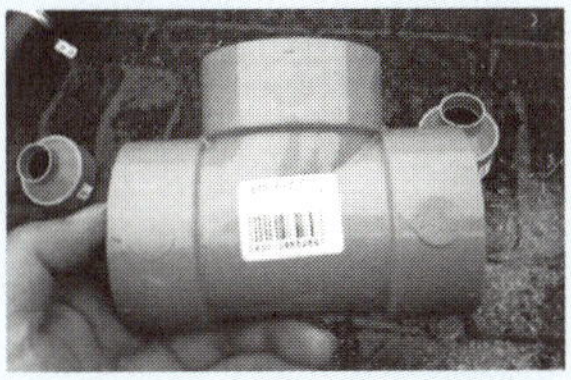

チーズ。

接続パイプ。直径5cm、長さ2mの塩ビ管を切って、23個つくった。

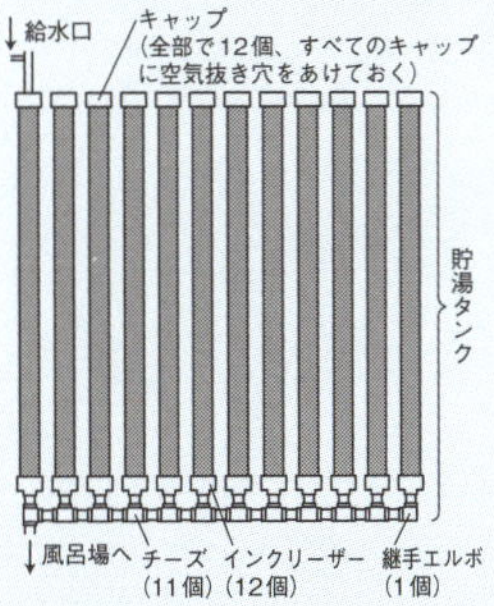
給水口
キャップ（全部で12個、すべてのキャップに空気抜き穴をあけておく）
貯湯タンク
風呂場へ
チーズ（11個）
インクリーザー（12個）
継手エルボ（1個）

太陽熱温水器の全体図

水の排水口としても機能します。

送水配管と給水配管の設置

タンクの連結がすんだら、送水配管・給水配管の設置に移ります。

私の場合、貯湯タンクから風呂場までの送水配管は塩ビ管で配管（途中にコックを設置）しましたが、ビニールホースを使用したほうが手軽にすむのでよいかもしれません。さらに、庭の蛇口とビニールホースでつなげば給水配管も完成です。

使用するビニールホースは遮光性のあるものを選ぶとよいと思いました。管内に光が差し込むと藻が発生してしまうからです。

運転記録の紹介

ある日の運転記録を紹介します。

【二〇〇八年七月二二日】

天気は晴れ。私の住む兵庫県北部の最高気温は三〇℃でした。午前七時三十分に貯湯タンクに給水。午後四時にお湯を回収しました。浴槽にたまったお湯の温度は四六度。浴槽にフタをしていたので、夜、入浴するときになっても熱くて、水でうめなければ浸かれないほど。

【二〇〇八年八月二十日】

天気は晴れのち曇り。この日の最高気温は二八・六℃でした。午前八時に給水して、午後四時にお湯を回収しました。この日は午後一時頃から急に雲が出てきました。結果、お湯の温度は三二度。日光があたっていないと、温水器の中のお湯はすぐに冷めてしまうという欠点が浮き彫りになった例です。

昨シーズン中、可能な限り運転してみて、夏季の晴天では入浴に十分な温度のお湯が得られるという手ごたえと、保温性の改善という課題が見えてきました。

不安もありつつチャレンジした太陽熱温水器の自作は、私にとって初めてのDIY（日曜大工）でした。課題もありますが、なんとか完成に至ったことには満足しています。その日のお湯の温度に一喜一憂の日々はまだまだ続きそうですが、今シーズンも、とことん楽しめそうです。

なお、運転記録（気温・水温を記録）や制作途中の失敗談などをインターネット上で紹介しています（「太陽熱温水器を自作する」http://solar.take-4.net/）。今後の運転記録も掲載してゆきますので、ご覧いただければ幸いです。

（宿院《しゅくいん》丈範）

貯湯タンクの組み立て方

A

B

C

D

貯湯タンクの吸水口の接続部品。黒いキャップに穴をあけ（A）、内側から通した通したバルブソケット（B）（C）に、外側からソケットをネジ込む（D）。

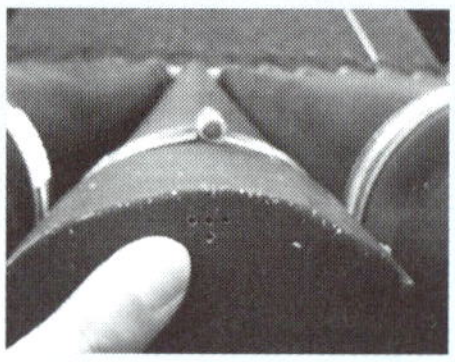

空気抜き穴。ドリルで1.5mmの穴を開けた。

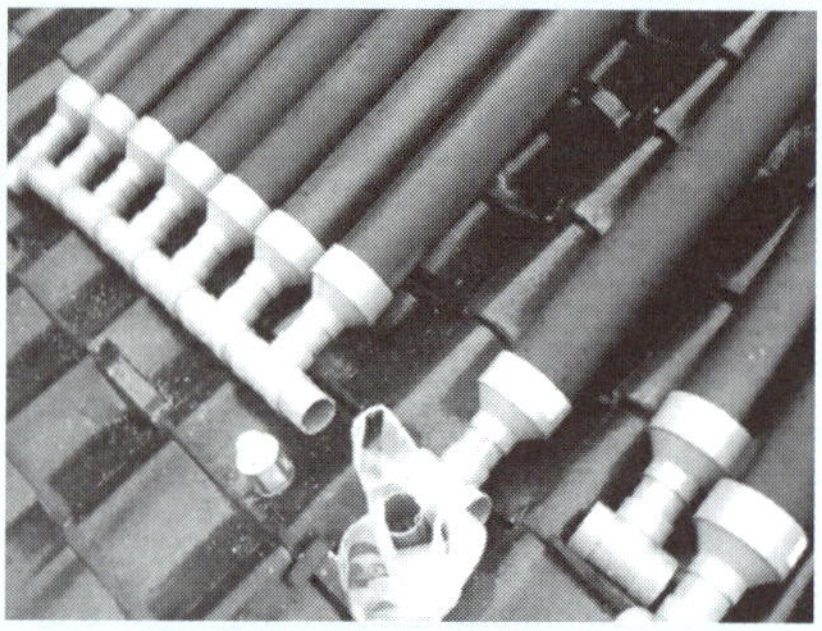

貯湯タンクの連結作業は屋上で行った。直径5cmの接続パイプでつなぎながら並べていく。

送水配管のコック。これを開放すると重力で風呂にお湯が流れ落ちる。

満水になると、すべての貯湯タンクの空気穴からいっせいに水が噴き出す。給水の手順は①風呂にお湯を送る送水配管のコックを閉める。②水道の蛇口を開ける。③噴水が出たら蛇口を閉める。

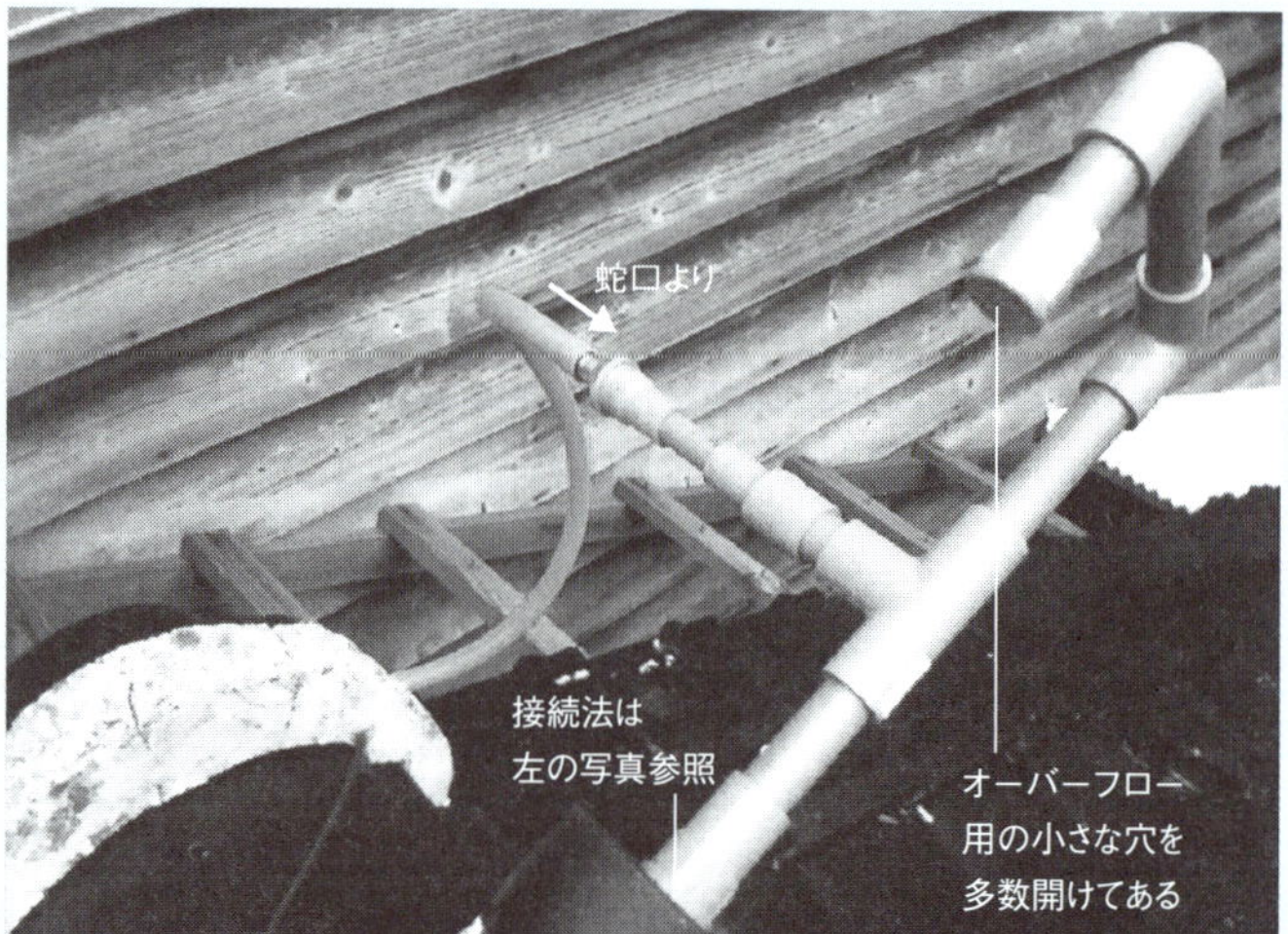
蛇口より
接続法は
左の写真参照
オーバーフロー
用の小さな穴を
多数開けてある

貯湯タンクの吸水口。細身の塩ビ管（2cm径）・ソケット・ホースニップル・チーズ・エルボなどを組合わせて作成した。ビニールホースで地上の水道の蛇口と接続する。

炭を使った浄水器

材料費はたったの千円

「ここいら辺りは、夏になると水が臭くなるんだよ。それで、水道の蛇口のホースをこの浄水器につないで、濾過して使っているんだ。確かに臭いが消えるね」

埼玉県浦和市に住む町田半之助さんは、炭と手近にある材料でつくった浄水器を自宅の水道に取り付けて利用しています。

「浄水器を買うと高いからね。何万円もするだろう。ちょっと手が出ないよ。だから自分でつくっちゃえばいいんだ」

そう言って渡してくれたのが、下の設計図。つくり方は簡単です。

●材料（日曜大工店などで揃う）

・直径二インチ半の塩ビパイプ二〇センチ
・塩ビパイプに合うキャップ二個
・目の細かいステンレス製の網
・網を止めるステンレスの薄い板
・水の入口と水の出口に使う3／8インチのニップル（ネジを切ったもの）二個

●つくり方

①キャップにニップルの太さに合わせた穴を開ける。
②①にニップルをネジ込む。
③パイプの内径に合わせて、ステンレスの薄板で輪をつくり、その大きさに合うように網を張りつける。同じものを二個つくる。
④③の網をパイプの片側にはめてキャップをかぶせ、三〜一〇ミリに砕いた炭を詰めていく。
⑤反対側も同じように組み立て、蛇口に取り付ければでき上がり。

なお、キャップから塩ビパイプが滑り落ちる場合は、すり合わせ部分に貼る配管用シールとかパイプシールといった市販のテープを利用してみてください。

町田さんによると、材料費はしめて千円。炭は密閉した金属の箱の中に材木を入れて、作業場のストーブの中で蒸し焼きしたものだそうです。

「材料は買うみたいに話したけど、配管屋さんや水道屋に行って、スクラップをもらってくるといい。もし新品を買うのなら何人かで一緒につくると材料が無駄にならなくていいよ」

（編集部）

浄水器の材料と構造

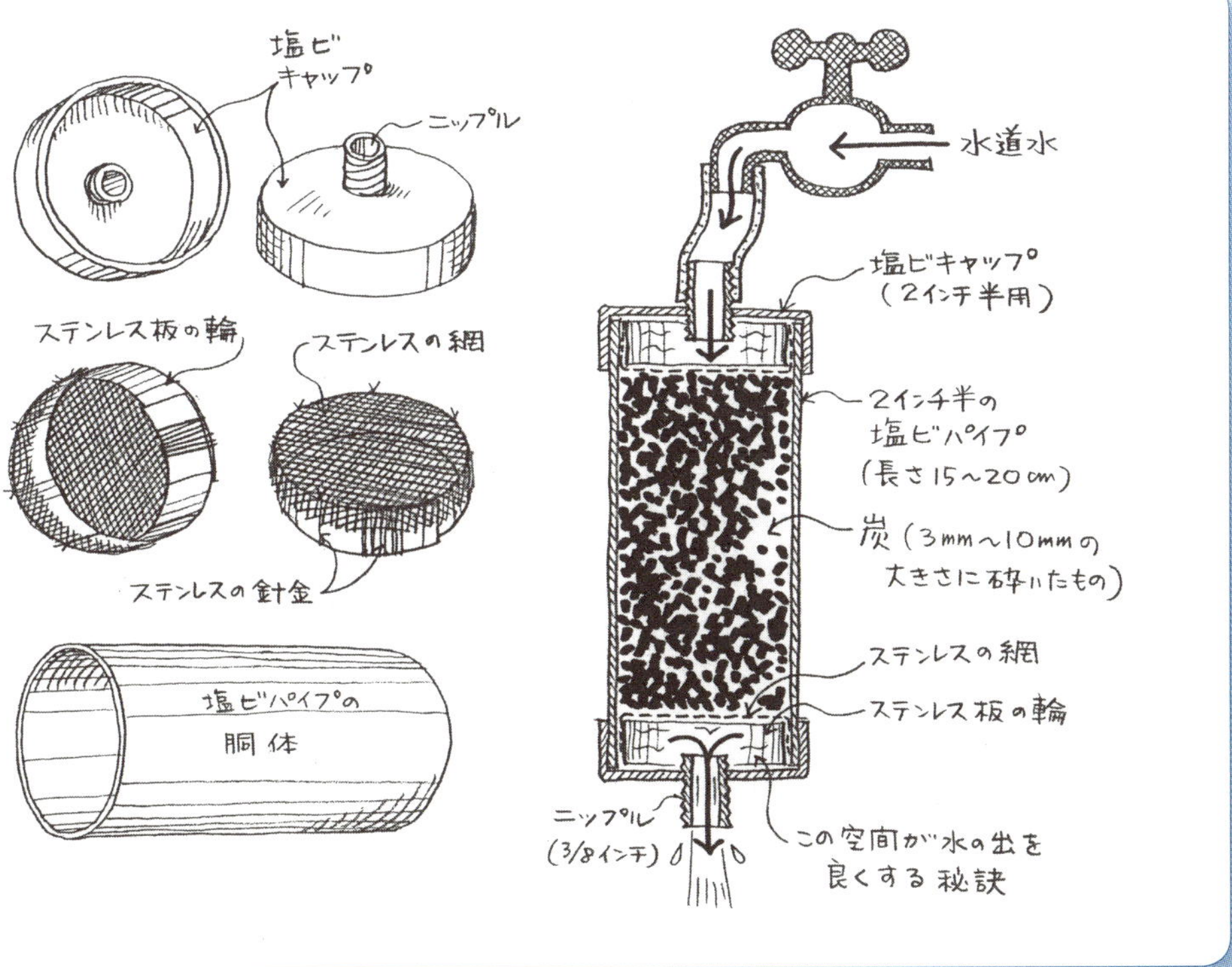

山水を室内に導く

森の最高の贈り物

山水

安価な材料でき、施工も楽

山暮らし最大の魅力のひとつ、それは「毎日うまい水が飲めること」だ。僕らの住む集落にはいくつもの湧き水や沢が流れており、古老たちは口をそろえて「ここの土地は水がいいから」と言う。アトリエの畑地は二つの小沢に挟まれているが、その上部は水がしみ出てワサビが自生している場所もあるのだ。

ここより上流には民家はなく、沢水はそのまま手ですくって飲むことができる。実際にこの沢水を直接水源としている家もある。しかし、僕らの借りている古民家の水源（三軒共同）は、さらに上流の林道の上から黒パイプで引いたもので、地表に流れる前の湧き水を導いている。

アトリエでは、この最上級のミネラルウォーターを料理はもちろんのこと、風呂にも洗濯にも使う。その水の移動は、取水から排水まですべて自然流下で、ポンプなどの動力は使っていない。山間部の傾斜をうまく利用しているのだ。

昔、この地域では、節を抜いた孟宗竹を配管や水樋に利用していたようだ。これは耐久性がないので毎年新しいものと交換しなければならない。しかし、今は「塩ビ管」がある。これは木工用ノコギリで簡単に切ることができ、各径ごとに継手、曲管、T字管などが用意されており、それらを接着剤でつなぐことができる。バーナーであぶれば管を曲げることもできる。

また、遠距離の導水には通称「黒パイプ」（ポリエチレンパイプ）が便利である。ビニールホースより耐久性が高く、地面に露出したまま、カーブや段差を気にせず配管できる。塩ビ管と黒パイプの接続は専用のジョイントを使うと確実だ。

目詰まりと凍結に注意

山水の使い方の注意点は大きく二つ。「水源の目詰まり」と「冬季の凍結」である。

自然の水源だから小石や砂や落ち葉が管を詰まらせることがある。そこで取水口に網などかけるが、時々この目詰まりゴミを取り除く作業が必要となる。このゴミ取りも、その道のりで出会う季節の花や鳥たちを思えば楽しい。帰りに薪を拾ってくれば沢の掃除にもなる。

また、凍結すると水の体積が増えるので管が破損する。管を地中に埋め、地上配管には断熱材を巻くと凍結しにくいが、確実なのは蛇口から常に少量の水を流し続けることである。「ポタポタ」ではダメで、各蛇口から直径三㎜程度の水柱が落ちていればまず凍ることはない。なにしろ水道代はタダなのだから気にする必要はないのだ。

料理が驚くほど美味しくなる

山水を料理に使うと、ご飯や汁もの、お茶、鍋、麺料理などが驚くほど美味しくなる。山暮らしの作業では、土やホコリまみれになることが多いが、清らかな洗い水は身も心も浄化してくれる。自然の水を使うようになると、必然的に水源の森の状態や、家からのゴミや排水にも気をつけるようになるものだ。

このように山水を楽しめる場所は、実は日本にはいくらでもある。これほど降雨降雪量が多く、起伏と森林に恵まれた国は世界でも珍しい。しかし、山水の本当のうまさとすばらしさに気付いている人は少ない。今は優れた配管素材があり、暮らしに水を取り込むことが自在にできるようになったのに残念なことだ。

（大内正伸）

森の取水枡から黒パイプで水が運ばれてくる。

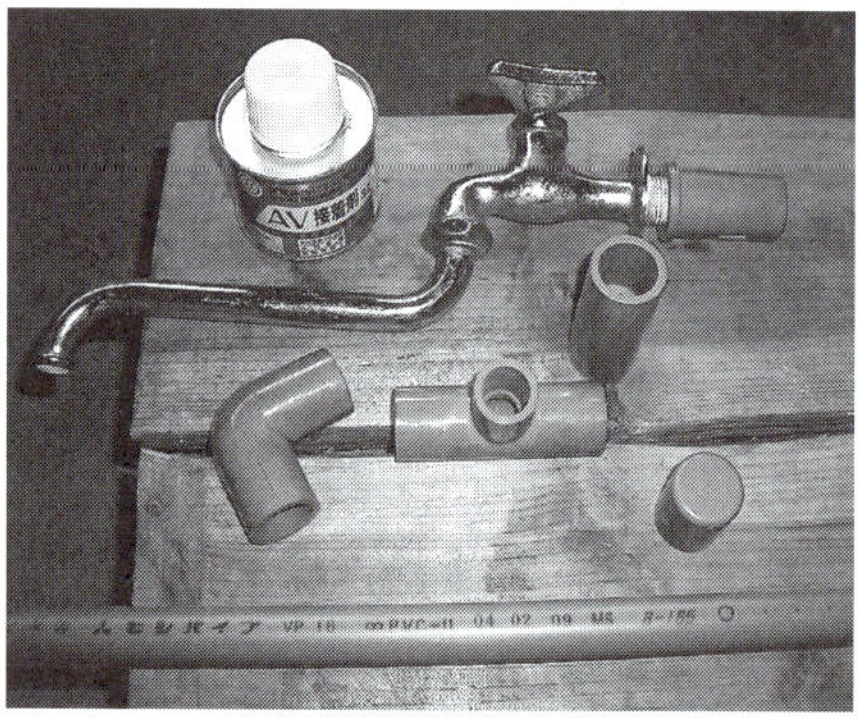

室内配管の材料はホームセンターで安価に入手できる塩ビの配管素材、専用接着剤を使う。内径は13～16mm。蛇口は友人にもらった中古品。

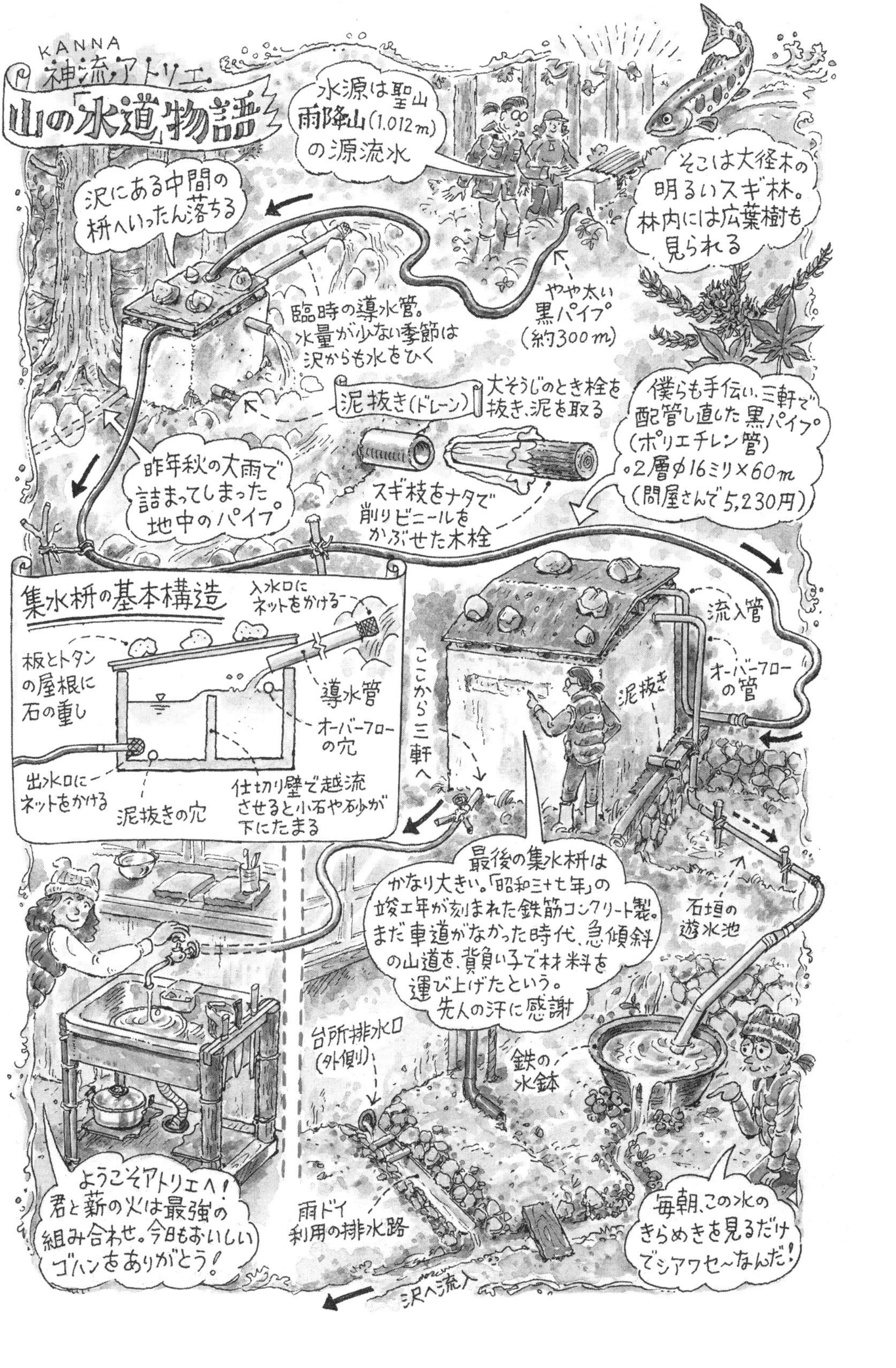
KANNA
神流アトリエ
山の「水道」物語
水源は聖山 雨降山(1,012m)の源流水
そこは大径木の明るいスギ林。林内には広葉樹も見られる
沢にある中間の枡へいったん落ちる
臨時の導水管。水量が少ない季節は沢からも水をひく
やや太い黒パイプ(約300m)
泥抜き(ドレーン)
大そうじのとき栓を抜き、泥を取る
僕らも手伝い、三軒で配管し直した黒パイプ(ポリエチレン管)
○2層φ16ミリ×60m
(問屋さんで5,230円)
昨年秋の大雨で詰まってしまった地中のパイプ
スギ枝をナタで削りビニールをかぶせた木栓
集水枡の基本構造
入水口にネットをかける
板とトタンの屋根に石の重し
導水管
オーバーフローの穴
出水口にネットをかける
泥抜きの穴
仕切り壁で越流させると小石や砂が下にたまる
流入管
オーバーフローの管
泥抜き
ここから三軒へ
最後の集水枡はかなり大きい。「昭和三十七年」の竣工年が刻まれた鉄筋コンクリート製。まだ車道がなかった時代、急傾斜の山道を、背負い子で材料を運び上げたという。先人の汗に感謝
石垣の遊水池
台所排水口(外側)
鉄の水鉢
ようこそアトリエへ! 君と薪の火は最強の組み合わせ。今日もおいしいゴハンをありがとう!
雨ドイ利用の排水路
毎朝、この水のきらめきを見るだけでシアワセ〜なんだ!
沢へ流入

火・水・土を感じて住まう 5

トイレをつくる

バイオトイレ

微生物の力で環境にやさしい

トイレ

旭山動物園の常設バイオトイレ。普通のトイレもあるのに、バイオトイレの前に行列ができる。

水がいらない、におわない

　バイオトイレの「バイオ」には、「生物の力で（屎尿《しにょう》を）処理すること」の意味を託しています。現行の水洗トイレや旧来の汲み取り式トイレも、化学処理や燃焼処理に頼らず、生物の力で処理している点ではバイオトイレと言えますが、ここで紹介するのは、オガクズを人工土壌マトリックス*として利用する、水を使わなくてすむドライトイレ、「資源化エコ・バイオトイレ」です（以下、バイオトイレと略）。このバイオトイレ、富士山の山頂や八合目、あるいはサハリンの油田開発現場などで活躍していることは、すでにマスコミでも報道されてきました。

　バイオトイレの特色は、

①水を使わない（水環境の保全）、
②においがしない（快適空間の保障）、
③汲み取り不要（省エネ・無臭）、
④屎尿が資源化される（資源循環）、
⑤生ゴミを同時に処理できる（複合処理）、

などです。水を使わないので、極寒の冬の旭川でも使用できます。バイオトイレの導入に踏み切った旭川市の旭山動物園は、水洗トイレの水道凍結問題から解放され、冬季間の開園が可能となりました。

糞と尿が一体になるとアンモニアが発生

　屎尿の九五％は水分です。空気は水に溶けづらいので、液体状態の屎尿混合体は嫌気状態にあります。汲み取り式トイレの臭さには閉口しますが、この臭さの原因は、糞と尿が同じ容器に混合・貯蔵されることにあります。糞と尿とを別々に集めると、アンモニア臭に悩まされることはそれほどありません。

　なぜかというと、嫌気状態の屎尿混合体中では、糞（尿）に含まれていた嫌気性バクテリアが増殖し、ウリアーゼという酵素が生産されるからです。このウリアーゼが尿中の尿素を効率よく分解して、アンモニアと炭酸ガスを生成するのです。

　排出直後の尿には、アンモニア発生の元となる尿素が主成分として含まれていますが、バクテリアは存在しません。したがって尿だけ集めればアンモニアが急速に生成することはないわけです。一方、糞には億に近いバクテリアがいますが、尿素は含まれていない。したがってこちらも急激な臭気の発生はありません。実際、この原理に沿った屎・尿分離型トイレが、北欧を中心につくられつつあります。

＊マトリックス＝基質、母体の意

バイオトイレの内部はオガクズとスクリューがあるだけ。スクリューの構造に工夫がある。

公園に常設されたバイオトイレ。水洗トイレと違って、水瓶がない。便器の洗浄用にスプレーガンが付いている。トイレットペーパーは普通に使用可能。

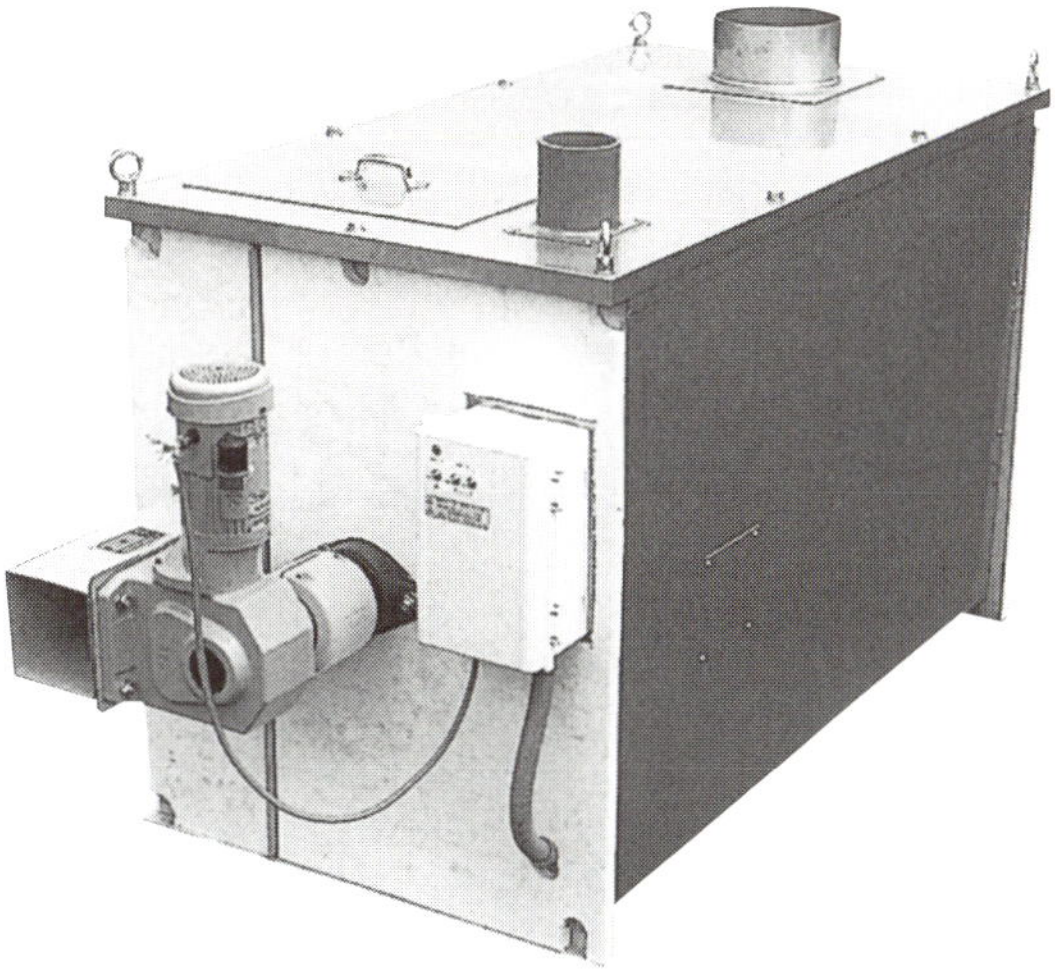

バイオトイレ本体(発酵槽)。家族5人以下の一般家庭の場合、オガクズ量$0.25m^3$のタイプが適当。既設のくみ取り式トイレから変更する場合、価格は150万円程度(工事費込み)。1カ月の電気代は旭川市内の実測例で1600円前後。
発売元・正和電工(株)(TEL 0166-39-7611)

では、現行の水洗トイレはどうでしょう。もともと水っぽい屎尿混合体に、さらに大量の飲料水を加えて下水処理場に運搬するのですから、水洗トイレは希釈・廃棄型トイレともいえます。水資源が不足気味な昨今では、再考の余地がありそうです。

オガクズの偉大な力

屎尿の九五%が水分ですから、バクテリアで分解すべき、屎尿中の有機物を含む固形分というのは、たかだか五%にすぎません。バイオトイレの場合も屎尿は混合状態になりますが、臭気を発生させることなく屎尿から水分を除去できれば、屎尿処理問題はほぼ解決します。

それを可能にするのがオガクズなのです。地球規模の水資源の保全を考えるとき、水を使わないトイレは時代の要請です。オガクズは、二十一世紀のトイレ、濃縮・資源化型ドライ・トイレの主役です。

その特性は次の五点です。

その1 空気をたっぷり含む

オガクズの使用により臭気の発生なしに屎尿処理が可能となる理由は、なんと言ってもその好気的条件保持能の高さにあります。オガクズは粒子そのものが多孔性であるとともに、粒子と粒子の間に多大な空隙ができます。この空隙率の高さこそが、オガクズの一大特性です。

一定容量のオガクズは、その一五〜二〇%が実質の木質であり、残りの八〇〜八五%は空気なのです。このふかふか状態のオガクズに水をゆっくり加えてゆき、下から水が漏れてくる直前で止めます。するとオガクズ容量の三〇〜三五%に相当する水が保持されます。

三〇〜三五%に相当するオガクズ中の水は、もはや液体状態ではありません。オガクズの粒子表面に薄くフィルム状に広がっています。ですから、屎尿をこの水分でオガクズに加えた場合は、屎尿中の固形分は、オガクズの粒子表面に付着した状態になり、発酵槽内の空気に触れる状況が生まれます。つまり有機物が好気性バクテリアによって分解されやすい状態になるわけです。

その2 大きな比表面積で水分の蒸発促進

オガクズの第二の特性は、その単位質量あたりの表面積の大きさです。オガクズの表面からは水分が蒸発しやすいのです。

バイオトイレ内部では、一定の間隔で断続的にオガクズをゆっくり攪拌しています。攪拌されると、底のほうにあった水分の多い部分のオガクズが表面に現れてきます。そして水分が蒸散する。これを繰り返しながら、発酵槽内はいっそう好気的条件になっていくわけです。攪拌にはオガクズ内に新たな空気の導入を促す効果もあり、全体として発酵槽内を好気的条件に保つのに貢献しています。

その3 リグニンのおかげで長持ち

第三に、リグニンの存在が、オガクズのバクテリアに対する分解抵抗性や、物理的磨耗抵抗性を与えているということがあります。

リグニンは難分解性の天然高分子で、化学反応に強く抵抗します。

また自然界にあっては、バクテリアはほとんどリグニンを分解することができません。そのため、オガクズに混ぜられた易分解性の有機物は、好気性バクテリアによって効率よく分解・消滅されていきますが、マトリックスとしてのオガクズはいつまでもその形状を変えることがありません。

オガクズは、リグニンの存在によって、マトリックス材料としてバクテリアに抵抗し、攪拌下での摩耗にも耐えるので、長期間使用することが可能となるわけです。おかげで、バイオトイレ内のオガクズの交換は年に二～三回ですみます。

その4 軽いから攪拌が簡単

第四に、オガクズは見かけ比重が小さい。先にオガクズの八〇～八五%が空隙であると述べましたが、この空隙率の高さは見かけ比重を小さくすることに通じます。

オガクズが軽い材料であることは、オガクズを攪拌する際の動力を軽減してくれる効果があります。比重の大きいセラミック材料などを攪拌するときの動力に比べれば雲泥の差です。

その5 担子菌やミミズのエサになる

第五に、オガクズはリグニンも含めて生分解性の天然高分子材料です。バクテリアにはめっぽう強いオガクズですが、キノコの仲間である担子菌類の攻撃には弱いのです。

バイオトイレで使用した後のオガクズは、土壌に戻すことで、蓄積したミネラル類は肥料となり、オガクズは担子菌やミミズなどの土壌生物のエサとなります。ミミズの糞は最高の土壌改良剤です。このようにオガクズは、植物の生育に適した土壌環境をつくる資材として最終的に環境に戻すことが可能なのです。

大腸菌の心配は不要、栄養たっぷりの肥料

バイオトイレの発酵槽内は発酵熱とヒーターによって五〇℃以上に上がるため、大腸菌などの雑菌の心配はありません。発酵槽内に入ると、大腸菌は三～四時間で死滅してしまうことが確かめられています（ウイルスの場合は二～三日）。

なお、オガクズを畑に入れるとよくないと言われることがありますが、それは、オガクズにはチッソ・リン・カリなどの無機栄養素がほとんどないことが原因です。したがってオガクズをそのまま土壌中に入れると、これを分解するために、担子菌やバクテリアが周囲の土壌からチッソ・リン・カリなどの栄養素をかき集めてしまいます。そのために、植物が栄養不足となって育たない状況が生まれるわけです。

しかしながら、バイオトイレから出た使用済みオガクズには、これらの栄養素がたっぷり蓄積しているので心配ありません。むしろ、栄養分が濃すぎないように希釈して施肥す

バイオトイレの構造

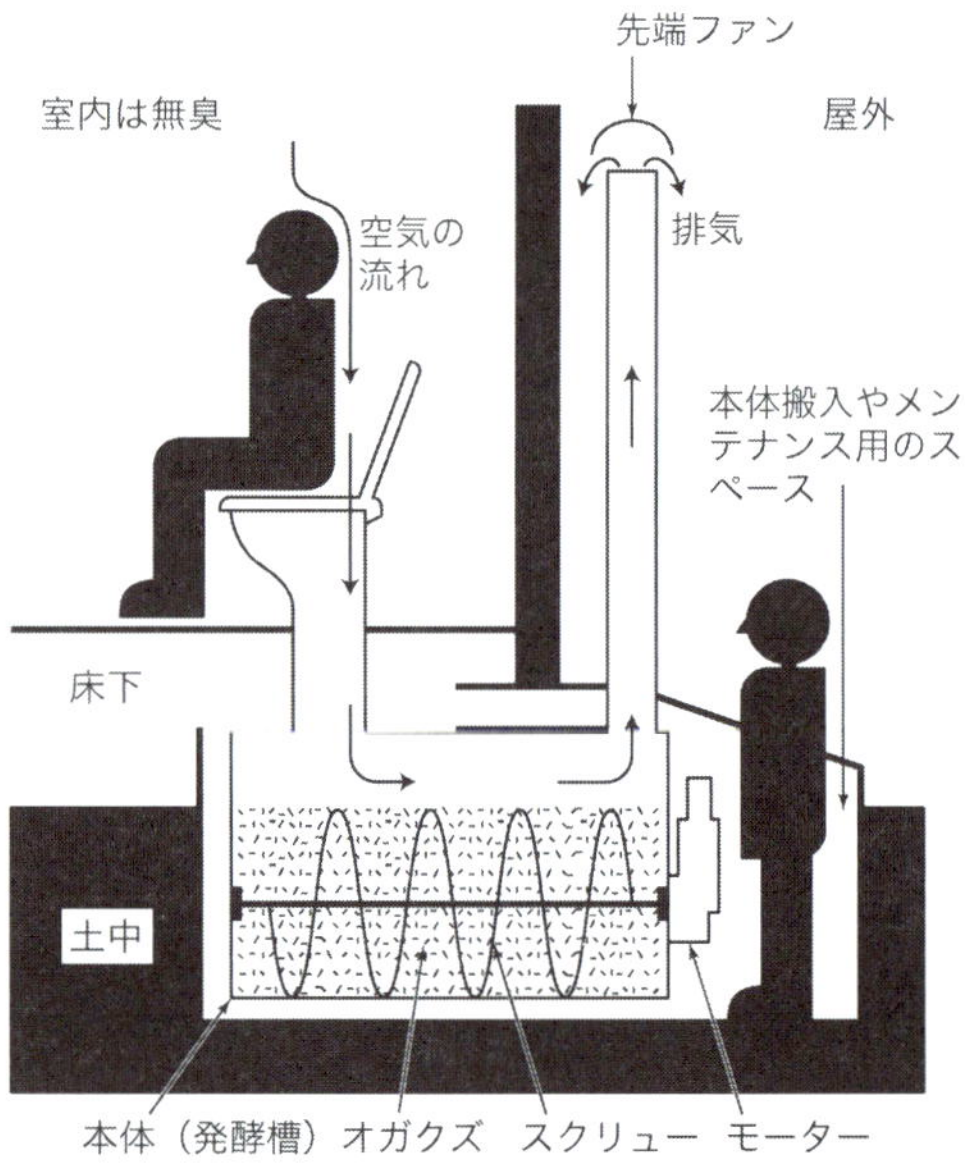
先端ファン
室内は無臭
屋外
空気の流れ
排気
本体搬入やメンテナンス用のスペース
床下
土中
本体（発酵槽）
オガクズ
スクリュー
モーター

発酵槽に入れるのは普通のオガクズだけ。糞に含まれる好気性バクテリアが働く。ヒーターも付いているが、バクテリアが働くと、発酵温度は50℃以上になる。オガクズは年に2～3回交換。使用済みオガクズは肥料になる。

る必要があるくらいです。

アンモニア臭はほとんど感じない

ところで、屎尿の悪臭のもとはアンモニアであるわけですが、我々がアンモニアを嗅覚で感じる濃度の閾値《いきち》（最小の値）は二〇ppm前後です。二〇ppm以下の濃度のアンモニアは、存在してもほとんどの人が臭気として感じることはありません。

バイオトイレには排気口に電動ファンがセットされています。そのため、トイレ内の空気は上から下へと流れます。部屋の空気は便器の中へと流れ込み、最終的に排気口から排出されます。したがってトイレ内では、たとえ臭気があったとしても、構造上、臭気は鼻に向かって移動しません。目隠しをされて連れて行かれれば、おそらくそこがトイレとは気がつかないでしょう。

一方、排気口のアンモニア濃度が二〇ppm以下であれば、トイレの周辺でもアンモニアの存在に気がつきません。バイオトイレの発酵槽内ではアンモニアは生成していますが、流れる空気に希釈されるので、あたかもアンモニアを生成していないかのごとくです。実用レベルでは、なんら問題がありません。多くの方々が、バイオトイレについて「ニオイがなく快適だ」とアンケートに答えています。

必要なオガクズは屎尿の八〇倍 生ゴミもいっしょに分解

では、屎尿の分解が順調に進むためにはどのくらいのオガクズが必要になるのでしょうか。糞のみだと、大体二〇～二五倍のオガクズがあれば進みます。尿が加わった屎尿混合物では、これが八〇倍になります。

糞と尿の重量比は一対一〇で約一〇倍です。だからといって二〇〇～二五〇倍のオガクズが必要になるわけではありません。少なくとも処理対象の屎尿の八〇倍の容量のオガクズがあれば、稼働初期のアンモニアの生成を、とりあえず我々が臭気としてほとんど感じることがない二〇ppm以下の濃度に抑えられることが実験で明らかになりました。

バイオトイレには、トイレットペーパーを投入しても問題ありません。むしろ尿素由来のアンモニアを抑えるのに、トイレットペーパーのほかに生ゴミなども投入して炭素を補ったほうがいいくらいです。

オガクズはアンモニアの揮散・生成も抑制

オガクズがアンモニアの揮散を低濃度で抑えられることには、オガクズ中に存在する酸性官能基類が一役買っています。すなわち、タンニンなどのポリフェノールのもっているフェノール性水酸基、ペクチン質などがもっているカルボキシル基、フェノール酸などがもっているフェノール性水酸基とカルボキシル基、リグニンのフェノール性水酸基、フミン質のカルボキシル基などの各種の酸性官能基が、アルカリ性であるアンモニウムイオンをトラップする（閉じ込める）という能力を発揮するのです。

また、オガクズは、アンモニアの生成自体も抑えることが実験でわかってきました。オガクズが存在すると、水中での反応に比べてウリアーゼの尿素分解速度が低下します。オガクズの存在がウリアーゼの反応を抑制するようです。

もっとも、オガクズのアンモニア生成・揮散抑制力も、大量の尿を短期間に投入されると、その能力を超えてしまいます。バイオトイレは、少しずつ連続的に屎尿が投入されることを設計の基本としています。稼働の経過とともに、一日の屎尿の投入量と、一日の水分の蒸発量、固形分の分解量との和が平衡状態になること、アンモニアの発生・揮散があるレベル以下に保たれること、などが期待されています。言いかえれば、限界あるオガクズの能力を巧みに利用して、ニオイを感じさせずに、屎尿の資源化のためにけなげに稼働しているのがバイオトイレなのです。

林業活性化にも役立つ

現在では、バイオトイレの装置を大きくした、家畜糞尿の処理装置も試験稼働しています。やはり、オガクズを人工土壌マトリックスとして使用したものです。

オガクズの能力が広く認識され、生ゴミ、屎尿、家畜糞尿が資源化処理に各地で利用されるようになると、オガクズが大量に必要になる時が必ず来ます。それに備えて、地域ごとにオガクズや使用済みオガクズ（肥料になる）の集積地をつくって対応することも必要になるでしょう。

農林水畜産関係のバイオマス廃棄物は、個々に処理を考えると困難さが先に立ちますが、これら厄介者どうしを複合処理することで、ともに有用な資源に変換することが可能になります。オガクズを地域ごとに集積することは、間伐木利用の促進につながります。各地域の山林が整備され、林業の活性化につながることも期待されるのです。

（寺沢 実・北海道大学大学院農学研究科）

移動トイレ「マイBOX」

持ち運べる組立式トイレ

トイレ

枠の中に対角線上に穴を掘り、周りをよく踏んで固める。用足し後は土をかけると衛生的。

S字フックでシートをかける。シートは横402cm、縦183cmに切ったものの周囲を3.5cmずつ折って、縫製し、フックをかける穴をあけ、ハトメを付けたらでき上がり。手持ちのビニールなどでも代用可能。

移動トイレ「マイBOX」の構造

上部は開放されているので、通気は良好だが、雨天の時は、大きな傘や覆いを使う。

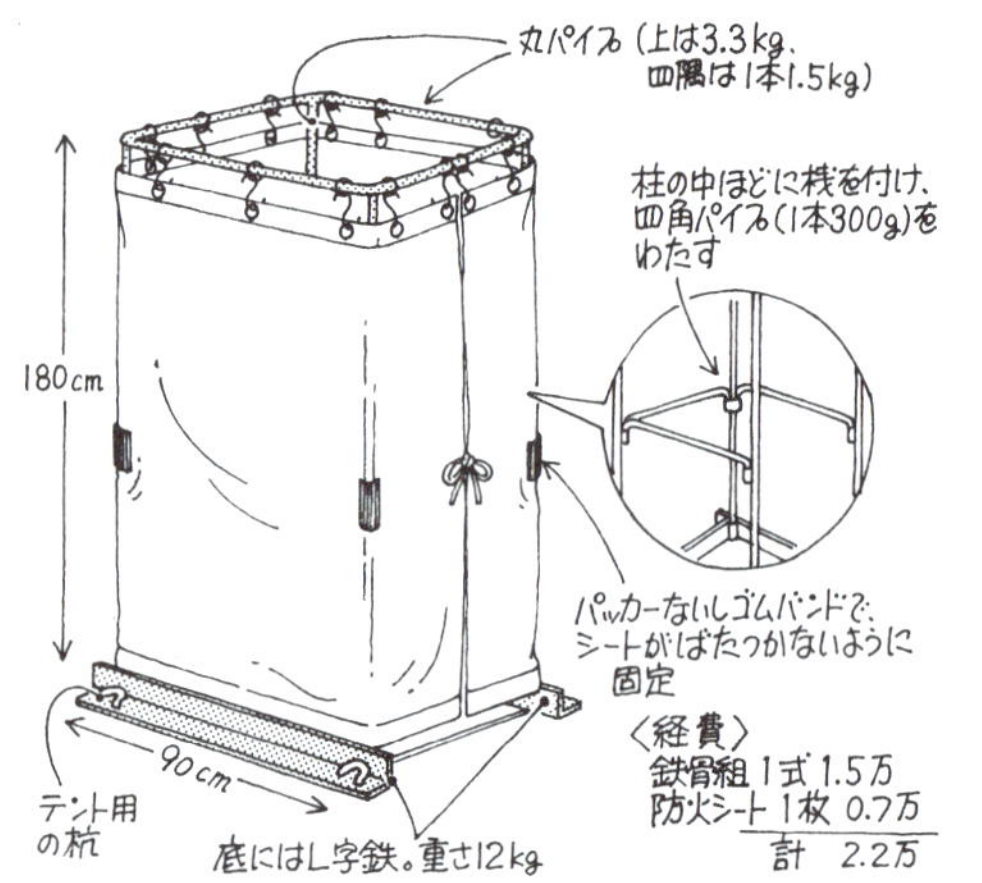
丸パイプ（上は3.3kg、四隅は1本1.5kg）
柱の中ほどに桟を付け、四角パイプ（1本300g）をわたす
180cm
パッカーないしゴムバンドで、シートがばたつかないように固定
〈経費〉
鉄骨組 1式 1.5万
防火シート 1枚 0.7万
計 2.2万
90cm
テント用の杭
底にはL字鉄。重さ12kg

近年耕地整理や基盤整備がすすむにつれて、トイレの問題が大きな関心になってきました。家から耕作地が離れるなどの一方で、栽培作物の変化で寒い日の作業も多く、またかつてのような目隠しになる場所が減っている、ということがその背景にあります。しかし思うような進展が見られてないのも現状で、このままでは「嫁さんが農業をしなくなり村の農業は守れない」「健康に悪く家庭の不和になる」など深刻さも募るばかりです。そこで、地域の農村生活マイスター（六名）が何とかしようと立ち上がりました。長野県松本農業改良普及センターと相談し、できたのが従来にない移動トイレというアイデア、「マイBOX（ボックス）」です。

ファンシーケース型のボックス

どんなトイレがよいか、可能か——いろいろ検討や折衝を続ける中で、経費や管理の都合から既成の枠とは異なる方法で自らつくるしかないと考えたのでした。

よく見る工事現場で使われているトイレは金属やプラスチック製が主で、堅牢ですが、重く管理が難しくだめ。そこで製作にあたっての基本案は、以下のようにしました。

①まず安価
②軽くて女性でも取り扱いが簡単
③どこにでも設置できる
④組立移動が容易
⑤後始末が簡単で清潔である
⑥デザインがよい
⑦当地特有の強風に耐えられる
⑧耐用期間をなるべく長く

当初、目隠し程度のテントのようなものも考えましたが、衣装を入れるファンシーケースのようなボックス型とし、骨組みは鉄工所に、シート（耐火性）も専門業者に加工依頼し、試作品をもとにさらに強風に対する改善を図りました。

強風によるシートのバタつきはゴムバンドやパッカーなどで押さえる、またシートを外せば「くい」を打たなくても倒れないようにする、さらに上部は開放しているので必要なら傘や屋根をつけられる、などの改善です。

持ち運び、設置も簡単

「マイBOX」は、広さが九〇cm四方、高さ一八〇cmの四角柱の骨組みに、着脱容易なシートを四面に吊すだけの簡単なつくりです。畑で少しの空き地があれば設置でき、衛生管理も汚物を自然に返すことで解決する、田舎ならではの発想を上手に活

野良トイレ

野外でも安心、快適に

トイレ

八ヶ岳を望む長野県川上村居倉《いぐら》集落の夏の朝は早い。レタスや白菜などの高原野菜を新鮮なうちに消費者に届けるためだ。

集落のほとんどの農家が、「中《なか》っ原《ばら》」とよばれる開墾地に畑を持っている。そこでお母さんたちは朝畑に行くとき、朝食やお茶の用意もしていく。畑に出たら昼まで家に戻らない支度をしていくのだ。

問題はトイレだ。同じ川上村でも各集落によって事情は少しずつ違う。大深山《おおみやま》では財産区（保護組合）が中心になって七カ所のトイレを設置した。御所平は一軒ずつの畑が大きいところが多く、作業小屋などとあわせて個人で設置している人もいる。こういうトイレにはカギがかかっている。そこでトイレのない人たちに喜ばれているのが、パラソル利用の簡易トイレ（野良トイレ）だ。

地面に穴を掘り、広げたカサにかぶせた布に隠れて用を足す。畳めば小さくなり、どこにでも持って行ける。穴は使わなくなったら埋める。布はカサやヤッケに使う軽くて防水性のものがいい。一二〇cm幅で五mもあればできる簡単トイレ。一m四五〇円。二〇〇〇円ちょっとでつくれる。

（近藤泉）

ギリギリまで畑にするから
山際はガケが多い。
トイレは給水施設
のあるところに設置
レタス切りは
ウネをまたいで
ヒザをついて。
レタスパンツは具合がいい。

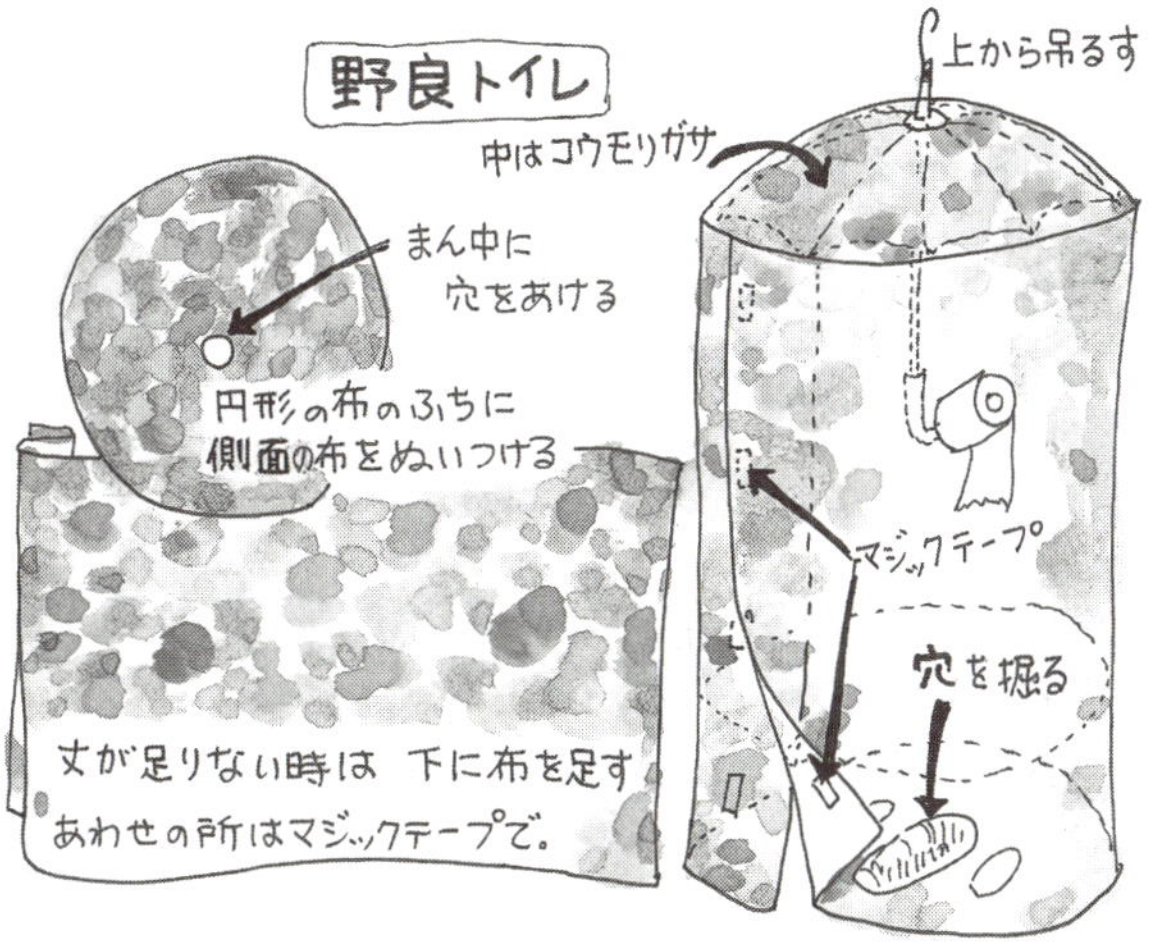
野良トイレ
上から吊るす
中はコウモリガサ
まん中に
穴をあける
円形の布のふちに
側面の布をぬいつける
マジックテープ
穴を掘る
丈が足りない時は 下に布を足す
あわせの所はマジックテープで。

用できた作品といえます。総重量は二〇kg以下。組み立てたまま女性二人で楽に移動、設置できるのも特徴です。

製作費は約二万円。骨組み代とシート代のみで、これなら二基、三基と複数導入するにも手頃かもしれません。シートは持ち合わせのビニールシートが代用できます。好みのデザインのものも選べます。

あるリンゴ農家のオーナー園で使用した結果、使い勝手がよく大変好評でした。まだPR不足ですが、「マイBOX」を知った人からの問い合わせがきています。これからは農家のお嫁さんも気兼ねなく仕事ができて、明るい農村が築けるのではないでしょうか。

（白沢 潔・長野県松本農業改良普及センター）

畑の用足しもこれで解消！ 山形村農村生活マイスターの皆さん。

火・水・土を感じて住まう ⑥

竹で小屋をつくる

ハウス

竹ハウス

身近な資源を有効活用

林野庁の調査によると国内の竹林面積は約一六万haで、そのうち未活用の竹林は約七〇%とされています。鳥取県においても、中山間地域を中心に、ここ一〇年で約六〇〇〇haもの竹林面積が増加しています。近年は、竹を使うことが少なくなり、竹やぶも荒れ放題、はびこり放題と、深刻な問題です。

そのような中、里山の竹を有効利用しようと地元農家、役場職員、そして農林局職員で竹ハウスをつくってみようという企画が持ち上がりました。

昭和四十~五十年代は、竹ハウスや竹トンネルをよく見かけたものです。しかし、現在では「絶滅危惧技術」となっていますので、地元農家のご指導により、ようやく完成した竹ハウスが下の写真です。つくり方（作業工程）は次頁を参照ください。

竹ハウスの作成はパイプハウスに比べると、決して作業効率がよいとは言えません（四~五人が半日作業して、四~五日で完成）。また、支柱と竹をつなぐ金具があるわけでもありませんし、ビニールを固定するパッカーも使えません。

手づくりの竹ハウスでトマトを栽培中。

なかなか設計図どおりには完成しない竹ハウスづくりですが、最先端のエコ農業に取り組む充実した時間と過去を振り返る機会を与えてくれました。まだ改良の余地もありますが、資材高騰のこの時代、困りモノ扱いされている地域資源を活用しない手はありません。みなさんもぜひ、地域の仲間とつくってみてはいかがでしょう。

（下中雅仁・鳥取県日野総合事務所農林局）

竹ハウスのつくり方

骨組みの見取り図

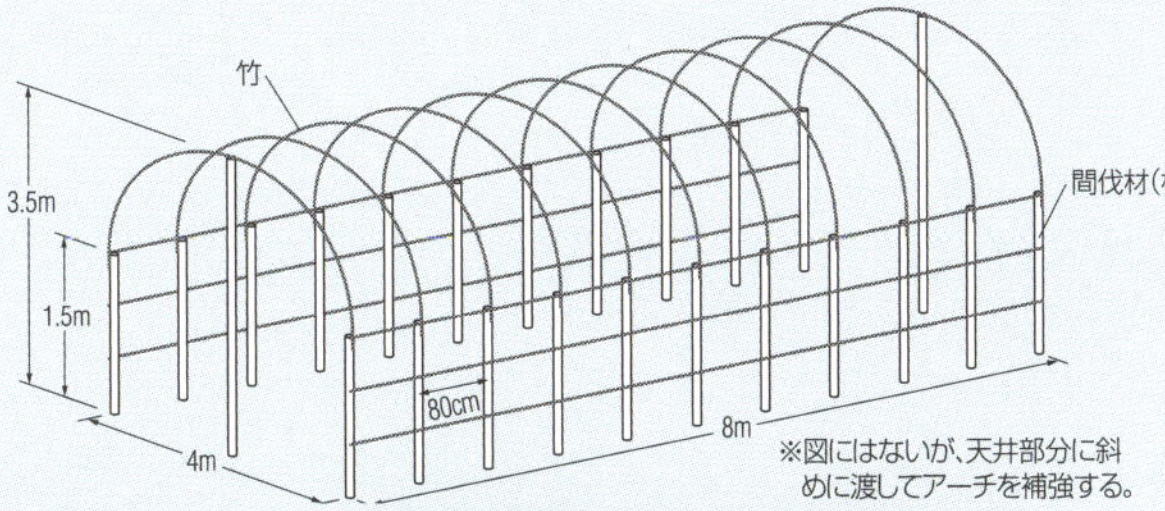
竹
3.5m
1.5m
80cm
4m
8m
間伐材(杉)
※図にはないが、天井部分に斜めに渡してアーチを補強する。

工程❶ 竹の調製
切り出した竹（孟宗竹でも真竹でも可）をナタとカナヅチを使って縦に4等分し、1本が9mの長さになるように針金でつなぎ合わせる。

工程❷ 支柱の作成
支柱は杉の間伐材を使用。長さ約2.5m、直径10cmくらいの間伐材が適当。ナタを使って先を尖らせる。

工程❸ 支柱立て
地面に支柱を立てる穴を掘り、支柱をハンマーで打ち込む。打ち込んだらチェーンソーで高さを1.5mに揃える。

工程❹ 竹と支柱の固定
支柱の上に竹を載せ10番線で留める。割いた竹も支柱部分に留め、上部を曲げて天井部分のアーチをつくる。

工程❺ ハウスの補強
天井部分に割いた竹を斜めに渡してアーチを補強。ハウスの高さは支柱1.5mとアーチ部分2mをあわせて約3.5m。

工程❻ ビニール掛け
使用済みのビニールを再利用して被せ、ハウスバンドで留めれば完成！ 妻面は支柱（間伐材）にビニペットを1本取り付け、ビニールを固定するように工夫した（100頁写真参照）。

ドーム形簡易倉庫

ハウスに、子どもの遊び場に

バックミンスター・フラーというアメリカの建築家が考え出したジオデシックドームの原理が、岡山県岡山市に住む林正弘さん（五五歳）の簡易倉庫の「骨」になっているそうだ。同じくフラーの原理でつくった九州フィールドワーク研究会のスタードーム（http://www.stardome.jp/）を参考に、林さんは竹を利用したドーム形簡易倉庫を完成させた。

設営は簡単！
おまけに丈夫！

簡易倉庫

　今の倉庫を取り壊すので、新しい倉庫ができるまでの仮倉庫として製作したのだとか。上の写真の手前がドーム倉庫の骨組み。後ろが取り壊される倉庫だ。今、あちこちで困りものの竹をどんどん利用して、こんな簡易倉庫をつくってみてはどうだろうか。

　図1に準備する物をあげてみた。真竹が太さが均一なので使いやすい。孟宗竹は先になるほど細くなるので、使いにくいが、なるべく均質な太さのところを選べば構わない。

　組み立て方は図2の通り。竹を交互に組むのがポイントで、そうすることで丈夫になる。ちなみに図2の③の「引き解け結び」は、読んで字のごとく、引っぱるとほどける便利な結び方（手近なひもで練習してみてください）。

　林さんは仕上げのシートに市販のブルーシートを使っているが、ハウスのものでも何でもよいとのこと。

　いきなり竹で本番にかからず、図3のように腰のある紙で小さな模型をつくって試してみることをお勧めする。交互に組んで星形、五角形にしてゆくのは、パズルのようなところがあって、でき上がると別の満足感もあること受け合い。

　簡易倉庫だけでなく、ハウスに、子どもの遊び場に、いろいろ楽しめそうな竹ドームです。

（トミタ・イチロー）

図1　準備するもの

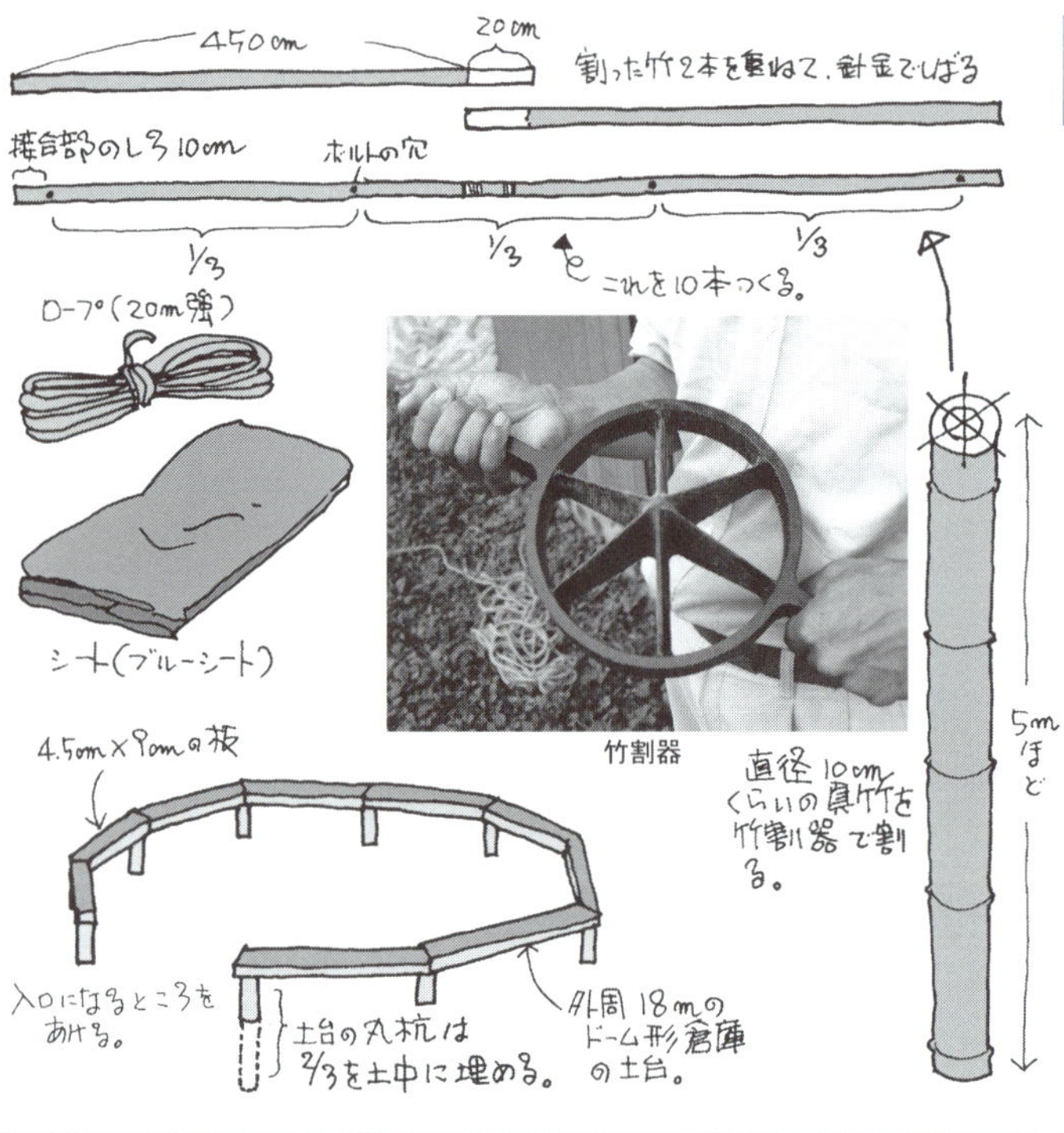
450cm
20cm
割った竹2本を重ねて、針金でしばる
接合部のしろ10cm
ボルトの穴
1/3
1/3
1/3
これを10本つくる。
ロープ（20m強）
シート（ブルーシート）
竹割器
直径10cmくらいの真竹を竹割器で割る。
5mほど
4.5cm×9cmの板
入口になるところをあける。
土台の丸杭は2/3を土中に埋める。
外周18mのドーム形倉庫の土台。

図2 組み立て方

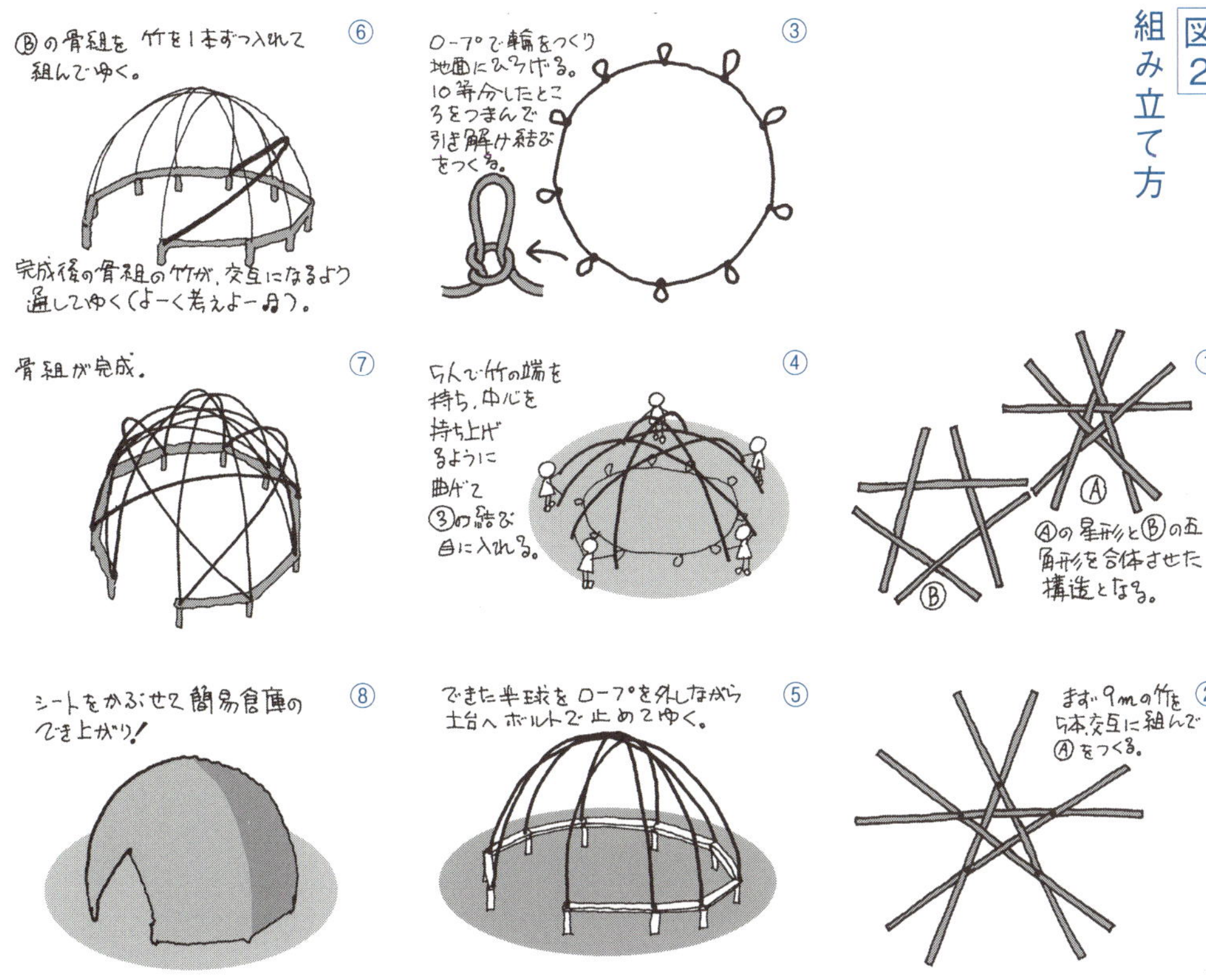
①
Ⓐ
Ⓑ
Ⓐの星形とⒷの五角形を合体させた構造となる。
②
まず9mの竹を5本交互に組んでⒶをつくる。
③
ロープで輪をつくり地面にひろげる。10等分したところをつまんで引き解け結びをつくる。
④
5人で竹の端を持ち、中心を持ち上げるように曲げて③の結び目に入れる。
⑤
できた半球をロープを外しながら土台へボルトで止めてゆく。
⑥
Ⓑの骨組を 竹を1本ずつ入れて組んでゆく。
完成後の骨組の竹が、交互になるよう通してゆく(よーく考えよー♫)。
⑦
骨組が完成。
⑧
シートをかぶせて簡易倉庫のでき上がり!

図3 模型と実際の接合部の例

紙を使って模型をつくってイメージしてみるとわかりやすい。
(ボルトの代わりに画鋲で止めてみた/トミタ作成)

平板金とボルトを使った実際の接合部の例。

火・水・土を感じて住まう

7 土間をつくる

土間

土間の魅力

使い方を特定しない自由空間

土間——内仕事の中心

私は建築の設計を仕事にしていますが、生まれ育った家が農家であったおかげで、二〇歳までは土間のある家で生活していました。東京都練馬区には、現在でも住宅地の間に畑や農家の屋敷林が多く残されています。武蔵野の農家の間取りは、正面右に竈《かまど》のある土間があり、土間から上がる座敷・でい・納戸・寝間、南と西側に縁側という、「田の字型プラン」が多く、生家も同じつくりでした。

土間は明るいうちは外で畑仕事を続ける農家の生活に適していて、泥の付いた地下足袋や長靴を履いたまま、昼に畑からもどってご飯を食べられます。もちろん、土間の中心はご飯を炊き、煮物をする竈です。竈の横には、大きな水甕と板金張りの洗い桶が並んでいました。薪をくべての煮炊きの生活は、薪を小割してくべ、後で灰をかき出して始末する作業の連続です。多少は汚れても気にしない土間以外ではなりたちません。井戸から水を汲んで、水甕に入れるのは子供たちの仕事でしたが、手桶から多少水がこぼれたって下は

薪ストーブのある土間。

叩きの土間です。水を打ち、毎日箒で掃除しているので、決して不潔な場所ではありません。

昭和三〇年代の中ごろから、上水道が通り、プロパンガスが普及し、ガスや電気でご飯を炊く生活に変わっていきました。それでも三度の食事の場は土間でした。食べるために全員集まり、できることは手伝う。土間は家族の食を支える場でした。

思い出の茶摘み

土間での生活で思い出すのは、五月の茶もみの作業です。農家ではお茶は自給があたりまえで、子供たちは多少のお駄賃をもらって籠に茶の新芽を摘み取ります。土間に熱い墨火を敷き、ほいろと呼んでいた紙製のシートに足を付けて組み、ほいろの上に蒸した茶の葉を広げて手で揉んでいきます。一年分のお茶を一日でつくるのです。家の中の土間に直接火を置いて暖めながら続く作業で、家中に茶の香りが広がっていきます。子供たちには興奮する行事の一つでした。針のように細くなった茶の葉を、ブリキ製の缶に仕舞って作業が終わるのは夜です。土間はものをつくるために働くニワでした。

何でもできる自由な場所

土間のもつ一番の効用は、使い方を特定しない自由さだと思います。もともと外の庭が家の中に入り込んだ空間なので無愛想ですが、自分たちで動けば何でもできます。

現代住宅に、三和土の叩き土間を求められることも度々あります。建て主は、工業製品の建材から一番遠い土間に、規格にしばられない自由な可能性を求めているのかもしれません。

（高橋昌巳・シティ環境建築設計）

表と裏を結ぶ通り庭土間。

物干し場となるサンルーム土間。

土間のつくり方

住み手が自分でつくる

木・土・紙などの自然素材を使い、伝統的な工法による家づくりを続けて二五年になります。壁は竹小舞*土壁漆喰塗り、屋根は粘土を焼いた燻し銀日本瓦葺き、床は無垢の厚板や藁床畳です。時々ですが、玄関を兼ねた多目的の三和土《たたき》の土間を計画します。その場合、左官職に材料を準備してもらい、建て主とともに土間の自主制作を続けています。

材料を敷きならし、棒や板を使って辛抱強く叩き締めていくと、材料の間の空気が抜けて、やがて土間を打つ土音が金属的な硬い響きに変わっていきます。素人なので多少のデコボコはありますが、それも生活とともに馴染んで気にならなくなります。三和土の叩き土間は、専門家ではなく素人の住み手が手を掛けてものになる工法なのです。

土間はなぜ涼しい？ ——土間の構造に秘密

制作方法や使用材料の説明に入る前に、三和土土間の構造についてお話しします。三和土の土間空間に触れるには、民家園に移築された農家の住まいを訪れてみるのが確実な方法です。特に、真夏に訪れると、ひんやりとした土間の気持ちよさを体で感じることができます。

では、なぜ三和土の土間は涼しいのでしょう。平地では、大地の下を三〇cm掘ると、年間の温度変化がある範囲内で一定していると言われています。屋根の下の土間は直射光が当たらないので土の表面温度は低く、地下から上がった湿気が蒸発する際に気化熱を奪うので、土間空間の内部の室温はひんやり保たれているのです。外気温が三五℃近い真夏でも、三和土の叩き土間空間は数度以上室温が低く、土間の粘土表面に結露が見られることもあります。

ここで大事なことは、三和土の土間が大地と構造的に途切れずに繋がっていることです。コンクリートのベタ基礎の上に粘土をならして叩いた土間もありますが、下から湿気が上がらないので土間が乾いて大きくひび割れてしまいます。三和土の土間をつくる場合、粘土層の下地はコンクリートではなく、転圧して平らにならした砂利がお勧めです。これなら下からの湿気を遮ることもありません。決して防湿シートなどは敷かないことです。

土間づくりの手順

さて、材料ですが、粘土・消石灰・塩化カルシウム・ニガリを混ぜ合わせてつくります。粘土は荒壁などに塗る材料を用意し、粘土一・〇㎥に対して、消石灰（二五kg／袋）一〇～一五袋、塩化カルシウム（二五kg／袋）七袋を用意し、混ぜ合わせます。材料が少なければ、左官のフネの中で練りますが、大量につくる場合、庭にシートを敷いた上に材料をならして、手押しの耕うん機などを用いて材料がよく交じり合うまで練り合わせます。ニガリ（塩化マグネシウム）五kgを水二〇リットルに溶かした液（バケツ四～五杯分）を三〇度にして材料に加えます。

粘土は乾けば自然と固まりますが、消石灰は土間の強度を上げるため、塩化カルシウムは吸湿と乾きすぎを防ぐため、ニガリ（塩化マグネシウム）は材料の凝固促進のために用います。おそらく昔は、粘土に消石灰とニガリを混ぜて叩いたので、「三和土」の名称が残っているのだと推測します。材料は、建材店か左官屋さんに用意してもらうことになります。

土間を叩き締める

材料が練り合わされたら、ネコ車（手押し車）などを使って施工する場所に運び、一五cm程度の厚みに均します。後は棒や板などで平らに叩き締めていきます。材料の間に空気が入っているために、粘土を叩くとドンドンという鈍い音がしますが、材料間の空気が抜けて表面が光ってくるとパンパンと金属的な音に変わっていきます。一五cmの材料が叩いて一〇cmになればほぼ完了です。急激な乾燥は土間表面のひび割れの原因ともなるので、養生も兼ねて叩いた土間の上にゴザや筵を敷き、さらに叩くと土間表面にゴザ目模様がついて化粧にもなります。作業後は、一週間程度そのままにしておきます。

ニガリを溶かした水の量が多過ぎたりすると、材料の含む水分が抜けずに叩き締めても他の場所が盛り上がるだけで、作業を継続できないこともあります。竹小舞下地の土壁を日常的に行っている左官職であれば、材料の練り合わせは自在にやってもらえるでしょう。しかし、三和土の土間のいいところは、施工が多少いい加減でもものになるアバウトな一面にあると思います。完成後も多少

＊細かく割った竹を格子状に組んだ骨組みのこと。土壁の下地に用いる。

三和土土間の施工工程

［材料］土間2坪に対して
- 粘土　1.0m³
- 消石灰（25kg/袋）　10～15袋
- 塩化カルシウム（25kg/袋）　7袋
- ニガリ　5kg
- 水　20ℓ

①砂利を転圧してならす。

②三和土の材料。

③材料を耕うん機で混ぜる。

④水に溶かしたニガリを加える。

⑤材料を運んでならす。

⑥コテや棒で叩き締める。

⑦完成した玄関土間。

のデコボコを修理しながら使えば、愛着のわく丈夫な土間になります。

土間で地域の色を再現しよう

以前、愛媛県内子町で、地場の黄土を叩いた民家の土間に入ったことがあります。三和土の土間全体が黄色で、土を叩いて仕上げた床がつるつるに光っていて、土足で歩くにはもったいないほど美しく見えたものです。愛媛県の粘土は赤や黄色をしていて、地面も薄黄色をした場所が多いようです。内子の黄土の三和土土間には、周囲の環境と一体になった自然を感じました。

全国には、赤・橙・黄・茶・灰・白など、いろいろな色の粘土があります。地場の色土を三和土土間の材料として用いることは、地域らしさをつくることです。全国一律の建材で同じような工法の家づくりが、身の回りの景色をつまらないものにしていくなかで、住み手が自らつくる三和土の土間はローカルカラーを再現していく行為なのです。三和土には、カタログ写真や建材ショールームでは決して見つけられない、自分らしさが詰まっています。

（高橋昌巳・シティ環境建築設計）

エネルギーを自給する

1 機械や車を動かす燃料をつくる

BDF

バイオディーゼル燃料

ペットボトルでつくる

水島工業高校でつくられたBDFは、近くの農業高校（岡山県立興陽高校）でトラクタの燃料に使われている。

工業高校がBDFを研究製造

　岡山県立水島工業高校の工業化学科では、平成八年から廃食用油の有効利用の研究を始め、ここで紹介するバイオディーゼル燃料の研究は平成十年に着手している。バイオディーゼル燃料（Bio Diesel Fuel　以下BDFと略）は天ぷら油からできる燃料で、トラクタなどのディーゼルエンジンを動かす軽油の代わりになる。

　原料の廃食用油は地域から回収している。実習でつくったBDFは、岡山県立興陽高等学校の農業実習用のトラクタに使用され、ナタネの栽培に使われている。

BDFの長所と短所

BDFの長所

・燃焼の際に発生する二酸化炭素が、ナタネの生長過程で吸収される二酸化炭素で差し引くことができ、大気中の量を増加させずにすむ。

・廃食用油に付加価値がつくことによって、資源という意識が芽生える。回収システムが構築されれば、垂れ流しを防ぐことができる。地域での連携ができるメリットもある。

・天ぷら油が原料なので、硫黄分がほとんど含まれていない。酸性雨の原因になる硫黄酸化物が発生しない。

・排ガス中の黒煙が軽油の三分の一から六分の一に減少する。

・生分解性が高く、誤って自然界に流出しても分解されやすい。

・軽油より引火点が高く、安全性が高い。

・人体にも安全、など。

BDFの短所

・氷点下になるような寒冷地では、凝固したり粘度が高くなったりする。そのままでは使いにくい。

・プラスチック、ゴム、塗料などの種類によっては、膨潤させたり溶解させたりする可能性がある。

・排ガスの匂いが気になる場合がある、など。

　長所、短所の両面があるが、短所は使い方や工夫、慣れなどで十分補うことが可能だろう。

ペットボトルを使ったBDFのつくり方

手順①水酸化ナトリウムをメタノールに溶かす

　天ぷら油は、メタノールと反応することで粘性や引火点が低くなり、ディーゼル燃料として使えるようになる。その反応を進めるのに水酸化ナトリウムが触媒となるのだ。

　まず、水酸化ナトリウムを手早く量り、ペットボトルに入れ、ふたをする。未使用の天ぷら油を使う場合なら、天ぷら油一ℓに対して水酸化ナトリウムは五g。使用済みで茶色になっている天ぷら油のときには七g使用する。

　続いてメタノール〇・二ℓをロートを使って、水酸化ナトリウムを入れたペットボトルに注ぐ。しっかりふたを締めて振り、水酸化ナトリウムを溶かす。このとき発熱するので気をつけよう。

　ボトル内の圧力が高くなったら（パ

ペットボトルを使ってBDFをつくる

手順①　水酸化ナトリウムをメタノールに溶かす

水酸化ナトリウムを素早く量り（使用済み天ぷら油1ℓに対し、7g）、ペットボトルへ。そこへメタノール0.2ℓを注ぎ、水酸化ナトリウムを溶かす。

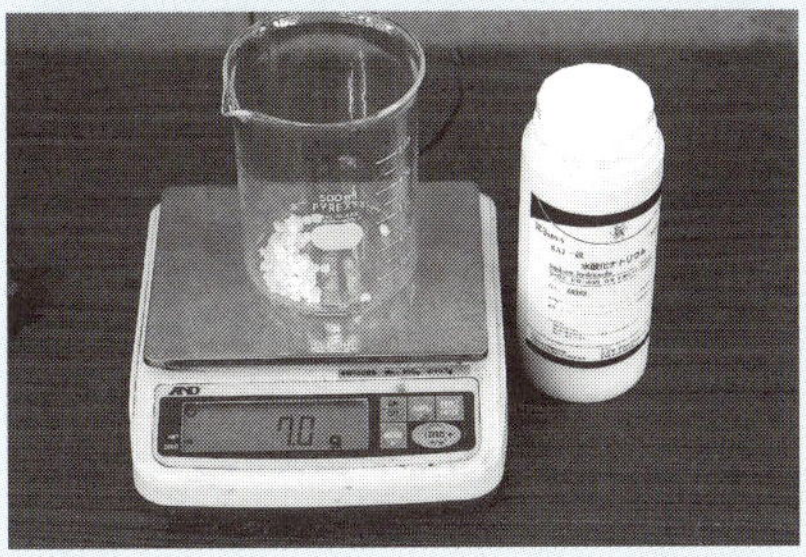

手順②　天ぷら油を入れる

水酸化ナトリウムを溶かしたメタノールに天ぷら油を入れて、よく振る。使用済みの油はあらかじめコーヒーフィルタなどで濾して天かすなどを取り除いておく。

手順③、④　静置後、BDFを取り出す

半日以上静置後、BDF層（上の透明部分）のみを別のペットボトルへ移す。

手順⑤　精製

BDFに水（100cc）を加え、振り混ぜ→静置→分離の作業を繰り返して精製する。右から精製1回目、3回目、4回目。静置後の水の層が透明になればOK。

[用意する物]

- 乾いたペットボトル（1.5～2ℓで肉厚のもの）　2本
- ロート（ガラス、またはプラスチック製）
- 秤（1g単位で量れるもの）
- 計量カップ
- 天ぷら油　1ℓ
- メタノール　0.2ℓ
- 水酸化ナトリウム　5～7g
- お湯

*水酸化ナトリウムの代わりに水酸化カリウムを使った場合は、量を7～10gにすれば同じ品質のBDFができる。

[BDF製造の注意]

- 水酸化ナトリウムは空気中の水分を吸って溶けてしまうので、すばやく量ること。また強アルカリ性なので、ゴム手袋、保護メガネを着用し、取り扱いに注意する。
- メタノールは引火性が高く、毒性もある。蒸気を吸引しないように換気に気を付ける。
- 水酸化ナトリウムをメタノールに溶かしたものは腐食性が強く、大変危険。ゴム手袋、保護メガネを使用する。
- 火の気のないところ、換気のよいところで作業する。
- 万が一、体に着いたときはすぐに多量の水で洗い流す。
- 水酸化ナトリウムは薬局で、メタノールは塗料店で購入できる。どちらも医薬用外劇物なので身分証明書や印鑑が必要な場合もある。

ンパンになる)、蒸気を吸わないように気を付けながら、ふたを少しゆるめて蒸気を抜く。

ペットボトルはアルカリ性に弱い。水酸化ナトリウムが溶けたらすぐに次の工程へ移る。

手順②天ぷら油を入れる

いよいよ天ぷら油を入れる。天ぷら油一ℓを、ロートを使ってペットボトルに加え、ふたをしっかり締めて振り混ぜる。

数分で反応が始まり、見た目にはすでにBDFができたかのように見えるが、完全に反応させるには温度と時間が必要だ。室温でも反応するが、数時間かかるので、時々振り混ぜながら約六〇度のお湯に一時間浸す。

手順③静置

しばら静置すると二層に分かれる。上の黄色の層がBDFで、下の茶色の層がグリセリン(+水酸化ナトリウム、石鹸分など)。反応完了は、BDF層の色で判断できる。明るい黄色ならOK、橙色っぽい黄色なら、まだ不完全だ。

数時間以上静置する。だいたい半日が目安。分かれにくいときは、少量の水を加えてしばらく振り混ぜたあと静置すると分かれやすくなる。

手順④BDFを取り出す

もう一本のペットボトルに、ロートを使ってゆっくりとBDF層を移す。グリセリン層まで移さないように気を付けること。ファンヒーター用の蛇腹のスポイトでグリセリン層を抜き取ったり、下にコックのあるEM液肥づくり用の容器などを使って分離してもいい。

残ったグリセリン層はガラス瓶に入れておく。ペットボトルへ入れたままだと、数日後に穴が開いてしまう。ガラス瓶のふたを開けたままましばらく放置すれば、メタノールが蒸発して、石鹸として利用できる。水島工業高校では、この石鹸で実習室の床や器具などを洗っている。

手順⑤精製

BDF層に含まれている、石鹸分やグリセリン、水酸化ナトリウムなどを取り除く。これらの不純物はBDFよりも水に溶けやすいので、水を加えて取り除く。

約一〇〇mlの水をBDF層の入ったペットボトルに加え、しっかり振り混ぜる。そのまま一晩静置(乳化して分離しないときは、一つまみの食塩を加えて振るとよい)。BDFと水が分離したら、④と同じ方法でBDFだけを取り出す。

この操作を最低二回は繰り返して、BDF中の不純物を取り除く。

精製完了の目安は、静置後の水の層が透明になればOK。白濁したままだと不完全なので、透明になるまで精製を繰り返す。

手順⑥脱水

⑤までてほぼ完成なのだが、ペットボトルの中のBDFは、透き通った明るい黄色になっているか? 濁っていれば、水分が残っているということ。BDFに水分が残っていると思わぬトラブルが起きる可能性があるので、できるだけ水分を取り除く。

それには、ペットボトルごと、約五〇度のお湯に浸し、温めてやる。しばらくすると透き通ってくるので、お湯から取り出して一晩静置。

水分が残っていれば、底側に水が分離して沈んでいるのが見える。ふたたび④の方法で分ける。これで完成。

BDF使用にあたって気をつけること

・BDFには、ものを溶かす性質がある。とくにNBR(ニトリル ブタジエン ラバー)でできた黒色の燃料ホースやパッキンは、古い場合、膨潤したり(ぶよぶよになる)、穴が開くことがある。点検しながら使用し、早めに新品に交換するか、耐BDF性のVitonゴム製のものに交換する。

・燃料タンクや燃料ホース内に付いている汚れ(スケール)が剥離して、燃料フィルターを詰まらせることがある。フィルターの掃除や交換に気を付ける。

・自動車に使用する場合は、陸運局で、車検証に「廃食用油燃料併用」の記載を追加してもらう必要がある(書類代一六八円)。またBDFは、一〇〇%で使用する場合は無税だが、軽油と混合した段階でBDFにも軽油取引税がかかる。

・原料にもよるが、気温が氷点下になるところでは、凝固したり、粘度が高くなって使用できない場合がある。

より良いものをつくるために、化学反応には「愛情」が必要です。大胆さと同時に繊細さが必要。皆さんも、くれぐれも安全に気をつけて、BDFライフをお楽しみください。

(文谷元信・岡山県立水島工業高等学校工業化学科)

バイオディーゼル燃料

廃食用油が燃料に！

BDF

栃木県足利市の菅井栄三郎さんは、定年帰農して四年目。今、天ぷら油を原料にしたバイオディーゼル燃料の精製に熱中している。

実際にペットボトルを使ってこれまで七ℓを精製してきた。原料の廃油にはことかかない。たまたま近所の人が、市内で天ぷら店を経営しているので、そこからもらえるからだ。

つくり方は一度に三ℓを精製するため、水島工業高校の方法と少しだけ手順を変えている。ひとつは、廃油三ℓ分の苛性ソーダ（水酸化ナトリウム）二一gとメタノール〇・六ℓを溶かすのに、灯油用のポリタンクを使って溶かすことだ。これなら内蓋もついているし、膨張や発熱に対しても安心だ。

この溶液を三等分して、あらかじめ、一ℓずつに分けておいた廃油のボトル三本に入れる。ペットボトルは炭酸飲料のボトルがよいとのこと。キャップのパッキンがしっかりしていて、強く振っても液が漏れ出すことがないからだ。

また、静置しておくときはプラスチックの容器を使うようにしている。ペットボトルで長く置きすぎてしまい、底が溶け出したことがあったからだ。グリセリンを取り出すときに使ったスポイトも、放置しておいたらゴムの部分が溶け出した。以来、シリコンゴムのついたスポイトを使っている。

精製は、グリセリンをできるだけ除きたいので五回繰り返す。残ったグリセリンは、米ヌカとまぜて石鹸として利用しているそうだ。

完成したBDFを見せてもらった。透き通った明るい黄色。匂いを嗅ぐと、まさしく天ぷら油。エンジンをかけると、初動時こそ黒い排ガスが出るものの、あとはほとんど気にならない。むしろ香しい天ぷらの匂いがあたりに漂い、不思議な感じがする。

パワーも軽油となんら変わらない。一ℓの燃料で一時間半程度の作業が可能だ。熱々の天ぷらの匂いに包まれて、菅井さんの農作業は進む。

（倉持正実・フォトオフィスK）

耕うん機を動かすと、周囲が天ぷらの匂いに包まれる。

完成したBDF
ペットボトル
シリコンゴム付スポイト
前夜、苛性ソーダ・メタノールと混ぜた廃油
メタノール
苛性ソーダ
計量カップ
はかり

こんな材料で廃油から燃料ができる。

できあがったBDF。透明感のある黄色の液体。

エネルギーを自給する ②

バイオガスをつくる

三万円の自作エネルギープラント

仕組みと設置方法

バイオガス

ポリチューブ バイオガスプラント

地域循環型の農業をささえる技術の一つとして「バイオガス」が注目を集めている。

バイオガスとは酸素がまったくないか、あるいはきわめて少ない条件のもとで有機物が分解したときに出てくるガスだ。この方法で有機物を分解させると、発生したガスを調理や動力用エンジンに使ったり、発電ができる。また肥効が高く、土壌改良・病害虫防除効果のある「バイオガス液肥」を手に入れることができる。

では、どうやってバイオガスを利用する施設をつくったらいいのか？ ここでは安くて簡単なポリエチレンチューブのバイオガスプラントについて紹介しよう。

ポリエチレンタイプのバイオガスプラントは、特別の加温・保温をしなければ、ガス利用が関東以北では四～五月から十月の半年に限られることと発酵槽本体のポリエチレンの寿命が五年くらいという制限はあるが、自作すれば三万円ほどででき、借地でもできる。有機農業の志願者やエネルギーや食料の自給をこれから試してみようと考えている人たちには実用性を兼ね備えた役立つ施設だと思う。また発酵槽を設置する場所をブロックやコンクリートでつくれば、傷んだポリエチレンチューブを取りかえるだけで何年でも継続して利用することもできる。

設置のための四つのポイント

1 どんな所に、どんな配置でバイオガスプラントをつくったらよいか？

家や畑の周りを見渡しながら、次の三つのチェックポイントをできるだけ満たすように心掛ける。

①原料運搬・投入の手間を最小限に

②液肥利用の手間を最小限に

③冬場の陽当たりの良いところ・地下水の低い所に

2 どの原料でどれくらいガスが発生するのか？

大人一人当たりの生ゴミとし尿とによるガス発生量は、実際的な量として一日当たり約一〇〇ℓと試算できる。また家畜糞の場合（人間の場合もそうだが）、何を食べているのかでまったく違うし、糞の乾き具合に

ポリチューブでつくったバイオガスプラント。直径約1m、長さ9m。

これがバイオガス液肥。原料中のチッソ、リン酸、カリなどがそのまま有効利用できる。

よっても違うので、使う予定の原料そのものを使って予備実験をしてみるといい。

大体の目安として、一㎥のガスを出すには毎日平均して牛糞一頭分、豚糞四頭分、鶏糞一四〇羽分の糞尿、あるいはし尿一四人分を投入する必要がある。

③液肥の量はどれくらい？

投入した有機物が分解後に排出口から押しだされて液体となって出てきたものをバイオガス液肥と呼んでいる。この液肥は、原料投入の際、等量の水で薄めているので、一㎥のバイオガスを得るプラントからだいたい五〇～六〇ℓ／日、年間で二〇㎥得られる。堆肥と異なり、チッソ・リン酸・カリなどほとんどすべて原料に含まれているものが有効利用できる。一〇a当たり必要な標準チッソ量は、米麦二毛作で一二kg、野菜（年二作として。たとえば、秋～春にハクサイ、夏～秋にナス）で四〇kg、果樹で一五kgとされる。一㎥のバイオガスを利用すれば、田んぼなら六〇a、野菜畑なら二〇a弱、果樹なら五〇aをまかなうことができる計算になる。

④ガス発生量に応じた発酵槽の容量を決める

発酵槽一㎥当たりのガス発生量は、夏場〇・五㎥／日（発酵温度二五度）、春・夏・秋の三季平均で〇・三㎥／日（発酵温度二〇度）、冬場〇・一㎥／日（発酵温度一〇度）が見込まれる。一年を通して期待する量のガスを得られるように、冬場の発生量を基準にして発酵槽の容量を決める。

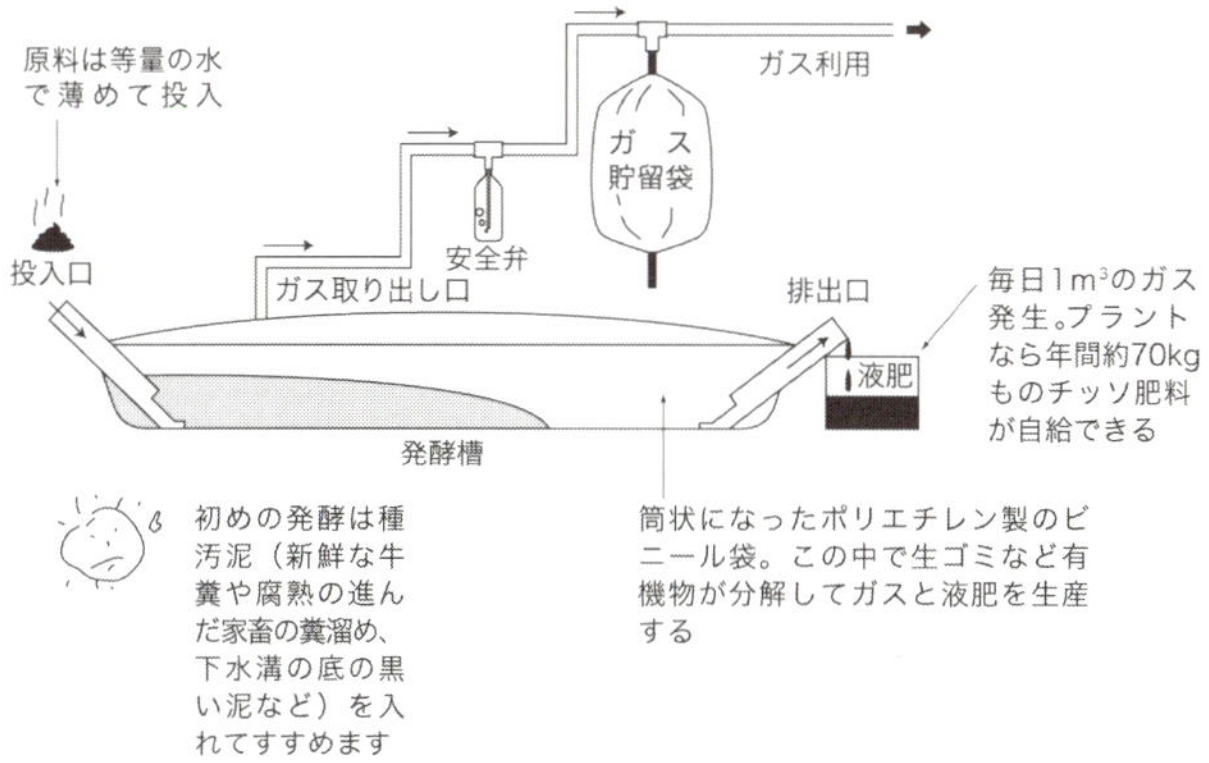
原料は等量の水で薄めて投入
投入口
ガス取り出し口
安全弁
ガス貯留袋
ガス利用
排出口
液肥
毎日1m³のガス発生。プラントなら年間約70kgものチッソ肥料が自給できる
発酵槽
初めの発酵は種汚泥（新鮮な牛糞や腐熟の進んだ家畜の糞溜め、下水溝の底の黒い泥など）を入れてすすめます
筒状になったポリエチレン製のビニール袋。この中で生ゴミなど有機物が分解してガスと液肥を生産する

図1　ポリチューブでつくるバイオガスプラントの仕組み

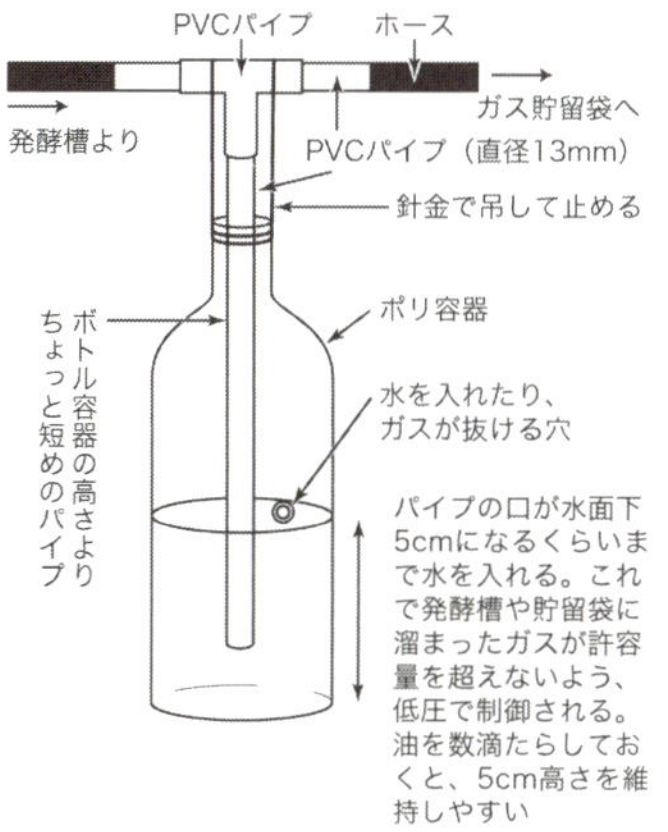
PVCパイプ
ホース
発酵槽より
ガス貯留袋へ
PVCパイプ（直径13mm）
針金で吊して止める
ポリ容器
ボトル容器の高さよりちょっと短めのパイプ
水を入れたり、ガスが抜ける穴
パイプの口が水面下5cmになるくらいまで水を入れる。これで発酵槽や貯留袋に溜まったガスが許容量を超えないよう、低圧で制御される。油を数滴たらしておくと、5cm高さを維持しやすい

図2　安全弁の構造

投入量の変動がなければ、次の計算式で必要な大きさが求められる（各式の数値は指数）。

①無加温の場合
発酵槽容量（㎥）＝バイオガス日発生量（㎥）×一〇

②保温・加温（二〇度）の場合
発酵槽容量（㎥）＝バイオガス日発生量（㎥）×三・三

③保温・加温（二五度）の場合
発酵槽容量（㎥）＝バイオガス日発生量（㎥）×二

ここで紹介する発酵槽の大きさは、夏期に毎日二・五㎥のバイオガスが得られる本体容量五㎥規模のもの。家庭用として使いやすいお勧めサイズだ。これを直径一mのポリエチレンチューブを使って設置する。

バイオガスプラントの仕組み

ではバイオガスプラントの各部の役割と設置するときのポイントを説明しよう（図1）。

①発酵槽　この中で有機物が分解してガスと液肥を生産するプラントの

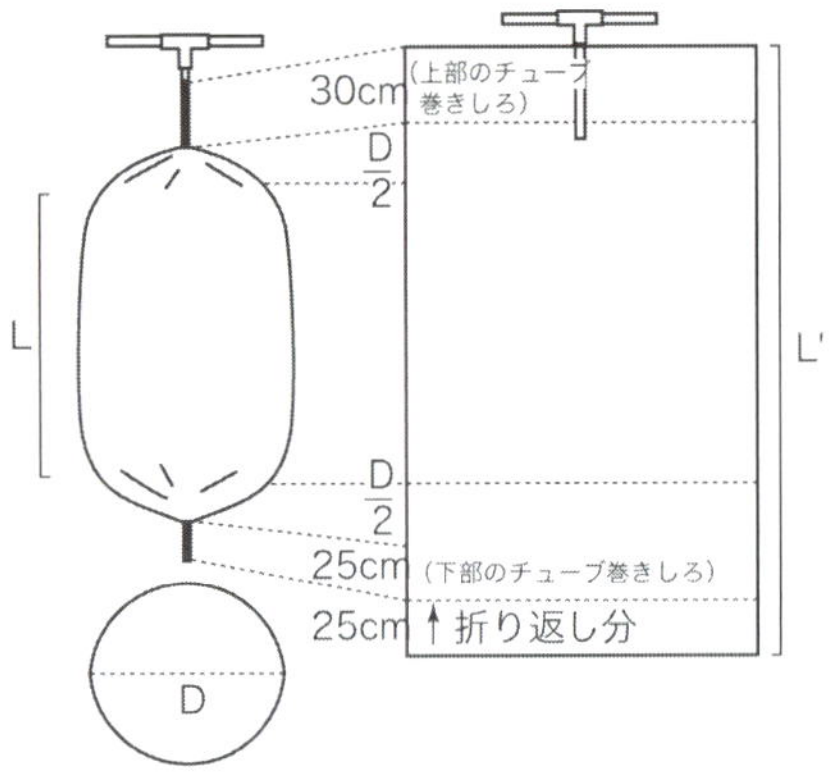

図5　ガス貯留袋のつくり方

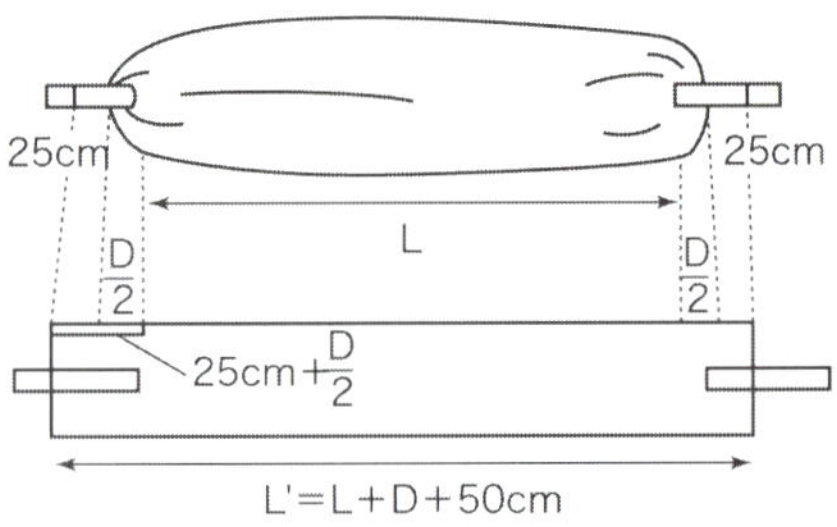

図3　ポリチューブの長さを求める

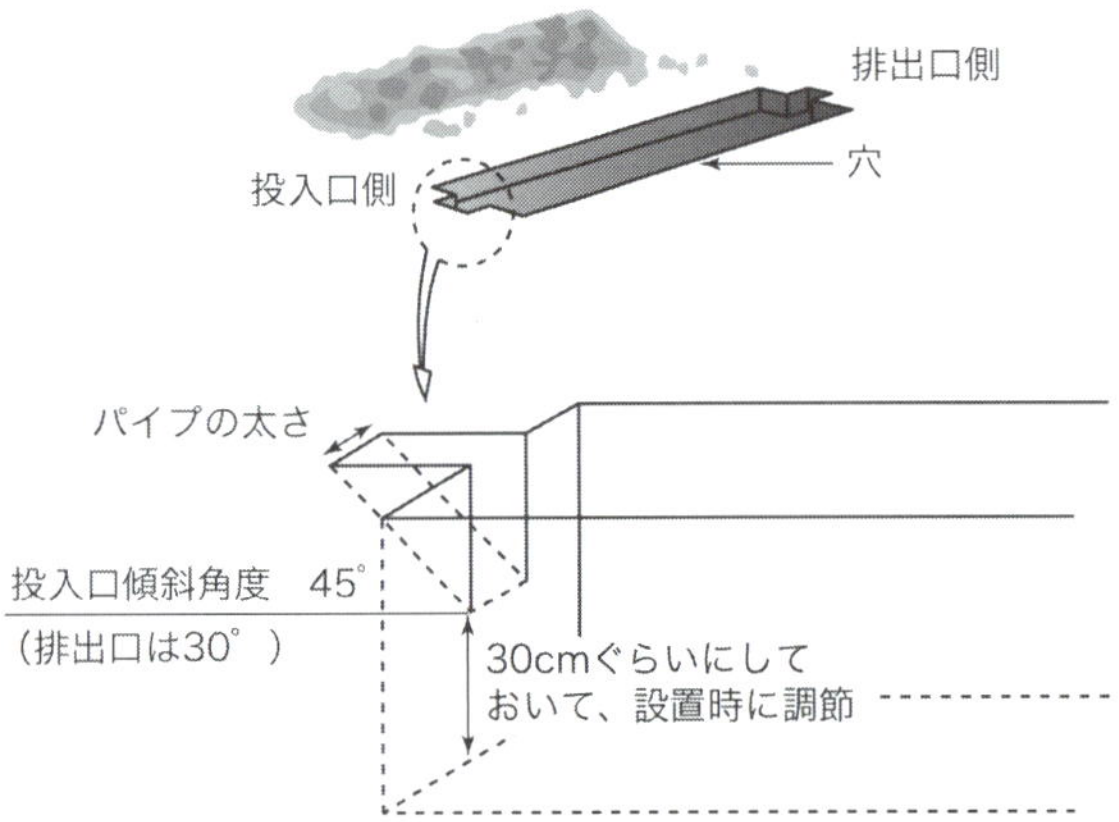

図6　発酵槽をはめ込む穴の両側に原料
投入口と液肥排出口の溝を設ける

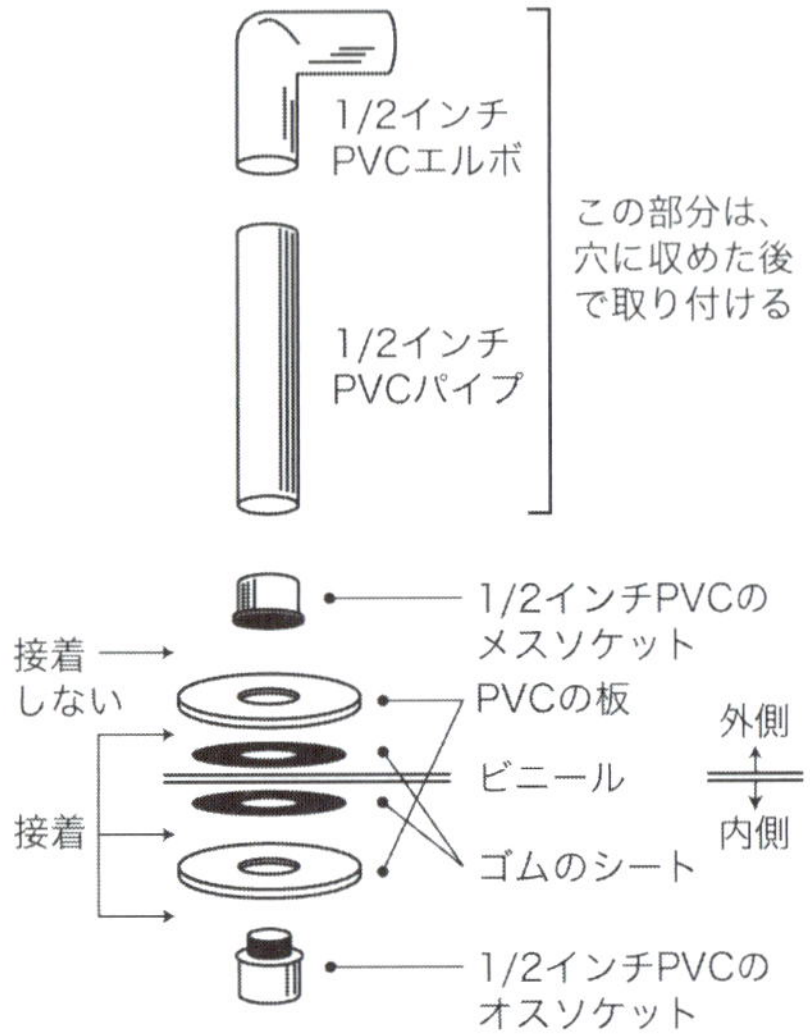

図4　ガスの取り出し口を取り付ける

＊PVC＝ポリ塩化ビニール（塩化ビニール、塩ビ）のこと。

中心部だ。筒状になったポリエチレン製のビニール袋を二重または三重にし、両側に原料投入と液肥の排出用パイプをつけてある（図3）。

②ガス取り出し口　発酵槽の上部投入口近くに設ける。発生したガスをここから取り出す（図4）。

③安全弁　発生したガスのせいでビニール発酵槽の中やガス貯留袋に高い圧力がかかると破裂損傷してしまう。そこで、一定以上の圧力になったら、ここから余分なガスが逃げるようにする（図2）。発酵槽を守ることが主目的なので、できるだけ発酵槽の近くに付けることが大切。

④ガス貯留袋　発生したガスを貯めるために、本体ビニールと同じものでつくる（図5）。雨風や日光を防げるところに置く。ガス貯留袋からのガスは利用機器が燃焼時にガスを吸引する力で送り出されていくので、貯留袋と利用機器はできるだけ近いほうが好ましい（一五m以内）。

⑤ガス利用機器　調理に使う場合、低圧力なので市販の調理用ガス台はそのままでは使えない。あらためて加圧するか、あるいは簡単な手製のバーナーをつくる。その他にガソリン発電機の燃料、ガス冷蔵庫などに利用できる。

バイオガスプラントの設置方法

1 発酵槽の設計、ビニールの大きさを決める

発酵槽を地面に穴を掘って埋める場合、穴の断面の形状は土質によって決める。粘土質でしっかりしている場合は壁面は垂直でもよいが、砂質土などでは法面の勾配をゆるくして土の崩れが起きないようにする。

また発酵槽上部にガスがたまる空間を考え、この部分は他の一辺の一割分の幅の余裕をもたせる。

今回の例では、穴の断面は垂直として幅・深さはそれぞれ〇・七八m、断面面積は〇・六㎡となる。発酵槽の穴の長さは、容量五㎥／断面積〇・六㎡で八・三mである。ポリチューブの全長は、この穴の長さに投入・排出パイプをつなぐ巻きしろ、折りしろの分一・五mを加え、九・八mとなる（図3）。

ポリの厚さは〇・一五㎜でよい。以前は三枚重ねて使っていたが、最近は二枚重ねでも耐久性に問題がないようだ。このチューブに、ガス取り出し口を付けた後（図4）、投入パイプ、排出パイプを両側につなぐ。短冊状に切ったタイヤチューブで漏れがないように全身の力でしっかりと巻き付け、最後に番線で絞めて固定する。

2 ガス貯留袋をつくる

ガス貯留袋は、一日に発生するガスを一気に使うのであればその分の容積が必要だが、日に二回使うのであれば容積は半分で済む。またガス冷蔵庫を連続して運転する場合、とろ火で十分なので、ほとんどガス貯留袋は必要ない。ここでは一日一回発電に使うと考えてみよう。

ガス発生量二・五㎥、ポリチューブ（直径一m）の断面積は〇・七九㎡、したがってガスが満杯になったときの貯留袋の長さは、三・二mとなる。そしてこれに必要なポリチューブの長さは、曲げしろ・折りしろの一・八mを加えて、五m（図5）。これを二重にして使うのである。両端を絞めるにはやはりタイヤチューブがよい。

3 穴を掘り、発酵槽を埋め込む

穴を正確に掘ることは、後々の運転に大きく影響するとても重要な作業なので丁寧に行なう。発酵槽本体が設計通りにピッタリおさまる大きさに掘れていないと発酵槽がしわになったりして体積が減るなど、期待通りのガス容量が得られなくなる。

掘削が終わったら、実際に掘られた穴の寸法が設計通りであったかを確認する。とくに底部が水平であることのチェックは念入りに行なう。投入口と排出口のパイプ用のみぞ穴も掘っておく（図6）。

穴掘りが完成したら発酵槽を穴にはめ込む。そのためにはあらかじめ発酵槽に空気を送り込み風船のように膨らませ、投入・排出パイプとガス取り出し口をテープか袋などで簡単に閉じておく。こうすればねじれや折れなしにきれいに掘った穴に収めることができる。

発酵槽全体が定まったら、投入・排出口がしっかり固定できるようにパイプ用のみぞ穴を調整してでき上がり。

運転を始める準備として発酵槽の三分の二くらい（投入・排出パイプの口が水面下になりすっかりふさがって、気密状態になる高さ）まで水を入れておく。

4 ガス配管する

ガス配管には3／4インチ径のホース（上水用ポリエチレンパイプ。PVCクリアチューブ等、手に入りやすいものでよい）を使う。

配管の注意事項としては、ホースが折れ曲がってガスの通りが悪くならないよう、曲がりをゆるやかにしたり、エルボー（九〇度曲がりつなぎ）などを使うようにすること。また、外気で冷やされたガス中の水蒸気が結露することがあるので、水が溜まってガスの流れに支障をきたすことがないよう、なめらかな勾配をつけて水が発酵槽や安全弁、ガス貯留袋に落ちるようにする。配管パイプのつなぎ部分は、締め金具、または針金などでしっかりとはずれないようにしておく。

5 種汚泥と原料を投入する

これで運転準備ができた。とはいっても用意したのはウツワだけで、肝心の中身はこれから。うまく発酵が進むためには、原料をよく分解させるメタン菌を多く含む「種」を原料と一緒にいれる。「種」は腐熟が進んだ家畜の糞溜め、堆肥汁溜め、下水溝などの底に沈んでいる黒い泥などが使える。

発酵槽容量五㎥に対して、五〇〇〜七五〇ℓを入れ、最後に牛糞、豚糞などを一日投入量くわえる。初めのガスはほとんどが二酸化炭素だが、徐々にメタン濃度が高くなる。メタンが六〇％を超えて青白い炎で燃え始めたら、原料投入を始める。五月から九月なら一〜二カ月で計画したガスが得られる。秋から春先は温度が低いので運転開始は避けたほうがいい。

（桑原 衛・バイオガスキャラバン事務局
TEL・FAX 〇四九三—七二—七九九一）

水の力で電気をつくる

水力発電

水力発電

水路を活かして超小型「ピコ」発電

一〇kW未満の発電なら電気事業法の手続きは不要

地球環境と地域環境の保全に役立つ点から小型水力発電がますます関心を集めています。

かつては、どんな小さな水力発電設備をつくるにも、各地方の経済産業局に書類の提出が必要で、運営にあたっては電気主任技術者をおかなければなりませんでした。しかし現在では、最大出力一〇kW未満（電圧六〇〇V以下）の小出力発電設備は「一般用電気工作物」という扱いで、電気主任技術者の設置義務や保安設備内容の届出などは必要ありません。設置にあたっての負担が大幅に軽減されています。

とくに山間奥地などに暮らす小型水力発電愛好家にとっては、長年の願いがかなえられたといってもよいでしょう。一〇kW未満という出力は、家庭の電力をまかなうには十分すぎる容量です。

一〇kW以上の水力発電になると「自家用電気工作物」となるので、従来と同様の手続きが必要です。容量が大きくなるほど設置コストも上昇します。ただ現在では、各地域の電気保安協会に、電気工作物の設置届出手続きや保安業務の代行委託ができるようになりました。

河川法による制約もほとんどないが…

では、河川法との関連はどうなのかと、心配される方もいるでしょう。河川法が適用される河川は、一級河川・二級河川・準用河川などですが、家庭で使う電気をまかなう程度の小さい水力発電設備を設置するのは、河川法が適用されない山間地の渓流や細い支流などの「普通河川」であることが一般的です。あるいは、そもそも河川と定義されない農業用水路、養魚場の池などは、すでに河川法による許可も申請済みなので、農家が自分の水田に水を引くための水路で小型水力発電を始めるような場合には、新たな申請などは必要ありません。

ただ、農業用水路の場合、近所のほかの農家との関係もあるでしょう。まずは県の河川課や、地元の土地改良区などに相談してみることです。

ピコ水力発電のための優れた発電機

国産のピコ水力発電装置誕生

従来、小型水力発電の呼び名として、最大出力一〇〇kW以下のものを「マイクロ水力発電」と呼んできましたが、そのなかでも最大出力一kW以下の超小型の場合を、最近は「ピコ水力発電」と呼ぶようになっています。

これまで日本のメーカーは、普及が見込めないこのレベルの発電装置の製作に消極的でした。しかし、つい最近、神鋼電機（株）が、「リッター」という出力〇・五kWの日本初のピコ水力発電装置を開発しました。名前のとおり、わずかな水（一秒間に数ℓルレベル）で発電できて、その電気をバッテリーにため込みながら、コントローラを介して効率的に使用できます。ふつうの四人家族一家庭分の電力をまかなうことができるので、山間部の農家などの個人住宅用にピッタリの装置です。

落差不要の潜水型発電機

海外では、以前からピコ水力発電装置が製作されてきましたが、その輸入も活発になってきました。たとえば、（株）イズミが輸入・販売する英国製の「アクエアーUW」。一般に水力発電をするには水量とともに落差が必要ですが、この装置は落差なしで発電できる「ゼロヘッド型」（潜

ピコ水力発電装置「リッター」のしくみ

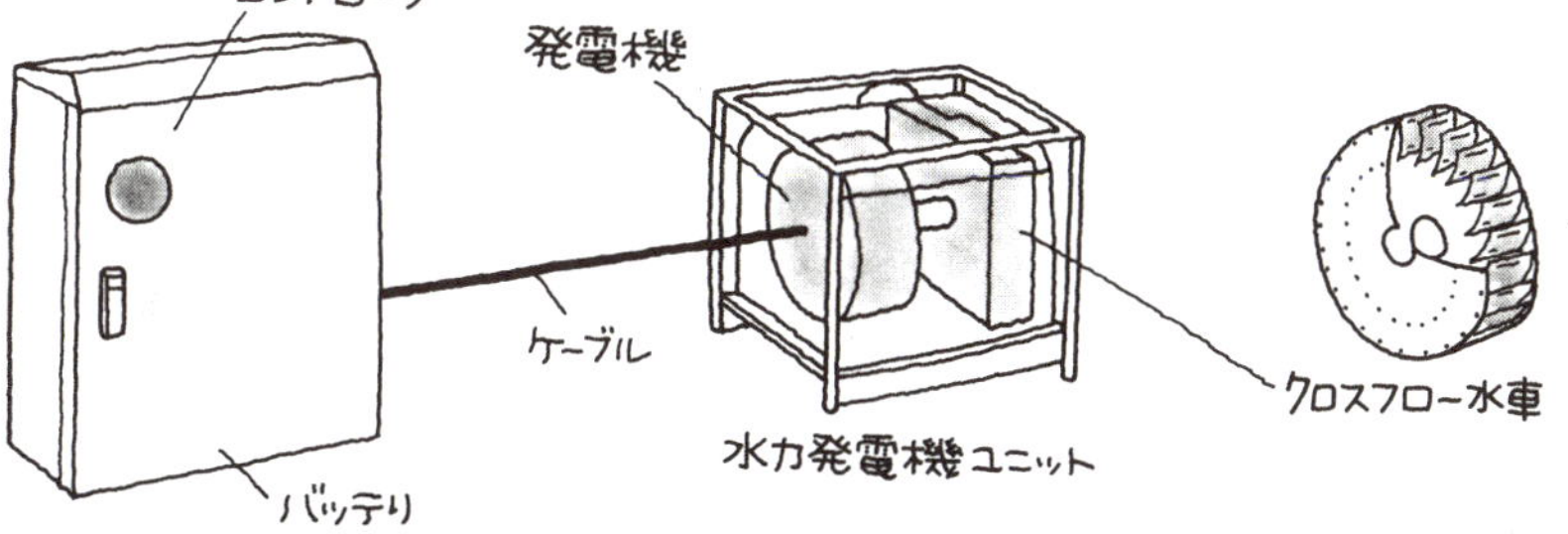
コントローラ
発電機
ケーブル
クロスフロー水車
水力発電機ユニット
バッテリ

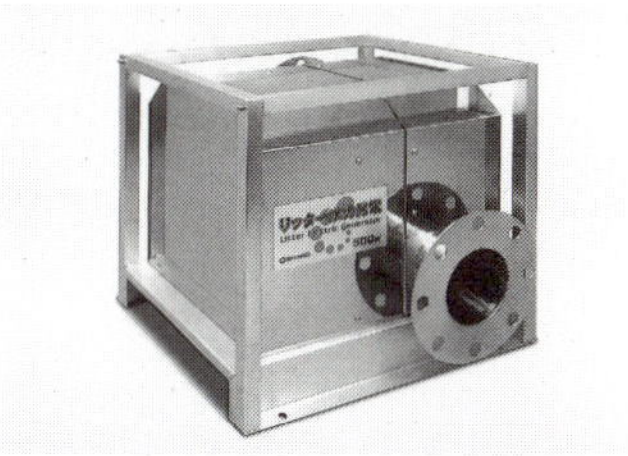

国産ピコ水力発電装置「リッター」の発電機ユニット。落差2〜10m、流量2〜10ℓ／秒で最大出力0.5kw（交流100V）。価格はコントローラー・バッテリーを含めて98万円程度。最大出力1kwタイプは145万円程度。製造・販売／神鋼電気(株)

落差不要の潜水型発電機「アクエアー UW」。プロペラの直径は31.2cm、全長36.7cmとコンパクト。最大出力0.1kw（直流12V、24V）。価格は本体のみで20万円程度。販売代理店／(株)イズミ(http://www.izumicorp.co.jp)

水力発電装置の設置の仕方

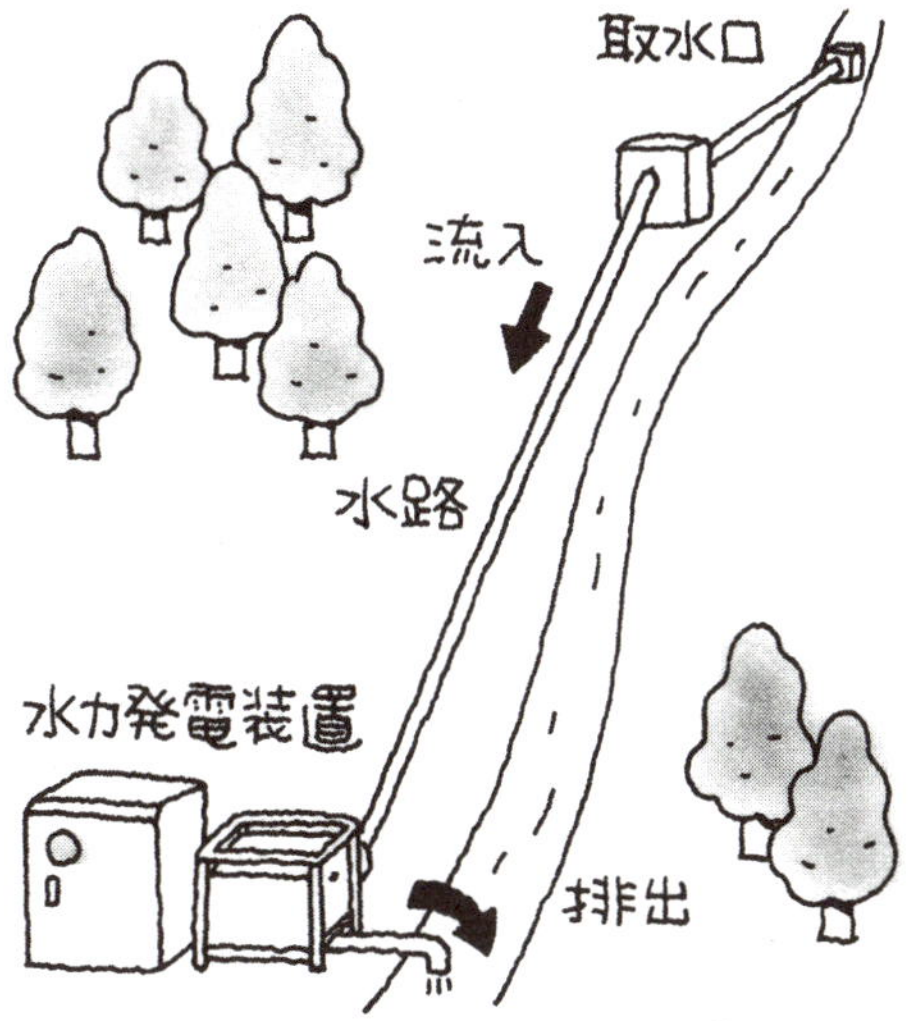
取水口
流入
水路
水力発電装置
排出

水型）」の発電装置です。川や用水路のような水の流れさえあれば発電できるので、水流発電機とも呼ばれています。プロペラの付いた発電装置自体を水に漬け込み、プロペラと直結した永久磁石発電機が発電する珍しいタイプです。

農山村に眠る無限に再生可能なエネルギー

超小型とはいえ、水力発電は水のある限り二四時間発電できることが大きな利点です。日中しか発電できない太陽光発電や、風が吹いている間しか発電できない風力発電とくらべて優れている点でもあります。それゆえ電力会社にとっても脅威であり、ほかの自然エネルギーと比べてこれまで冷遇されてきた一因ともなってきました。

ピコクラスの水力発電装置の設置は、技術的にも難しくありません。電気事業法の制約が解消しているのも前述のとおりです。水や森などの自然を大切にする発電で、二酸化炭素も排出しません。無限に再生可能な自然エネルギーの活用法です。とくに豊かな水と土地の起伏に恵まれた中山間地の農山村にとっては、導入の余地が大いにあります。

（千矢博通・小水力利用推進協議会理事）

家畜と暮らす ①

ニワトリを飼う

養鶏

自給養鶏のすすめ

エサは生ゴミを利用

生きものを飼うなら、まずはニワトリが一番です。手間いらずで丈夫、世代を交代しながら命の姿を見せてくれます。農村ですら声がうるさいというようでは、世も末です。新たに鳴かないニワトリをつくり出そうと思うこの頃です。

ニワトリ小屋も手づくりで

最高の卵をつくるなら、自給養鶏に限ります。

・飼う羽数の目安　家族の人数に合わせて、四人家族で四羽です。

・小屋の広さ　一羽五〇㎠で、四羽なら一m×二m。昼間外で遊べるように二坪でもネットで囲って出してやりたいです。

・つくり方　片側を家に寄り掛けて、軒下につくれば簡単です。三面金網です。下から三〇cmは板で張ります。ニワトリも落ち着き、犬にねらわれる危険も半減します。屋根はトタンでいいのですが、暗い場所なら透明なものにします。止まり木は低くていいですから必ずつけます。産卵箱もつくってスミに置きます。床は地面のままで、落ち葉や草やワラなどを敷きます。湿気た場所なら米ヌカをまいて土と混ぜておきます。乾いたら水を加え、ふんと混ざって熱が出ているようにします。

ヒナが来たら二週間は保温 エサはクズ米からスタート

・ヒナの購入方法　ヒナはふ卵場に行けば何羽からでも買えます。県の畜産試験場で払い下げてくれる場合もあります。ニワトリの種類はロードアイランドレッド系が無難です。

・ヒナの飼い方　ヒナが来たらダンボールの箱に入れます。上部はガラスにして、中が見えるようにします。上から笠をつけたヒヨコ電球を吊るして保温します。寒いとピィピィ悲しい声で鳴いて親を捜します。適温（三五℃）なら平たくなってよく眠ります。二週間で保温を終わります。その後二週間程度は箱の中で飼います。

・ヒナのエサ　エサは初めから成鶏と同じ粗飼料にします。成育はかなり遅れますが、結局追いついて、六～七年は産卵してくれます。一週目はクズ米を中心にふんだんに与えます。二週目に入ったら朝晩二回にして、食べつくす量だけ与えます。

エサは家庭残飯がよい

自給養鶏のエサは、家庭残飯が原則です。草は必ず与えます。

・古い残飯をエサに使う方法　古くなった油や味噌汁の残りをうまく利用するには、米ヌカを一袋に水五ℓ混ぜて熱を出し、ここに加えていきます。魚屋でアラをもらって入れたり、コーヒー粕など何でも米ヌカに入れてから利用するとよく食べます。豆腐屋でオカラがもらえたら、暖かいうちに米ヌカ、黒砂糖、ミルミルを加えながら密封します。ポリバケツに黒のビニール袋を入れて詰め込み、使ったら空気に触れないように、ビニールで覆っておきます。

その気になって探すと、エサになるものがゴミとして捨てられているのが眼につきます。ソバ屋のダシ粕、クズパン、野菜クズ。使わなければ燃やされて毒になって降ってきます。もらいに行くのは気が引けますが、お金を払って捨てるものですから、頼めば喜ばれます。一般的な飼い方のニワトリに比べて産卵は少ないです。少ないからいい卵なのです。

最後は食べてあげる

できればですが、最後には食べてあげるのが一番のやり方です。ありがたく、感謝していただきたいものです。食物はすべて生命をいただいているという事実を感じることができます。

（笹村　出）

笹村さんの飼い方の工夫

（写真は二連棟ハウスのもの）

笹村出さん、カヨ子さんご夫妻。

●エサのやり方

エサを与える笹村さん。鶏舎にはエサ箱はなく、エサは直接、床にまいてしまう。

●与えているエサと、エサの配合表

エサは米ヌカ中心の好気性発酵飼料（米ヌカ以外にアンズ、炭、海草、麦飯石、カキ殻などと、魚のアラ、みかん粕、お茶粕などを混ぜる）と、オカラ中心の嫌気性発酵飼料を混ぜたもの。その他に草やクズ米も与える。

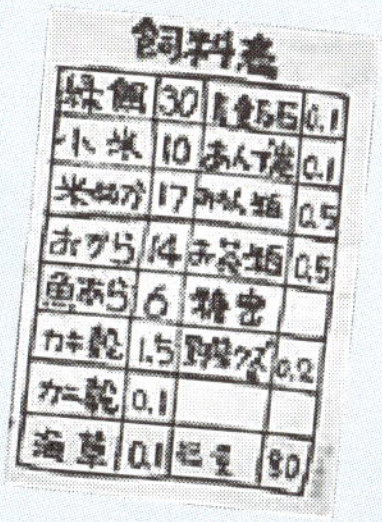

飼料表

緑餌	30	麦飯石	0.1
小米	10	あんず炭	0.1
米ぬか	17	みかん粕	0.5
おから	14	お茶粕	0.5
魚あら	6	糖蜜	
カキ殻	1.5	野菜クズ	0.2
カニ殻	0.1		
海草	0.1	総量	90

●飲み水の工夫

鶏舎のすぐわきに3㎥のタンクを埋め込み、そこに雨水を集める。タンクの中には石や炭、カキ殻などを吊り下げ、ばっ気している。この水を鶏舎内にパイプで引き込み、ニワトリが自由に飲めるようにしている。

●産卵箱

産卵箱は木の箱に。ニワトリに安心して産卵してもらうため出入口に目隠しをつける。

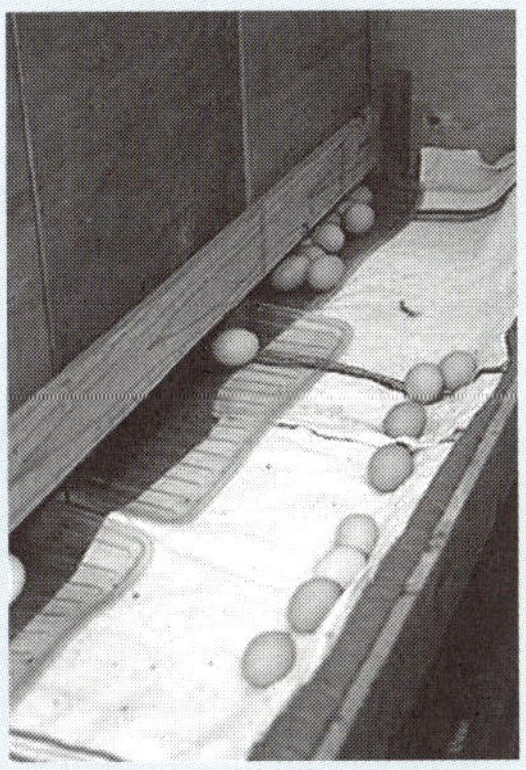

産卵箱は入口から奥に向かってなだらかな傾斜がついており、外に転がり出るようにしている。また、車のマットを敷いていて、汚れても洗えるようにしている。

●床の管理のしかた

床の乾きすぎは不健康のもと。雨が降るとハウスの肩を開けて、床に雨を当てるようにしている。すると水分が補給されて床が発酵する。鶏舎の床は弾力があり、ふかふか。成鶏舎部分の35坪に、20a分のイナワラが入っている。20cm以上の厚さの敷料。

家畜と暮らす ②

ミツバチを飼う

日本ミツバチの魅力

日本在来種の絶妙な「たれミツ」を味わう

養蜂

明治時代以降、あらゆる面において経済性、効率性が追求されてきた。養蜂もその例に漏れなかった。品種改良された西洋ミツバチが相応の飼育書とともに日本に導入され、専用の養蜂器具類がもてはやされる中、それらに適さない日本ミツバチはどんどんボイコットされていった。今でこそ、両種にはかなり性質の違いがあり、どちらが優れているなどと比べられるものではないことは理解されてきたが、この一〇〇年近く、日本ミツバチは、最初の「勘違い」から、言われなき劣性の烙印を押され続けてきたのである。ここでいくつか汚名挽回のため日本ミツバチならではの特徴を紹介してみることにする。

病気に強い、寒さに強い！ 在来種ゆえの大きな適応力

①西洋ミツバチが罹る法定伝染病であるアメリカ腐蛆《ふそ》病や、チョーク病などに強い耐病性がある。

②同じく西洋ミツバチが大きな被害を受けるダニによる奇形病がおきない。

③強い耐寒性をもっている。寒地や高冷地でも冬越しが西洋ミツバチ

攻撃力は西洋ミツバチより弱く、滅多に刺さない。

甘み以外に酸味や複雑な香りもあって、うまみが口の中で幾重にも広がる。料理の隠し味などに。

日本ニホンミツバチは冬から春にかけて太陽を吸収しやすいように黒い色が濃くなる。だから寒さにも強い。暖かくなると西洋ミツバチに似た色になる。

より簡単である。

④西洋ミツバチでは生理的に活動できない一〇℃以下の気温でも、必要に応じては野外活動を行なえる。

⑤西洋ミツバチでは、皆殺しにあうこともしばしばあるオオスズメバチに対し、巧みな反撃能力をもっている。

⑥女王蜂の生まれる「王台」という特別室が、西洋ミツバチと違い巣の下部端にのみつくられるので、女王の管理がしやすい。

⑦西洋ミツバチよりも敏捷で、狭いところでも小回りが利くので、ハウス栽培物の受粉に向いている。

⑧西洋ミツバチを管理する場合、おとなしくさせるため必ずといっていいほど「くん煙器」を使用するが、日本ミツバチでは必要としない。

⑨もし刺されてもあまり強い痛みはないし、長く腫れない。また西洋ミツバチほど集団的攻撃性は少ない。

⑩西洋ミツバチに比較して、捕獲しやすいところに分封群が留まる。またキンリョウヘンというランの花で誘引し、自然のハチ群を無償で確保できる（ただし開花期のみ）。

このように驚くべき能力や有用性を秘めていると言えるのである。これらの利点を日本ミツバチから引き出すためには、彼らにとってどういう巣箱が快適で、またどういう対応を望んでいるかを理解することだ。巣箱のつくり方はいくつかあるが、どれも意外と簡単である。

日本ミツバチを誘うキンリョウヘンの花。中国南部原産のランの一種.。

日本ミツバチを飼うコツ

①巣箱の材料の板は、少し重くなるが一八〜二三㎜くらいの厚手のものとすると、温度変化が少なくて、ハチの居着きがよい。

②直射日光が巣箱に当たるのは朝早くか夕方だけになるよう、ヨシズを張ったり、巣箱の上に大きめのトタン屋根をかぶせる。巣箱とト

西洋ミツバチ用の半分の大きさの巣枠を使う日本ミツバチ用巣箱を考案。小さいので扱いやすい。

日本ミツバチは自然巣でしか飼えないと思っている人が多いが、単枠式巣箱でも飼える。

タン屋根の間には発泡スチロールを敷いておくと、熱の伝わりを止められる。

③巣箱の中を長時間開放するとほかのハチ群が匂いで寄って、喧嘩をするもとになる。巣箱の中の観察は必要最小限とするが、西洋ミツバチほど点検する項目は多くない。夕方五時以降、日没までの短い時間がいちばんハチ群を騒がせたり、逃がしたりしないで済むゴールデンタイムだ。

④巣を食い荒らすハチノスツヅリガの幼虫（巣ムシ）の大発生を防ぐには、いわゆる「継箱」（重箱）を二段にし、ハチはその上段部のみで飼い、下段は空のまま地面に少し埋めておくやり方がある（下図）。つまり巣の中に「土間」をつくって、そこに巣屑を落とすというやり方だ。下に落ちた巣屑はバクテリアや小昆虫に分解されて土に返る。高温時に巣屑の中で大発生する巣ムシもその場所を失い、抑えることができる。巣箱の中につくる小さな生態系を利用したやり方である。

⑤ハチミツは、ハチ群が弱ってしまうほど奪い取るべきではない。自分たちのエネルギーや巣づくりの材料として本来失っていただろうハチミツをその分だけ、巣箱などを用意してあげたお礼にいただく、というものなのである。

⑥日本ミツバチは、巣の環境や扱われ方が気に入らないと群をあげて逃げ出すタイプのハチである（西洋ミツバチは死ぬまで巣を捨てようとしない）。日本ミツバチは強制していうことをきかせることはできない。主と従の関係は成り立たないのだ。共存共栄が基本であり、そういう意味で、真の生態系養蜂と呼ぶにふさわしい。

風味を楽しむ料理の隠し味に

明治時代までの日本人は、大きく分けて二種類の用途をハチミツに求めていた。もちろん、どちらも日本ミツバチから生産されるものだが、一つは「搾りミツ」という。これは巣を丸ごと、つまりハチミツ以外に花粉やハチの子、ローヤルゼリーも含んでいるものをあまり選別もせず、圧搾し、そのトータルのエキスとして濁った複雑きわまりない味のハチミツとなるものである。また時期によっては水分も異なり、ハチの子のいないときや花粉量の少ないこともあり、その家や地域のしきたりによっても味わいの違いが大きく出てくる。

底板のない巣箱で巣ムシを抑える工夫

直射日光が巣箱に当たるのを防ぐ。巣門部以外を麻袋などで覆うと、ハチ群が逃げ出さなくなる。

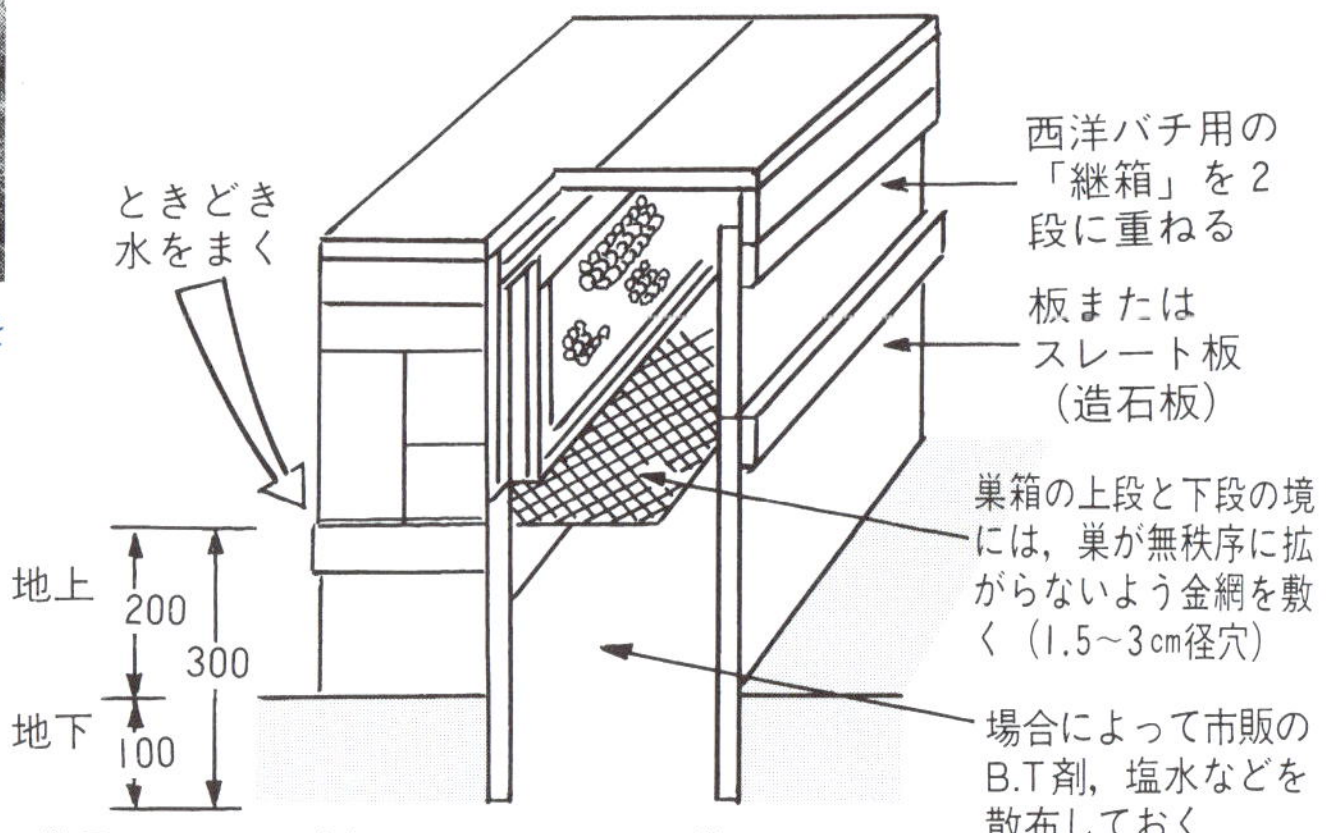
ときどき
水をまく
西洋バチ用の
「継箱」を２
段に重ねる
板または
スレート板
（造石板）
巣箱の上段と下段の境には，巣が無秩序に拡がらないよう金網を敷く（1.5～3cm径穴）
場合によって市販のB.T剤，塩水などを散布しておく
地上
200
300
地下
100

＊巣屑をそのまま自然にかえすことで，巣ムシの発生を抑えられる。地面から巣までの高さは自由にとれる

　しかし日本ミツバチのハチミツは水分やタンパク質の多い場合には発酵して保存が難しいし（加熱して発酵を止めることはできる）、味わいの微妙な料理には不向きなことは確かだ。これに対し、「たれミツ」という名のハチミツがある。奈良、平安時代には公家たちが好んで利用し、また上納された記録があるハチミツである。

　これはザルなどに切り取ってきたハチの巣をそのままのせ、軽く崩すだけに留めて放置していると、お酒の雫のごとくミツがしたたり落ちてくる。これを受け皿に溜めたのが「たれミツ」だ。花粉やハチの子のエキス成分などはほとんど混入しないので、透明度があり、甘味料として一級品の扱いを受けてきたらしい。しかしこの「たれミツ」も、西洋ミツバチのミツとは、同じ時期、同じ養蜂場に両種を住まわせていても、味に歴然とした違いを見せる。

　西洋ミツバチのハチミツはボリュームとパワーがあるが、うまみは少なめで、口の中で単一の味として感じる。これに対し、日本ミツバチのそれは微妙な発酵臭を含む繊細かつ膨らみのあるもので、うまみが口の中で幾重にも広がるもの、と言えるかもしれない。

　いずれにせよ、神代の時代から日本人の食卓に登っているもので、日本人の体質にも合っていると思う。すべての甘味を、日本ミツバチのハチミツにする必要は毛頭ないが、少量でよいから、ぜひ料理の仕上げに隠し味などにふりこんでみていただきたい。思いがけない効果を発揮すること、請け合いである。

在来種は地域の宝

　西洋ミツバチがストレスを内に溜めるタイプ（我慢する）のために、今、ダニの薬剤抵抗性の問題や腐蛆病の問題が発生しているのだとも言える。問題が先送りされず、そのつど飼い方、付き合い方が即態度や状態に現れる日本ミツバチは、われわれを謙虚な気持ちにさせる貴重な「鏡」とも言える。さらには心のオアシスとも思えてくるのだ。

　この特別な、不思議と心惹かれる生き物。しかも、日本在来種という太古の昔からの大切な、かけがえのない「日本の宝」である日本ミツバチを皆さんの庭先で飼ってみることを私はお勧めしたい。

（藤原誠太・日本在来種ミツバチの会会長
岩手県盛岡市若園町三―一〇
藤原養蜂場内
TEL〇一九―六二四―三〇〇一）

リンゴ箱に営巣した日本ミツバチの自然巣。

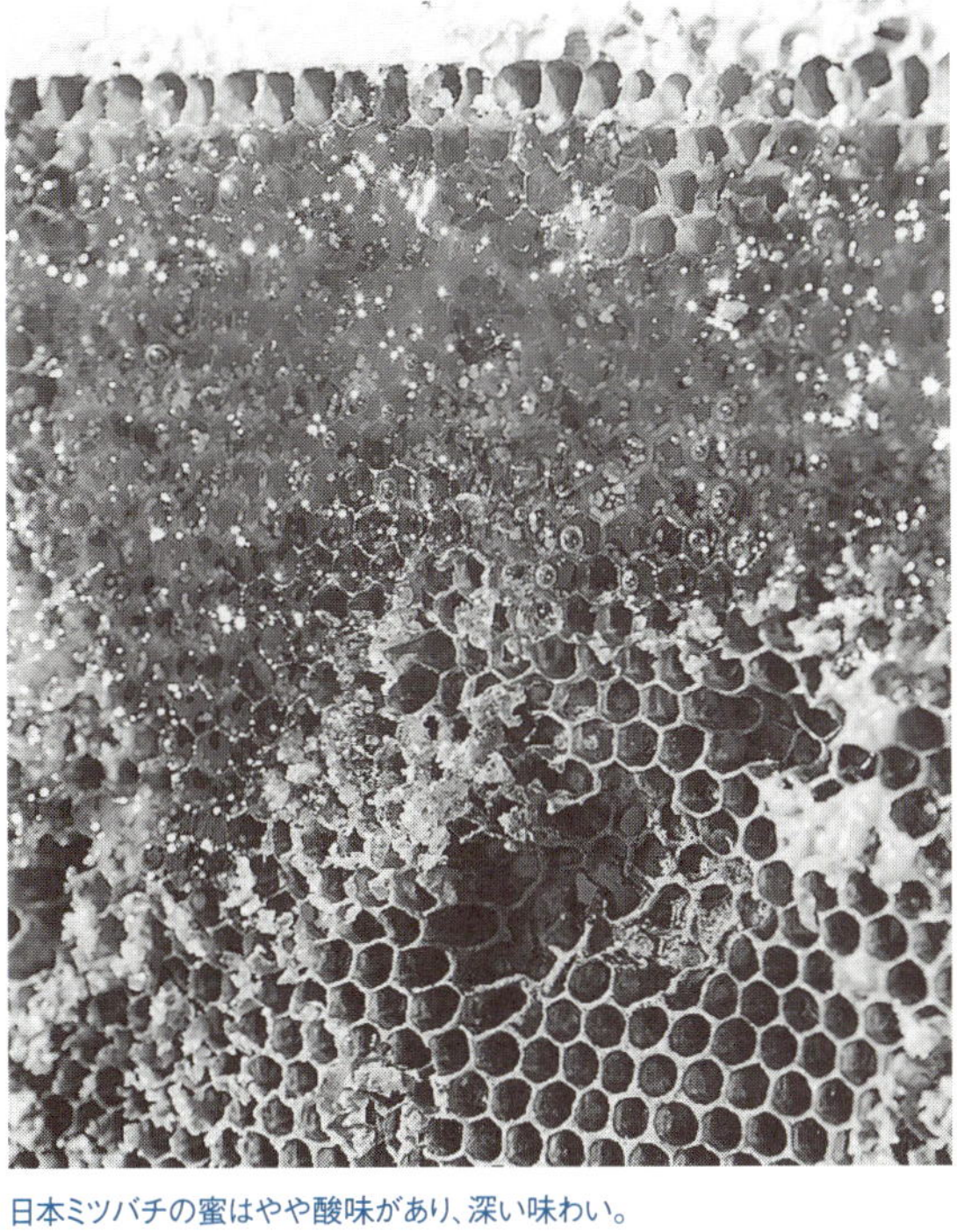

日本ミツバチの蜜はやや酸味があり、深い味わい。

家畜と暮らす ③

ヤギを飼う

簡単飼育で一日三升の乳

エサ・お産・丈夫に育てるポイント

牧畜

ヤギを飼ってみたい――そう思っている方もおられると思います。一頭飼うだけで、毎日三升程度の新鮮なヤギ乳が飲めます。飼い方もポイントさえ押さえれば簡単です。

エサは野草や野菜クズ

乳を出している間は、乳として多量の養分をとられるので、ヨモギやワラ、干し草などの粗飼料を十分与え、夏は放牧などで自由採食させます。ただ、クローバーなどの発酵しやすい青草は春先急に与えすぎると、鼓脹症[*1]を起こすことがあります。

灌木はヤギが好んで食べます。カキ、クリ、ナラ、カシ、ハギなどの小枝を与えるのもよいでしょう。粗飼料を補う飼料として米、トウモロコシなどの濃厚飼料、カルシウム、食塩を与えます。小屋の内外を清潔にして、敷料の補充、運動、全身のブラシかけは毎日行なってください。

秋は食欲の盛んな時期ですから青草、サツマイモ、大根葉などを十分に与えてヤギに栄養をつけさせます。発情がくるのもこの時期です。種付けして三週間後に発情がなければ受胎したとみてよいです。秋の粗飼料の豊富な時期に、冬の分を準備しておきます。妊娠二カ月くらい経つと、乳量も減ってきて、与えた餌が母体への栄養分、胎児の発育、分娩後のお乳を出すための栄養にまわります。

ヤギは案外寒さに強い動物ですが、冬のすき間風は避けましょう。小屋の周囲をワラやコモで囲い、床にワラなどの敷料を十分に入れます。分娩二カ月前になったら乾乳(搾乳を休む)します。

ヤギのお産

胎児は急速に成長するので、胎児の発育に必要なタンパク質、骨をつくるカルシウムは絶対に欠かせません。ヤギの妊娠期間は一五二日。分娩前十日頃から、サイレージ[*2]と濃厚飼料は徐々に少なくして、分娩前二、三日は粗飼料のみとします。妊娠後期の強い運動は禁物ですが、軽い運動は安産のためにも必要です。

分娩の際は毎日管理をしている人が助産にあたり、ヤギの神経を興奮させないように気を付けます。

分娩が近づくと、ヤギは不安な様子をして盛んに鳴き出し、やがて陣痛が始まります。正常な分娩の場合、両前肢をそろえて、これに鼻端をのせて出てきます。分娩の所要時間は、普通の場合は二～三〇分、二子以上の時は一〇～二〇分の間隔をおいて生まれます。

へその緒は基部を指で固定し、へその緒内の血液を押しだし、二～三センチのところで切って、消毒します。後産は二時間くらいで出てくるので、母ヤギに食べられないように片付けます。母ヤギには食塩とフスマをまぜたお湯と、良質の飼料を与えて、安静にしてやります。分娩後七日で体力は回復するので、少しずつ飼料を増やしてやります。

分娩後、最初の搾乳は三～四時間経って行ない、子ヤギに初乳を飲ませます。初乳は子ヤギの胎便の排出と免疫を獲得するのに絶対に欠かせないものなので、数日間は必ず飲ませるようにします。

病気にかけない八つのポイント

①日射病・熱射病――夏の炎天下の放牧や運動、蒸し暑い舎内飼いが原因で起こります。木陰で遊ばせたり、舎内の風通しを工夫します。

②最大の敵・腰麻痺――腰麻痺は八～九月に発生する病気で、蚊が媒介します。突然、テンカンのような症状で倒れ、運動障害や頭や首の自由が効かなくなります。予防としては舎内に蚊が入らないよう

*1 胃や腸にガスがたまってお腹が張る病気
*2 牧草を発酵させたエサ

乳のしぼり方

搾乳台

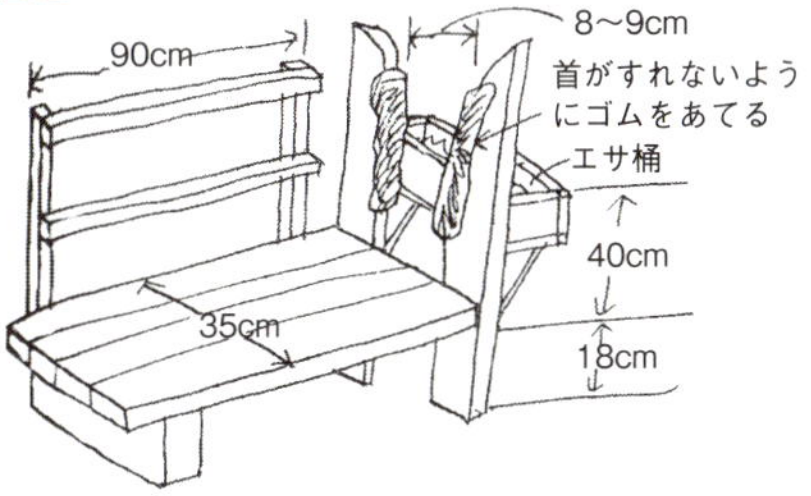
90cm
8〜9cm
首がすれないようにゴムをあてる
エサ桶
40cm
35cm
18cm

しぼる時の手順

台にヤギを乗せたら、乳房と両手を洗い、腰かけてしぼる。乳量が少ないときは1日1回、多いときは3回に分ける。

①まず親指と人差し指で、乳頭の根本をかたく握る。

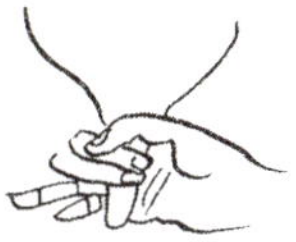

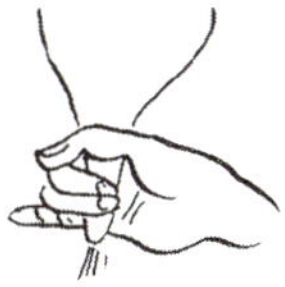

②順次、中指→薬指と握っていく。

③上から順次握りしめていくが、上の指の力を緩めない。

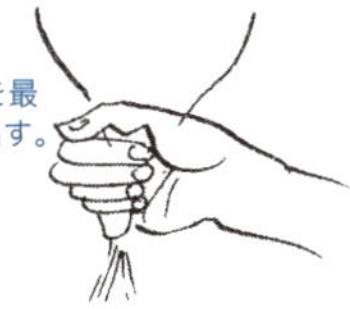

④乳頭の中にある乳を最後は小指でしぼり出す。これを繰り返す。

（協力／榎本岩郎）

小屋のつくり方

ヤギは高い所に登るのが好き。台をつくってやればよい運動場になる。

ヤギの小屋の広さは1頭につき、最低幅75cm、長さ120cmあればよい。納屋を改造すれば、十分飼える。

ヤギのエサ

好きなエサ

野菜くず
アザミ
くず米
米ヌカ
イネ科
マメ科
イモツル
ジャガイモ
カブ類

ヤギは粗食に耐えるし、なんでもよく食べる。毒草などは敏感にかぎわけて食べるので、草を刈るときに選んで刈る必要はない。雨に濡れたエサを与えると、鼓脹症になりやすいので注意。

にし、予防注射をしておきます。

③ヤギの糞はコロコロしていますが、軟便や塊の糞の時は要注意。寄生虫に感染していることがあります。年に三回は定期的に駆虫をします。

④カルシウム、食塩は骨をつくるのに欠かせないものです。不足すると、足をひきずったり、骨折をおこしやすくなります。

⑤腐敗したサツマイモ、新芽の出たジャガイモ、毒草などは中毒の原因となります。

⑥飼料の急激な変化を避けます。春先に青草に切り替えるときは少しずつ行ないます。

⑦カビの生えた飼料、霜をうけたサツマツル、春先のレンゲ、クローバー、マメ科の生草の多給は、急性鼓脹症の原因になります。

⑧哺乳中の子ヤギの下痢は、温度の低い乳か腐敗した乳を飲んだときに起こりやすいです。

（黒沢 勉・長野種畜牧場）

※子ヤギの入手先については、地方自治体の畜産課や家畜保健衛生所、農業改良普及センター、農協などにご相談ください。

「暮らし術」を楽しむ、もっと広げる

おすすめの本

掃除をより快適に

自然流「せっけん」読本

森田光徳著
1171円＋税

安全性、洗浄力、値段…合成洗剤と石けんとを総比較し、人と自然に優しい洗たく、洗浄術を指南。

現代農業特選シリーズ DVDでもっとわかる2
田畑でも台所でも大活躍

えひめＡＩの作り方・使い方

農文協編
1800円＋税

納豆・ヨーグルト・イースト・砂糖でつくれる簡単発酵液。台所やトイレの消臭、菜園の病害虫予防にも使える。

住む。24号（2008年2月冬号）

特集：直して住む／小特集：掃除のすすめ
1143円＋税

昭和の掃除術に学ぶこと（小泉和子さん）／掃除機を知る・選ぶ／聞き書き・おばあちゃんの大掃除／ほか。

自然なもので健康づくり

農家が教える 健康の知恵

農文協編
1200円＋税

薬草茶に薬草風呂、貼り薬に飲み薬。風邪やケガから慢性病まで。身近な草木や食べ物を活かす。

図解 よもぎ健康法

大城築著
1219円＋税

身近なよもぎを飲食、香衣寝浴に用いて健康に。美肌・便秘解消からアレルギー・生活習慣病予防まで使い方を図解。

別冊 現代農業 2007年3月号

体がよろこぶ健康術

農文協編
1143円＋税

日常食としての薬膳、からだにいい野草図鑑など、月刊『現代農業』で好評だった健やかに暮らすわざを特集。

野山・里山・竹林 楽しむ、活かす

農文協編
1200円＋税
採る、育てる、活かす、楽しむ「山の恵みを使いながら山を守ってきた」暮らしの知恵が満載。

大地の薬箱 食べる薬草事典

村上光太郎
2000円＋税
食卓にいつも野草を！おいしく食べて健康になれる薬草料理・薬酒・薬草酵母・薬草茶を満載。

庭を「自給」の場に

家庭でつくる生ごみ堆肥

藤原俊六郎監修／農文協編
1333円＋税

台所・ベランダ・庭先で悪臭・虫を抑えつつ減量！パック、発泡スチロール箱、バケツなどでのつくり方と使い方。

図解 ベランダ・庭先でコンパクト堆肥

藤原俊六郎・加藤哲郎著
1219円＋税
臭わない、汚れない—バケツでもできる落葉、生ゴミ、枯れ草などを使った都会派堆肥づくり。

身近な素材でつくる ボカシ肥・発酵肥料

農文協編
1800円＋税
捨てればごみでも発酵させれば貴重なボカシ肥・発酵肥料、堆肥に。魚腸木酢、天恵緑汁、簡易なバイオガス利用も収録。

食農教育 2008年11月号

特集：落ち葉を生かせ！
—焼きイモから堆肥、アートまで
農文協編
762円＋税

それでも落ち葉を捨ててますか？／焼きイモづくり／校庭の落ち葉で堆肥づくり／落ち葉でサンタを描こう／ほか。

土・作物を変える不思議パワー

炭 とことん活用読本

農文協編
1400円＋税
炭の不思議パワー、その農業や暮らしへの活用法、上手な炭やき法など、炭の魅力と実力を紹介。

つくってあそぼう19

火と炭の絵本 火おこし編

杉浦銀治編／竹内通雅絵
2500円＋税

人と火の歴史から火打ち石・摩擦法での火おこし、たき火、竹あんどんにたいまつづくりまでをイラストに。

つくってあそぼう20

火と炭の絵本 炭焼き編

杉浦銀治編／竹内通雅絵
2500円＋税
火が長持ちし煙が出ない炭。ドラム缶窯に挑戦し、日本の森を育てた炭の文化を考えよう。

竹炭・竹酢液のつくり方と使い方

池嶋庸元著／岸本定吉監修
1714円＋税
木炭・木酢液にはない、不思議な力を持つ竹炭・竹酢液で、竹林を資源にかえる。快適な居住空間づくり、健康増進なども。

虫や小動物に困ったら

おもしろ生態とかしこい防ぎ方

カラス

杉田昭栄著
1571円＋税

賢いゆえに「怖さも知る」鳥・カラス。その弱点を、農村で、町中でうまく衝いて被害を防ぐ。

おもしろ生態とかしこい防ぎ方

ハクビシン・アライグマ

古谷益朗著
1500円＋税
夜行性で木登り上手、屋内をねぐらに側溝を移動…よく似た害獣を緒に防げる被害対策の実際。

自然の身近な住まいに

石窯のつくり方楽しみ方
須藤章・岡佳子著
1619円＋税

鍋や植木鉢利用の簡単石窯からレンガ窯まで図解。レシピもパンからピザ、燻製、ほうとうまで充実。

山で暮らす　愉しみと基本の技術
大内正伸著
2600円＋税

木の伐採と造材、石垣積み、水路の補修、囲炉裏の再生など山暮らしで本当に必要な技を図解。

火のある暮らしのはじめ方
薪炭利用キャンペーン実行委員会編
1429円＋税
調理や暖房などで薪炭を活用する実践事例から、火のある暮らしの豊かさやはじめ方を解説する。

あなたにもできる
住まいのエコ・リフォーム
浅生忠克著
1333円＋税
障子・襖の張り替え、壁・床のリフォーム、エコ畳、網戸、床下まで作業の実際を解説。エコ素材入手先一覧付。

別冊うかたま
木の家リフォームを勉強する本
「木の家リフォーム」プロジェクト編
1800円＋税
これからのリフォームの標準がここに。「住宅医」の診断をもとに安心・納得の住まいを。

これなら誰でもできる
日本の杉で小さなお家《うち》
後藤雅浩著
1850円＋税

素人でも女性でも気軽にプラモデル感覚でできる著者が開発したセルフビルドの小さな家づくり。

都会でできる
雨、太陽、緑を活かす小さな家
中臣昌広著
1700円＋税
敷地17坪の狭小住宅。太陽光発電に雨水利用、緑のカーテンで省エネ&自給を楽しむ暮らし。

伝統技法で茅葺き小屋を建ててみた
原田紀子著
1600円＋税
コンクリも鉄骨もない本当の日本の家。三坪小屋なら一〇〇%伝統工法でOK。職人探しから竣工まで。

住む。28号（2009年2月冬号）
特集：土間の効用、火のある場。
1143円＋税

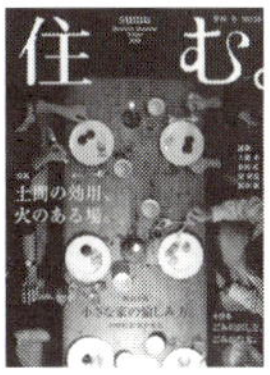

山里の暮らしに、囲炉裏のある通り土間／土間が広げる自在な暮らし／土間のある古い家に暮らす／ほか。

住む。19号（2006年11月秋号）
特集1：小屋の贅沢／特集2：建築家のわが家
1143円＋税
ローテクを楽しむ中村好文の働く小屋暮らし／ビニール小屋、仮住まいの記／木曽の板倉小屋／小屋新聞／ほか。

バイオガス・水力発電

食と農の総合データベース
ルーラル電子図書館
月刊『現代農業』、農業の百科事典『農業技術大系』、『聞き書　日本の食生活全集』などのデジタルデータを検索、閲覧できる会員制の有料サービス。「バイオガス」は64件、「水力発電」は69件の記事を収録。
月払いコース会費　2000円+税／月
（利用は150ポイントまで）
年払いコース会費　24000円+税／年
詳細は農文協HPをご覧ください。

ニワトリ・ヤギ・ミツバチを飼う

発酵利用の自然養鶏
笹村出著
1714円＋税

オカラ、米ヌカなどで発酵飼料をつくり、ワクチンなしの健康養鶏に。日本鶏、家庭養鶏にも最適の指南書。

自給養鶏Q&A
中島正著
1400円＋税
自然養鶏50年の心髄をエサ、育すう、飼育環境、病害、経営の5つの視点から懇切丁寧に解説。

そだててあそぼう20
ニワトリの絵本
山上善久編／菊池日出夫絵
2500円＋税
小屋のつくり方、孵化、けんかや病気、鳴き声・ふん対策など飼育の実際から卵料理のコツまでイラストで。

そだててあそぼう25
ヤギの絵本
萬田正治編／飯野和好絵
2500円＋税

好奇心旺盛なヤギは子供がとても好き。小屋がけ、餌やり、種付け、出産、乳しぼり、食べ方などがイラストでわかる。

新特産　ヤギ
萬田正治著
1500円＋税
高齢者・女性・子供にぴったりの家畜。小屋づくり・つなぎ方から、乳しぼり・太らせ方、乳・肉の利用法まで網羅した一冊。

新特産　日本ミツバチ
日本在来種みつばちの会編
1600円＋税
ふそ病、チョーク病、ダニ、スズメバチ、寒さに強い。種蜂捕獲から飼育法、採蜜法まで詳述。

だれでも飼える　日本ミツバチ
藤原誠太著
1700円＋税

誰でもできる〝蜜蜂らいふ〟。巣枠式縦型巣箱による新しい日本ミツバチの飼い方と楽しみ方がわかるガイド。

そだててあそぼう42
ミツバチの絵本
吉田忠晴編／高部晴市絵
2500円＋税
不思議な生態のミツバチ飼育にチャレンジしよう。安全な飼い方から採蜜、ろうそくづくりまでイラストで紹介。

（価格は改定になることがあります）

◎出典一覧――この本に収録した記事は以下の記事をもとにしています。

p.10　大根葉の洗剤：「現代農業」1993年8月号 p.78
p.11　ハッサクの皮：「現代農業」2008年11月号 p.74
p.12　ミカンの皮：「現代農業」2008年11月号 p.76
　　　ミカンの皮：「現代農業」2008年11月号 p.78
p.13　タマネギの皮：「現代農業」2008年11月号 p.103
　　　米のとぎ汁洗剤：「現代農業」2001年11月号 p.27
　　　米ヌカ：「現代農業」2009年12月号 p.40
p.14　豆乳石けん：「現代農業」2005年1月号 p.78
p.16　竹酢・竹炭：「現代農業」2001年4月号 p.43
　　　大豆の煮汁：「現代農業」2003年11月号 p.45
　　　天日にさらす：「現代農業」2000年11月号 p.27
p.17　納豆洗剤：「現代農業」1996年12月号 p.51
p.18　炭：「現代農業」2010年12月号 p.134
p.19　炭：「現代農業」2000年4月号 p.45
　　　ミカンの皮：「現代農業」2005年1月号 p.40
　　　竹炭：「現代農業」2010年12月号 p.128
　　　バナナの皮：「現代農業」1997年11月号 p.43
p.20　24時間でできる「えひめAI」：
　　　「現代農業」2010年10月号 p.134、
　　　「現代農業」2010年10月号 p.138
p.22　廃油活用：「現代農業」2002年4月号 p.290、
　　　「現代農業」2002年5月号 p.286
p.23　剪定バサミ手入れ術：「現代農業」2005年12月号 p.98
p.24　庭の草木：「現代農業」2003年12月号 p.294
p.26　セイタカアワダチソウ：「現代農業」2010年7月号 p.75
p.27　干し大根葉風呂：「現代農業」1995年11月号 p.86
　　　リンゴの皮：「現代農業」2008年11月号 p.105
　　　ニンニク：「現代農業」1990年1月号 p.50
　　　米のとぎ汁：「現代農業」2001年1月号 p.27
　　　米ヌカ：「現代農業」1998年12月号 p.40
p.28　うどん茹で汁：「現代農業」1992年5月号 p.39
　　　そば湯：「現代農業」2006年1月号 p.51
p.29　リンゴ酢：「現代農業」2005年7月号 p.51
　　　ミカンの皮：「現代農業」2008年11月号 p.75
p.30　ヘチマ：「現代農業」1999年9月号 p.120
p.32　スギナ・ドクダミ：「現代農業」2008年5月号 p.74
p.33　ヨモギ：「現代農業」2008年5月号 p.70
p.34　ユズのタネ：「現代農業」2009年9月号 p.82
p.35　納豆化粧水：「現代農業」2005年1月号 p.82
p.36　ハコベ塩：「現代農業」2008年7月号 p.94、
　　　「現代農業」2010年7月号 p.90
p.37　クマザサ・ナス塩：「現代農業」1995年8月号 p.84
　　　ナス炭：「現代農業」2001年10月号 p.46
p.38　緑茶：「現代農業」1997年7月号 p.96
p.39　クズ、クマザサ：「現代農業」1997年7月号 p.106
p.40　段ボール箱コンポスト：「現代農業」2006年10月号 p.154
p.42　コンポスト：「現代農業」2007年10月号 p.212、
　　　「現代農業」2006年12月号 p.302
p.43　竹パウダー：「現代農業」2009年4月号 p.90
p.44　ミミズコンポスト：「現代農業」2004年8月号 p.88
p.46　落ち葉の上手な集め方：「現代農業」2004年11月号 p.88
p.48　二本の棒でラクに：「現代農業」2000年5月号 p.241
　　　落ち葉温床：「現代農業」1991年12月号 p.30
p.49　カブトムシ腐葉土：「現代農業」2010年9月号 p.70
p.50　お花炭：「食農教育」1998年11月号 p.92
p.51　炭を焼く：「食農教育」2003年1月号 p.76
p.52　炭・木酢づくり：「現代農業」1997年10月号 p.306、
　　　「現代農業」2005年8月号 p.47
p.54　柿渋づくり：「現代農業」2002年9月号 p.292
p.57　柿渋の活用法：「現代農業」1993年11月号 p.86
p.58　ハエ、ゴキブリ：「現代農業」2009年8月号 p.314
p.59　蛾：「現代農業」1998年6月号 p.44
　　　アオムシやアブラムシ：「現代農業」1998年6月号 p.45
p.60　虫さされに：「現代農業」2004年2月号 p.348
p.61　虫よけ：「現代農業」2005年12月号 p.49
　　　蚊：「現代農業」2010年12月号 p.128
　　　ブヨ：「現代農業」1990年9月号 p.43
p.62　カラス：「現代農業」2009年9月号 p.36
　　　ネズミ：「現代農業」2009年11月号 p.36
p.66　石窯：『石窯のつくり方楽しみ方』須藤章・岡佳子著
　　　（2001年）p.40、「食農教育」2002年9月号 p.30、
　　　「食農教育」2002年9月号 p.32
p.69　ヌカ釜：「現代農業」2009年11月号 p.108
p.70　かまど：『農家の台所』竹内芳太郎編（1954年）p.79
p.72　囲炉裏：『山で暮らす　愉しみと基本の技術』大内正伸著
　　　（2009年）p.122
p.74　薪ストーブ：「現代農業」2006年12月号 p.316
p.76　2000円薪ストーブ：「現代農業」2006年12月号 p.308
p.77　薪：「現代農業」2010年1月号 p.244
p.78　オンドル：「現代農業」2008年12月号 p.299
p.80　五右衛門風呂：「現代農業」2008年9月号 p.319
p.82　ドラム缶風呂：「現代農業」2008年9月号 p.322
p.83　鉄砲風呂：「現代農業」2008年11月号 p.34
p.84　ヒョットコ釜、長州風呂：
　　　『農家の台所』竹内芳太郎編（1954年）p.86
p.86　酵素風呂：「現代農業」2003年12月号 p.290、
　　　「現代農業」1999年12月号 p.104
p.88　太陽熱温水器：「現代農業」2009年9月号 p.270
p.91　炭を使った浄水器：「現代農業」1991年8月号 p.40
p.92　山水を室内に導く：「現代農業」2005年5月号 p.330、
　　　『山で暮らす　愉しみと基本の技術』大内正伸著
　　　（2009年）p.74
p.94　バイオトイレ：「現代農業」2004年9月号 p.318
p.98　移動トイレ：「現代農業」2001年5月号 p.88
p.99　野良トイレ：「現代農業」2001年5月号 p.84
p.100　竹ハウス：「現代農業」2009年4月号 p.195
p.102　ドーム形簡易倉庫：「現代農業」2007年11月号 p.272
p.104　土間の魅力：書き下ろし（高橋昌巳）
p.106　土間のつくり方：書き下ろし（高橋昌巳）
p.108　バイオディーゼル燃料：「現代農業」2005年1月号 p.272
p.111　バイオディーゼル燃料：「現代農業」2004年5月号 p.246
p.112　バイオガス：「現代農業」2001年4月号 p.94、
　　　「現代農業」2001年5月号 p.122、
　　　「現代農業」2001年6月号 p.358
p.116　水力発電：「現代農業」2006年1月号 p.264
p.118　ニワトリ：「現代農業」1999年5月号 p.320、
　　　「現代農業」1999年7月号 p.302
p.120　日本ミツバチ：「現代農業」2000年7月号 p.101、
　　　「現代農業」2009年7月号 p.116
p.124　ヤギ：「現代農業」1974年1月号 p.288、
　　　「現代農業」1978年1月号 p.24、
　　　「現代農業」1978年2月号 p.24

編集／有限会社ライフフィールド研究所
デザイン・DTP組版／PAPER STUDIO
カバー・扉イラスト／浅生ハルミン
本文イラスト／アルファ・デザイン、大内正伸、こうま・すう、
近藤泉、高橋伸樹、竹田京一、竹本賢三、トミタ・イチロー、
町支哲義、松野真由美、松本徹
写真／赤松富仁、小倉かよ、倉持正実、黒澤義教、田中康弘、橋本紘二

買わない　捨てない　自分でつくる
農家に教わる　暮らし術
2011年 9 月30日 第 1 刷発行
2023年 5 月 5 日 第12刷発行

編者　一般社団法人 農山漁村文化協会

発行所　一般社団法人 農山漁村文化協会
〒335-0022　埼玉県戸田市上戸田2-2-2
電話　048(233)9351(営業)　048(233)9355(編集)
FAX　048(299)2812　　振替　00120-3-144478
URL　https://www.ruralnet.or.jp/

ISBN 978-4-540-11152-5
〈検印廃止〉

印刷・製本／凸版印刷(株)
乱丁・落丁本はお取り替えいたします。

食の知恵　農の技　農家が教えるシリーズ

わが家の農産加工

農文協編　●1400円＋税
ハム・ソーセージ・くん製・干物・もち・ケチャップ・ジャム・ジュース・梅干しなど、旬の新鮮な素材の持ち味を生かす農家ならではの知恵と技を公開。

加工・保存・貯蔵の知恵

農文協編　●1800円＋税
旬の恵みを一年中楽しむ。干し野菜・果物や凍み豆腐など気候を活かした加工法と、冷凍、土室・雪室、瓶詰など保存・貯蔵法。

発酵食の知恵

農文協編　●1800円＋税
漬け物、なれずし、とぶろく、ワイン、酢、甘酒、ヨーグルト、チーズなど、農村に長く受け継がれてきた深い知識と経験。

季節の食卓レシピ

農文協編　●952円＋税
産地農家だから知っている旬の食材の一番おいしい食べ方。もりもり食べられる野菜料理、果物レシピ、丼・米粉料理、保存食まで150種。

農家が教える家庭菜園
春夏編

農文協編　●1143円＋税
トマト、きゅうり、なす、すいか、カボチャ、枝豆、トウモロコシなど春夏に育つ野菜68種、月刊「現代農業」の菜園名人の技と、原産地の環境に合わせた栽培法。

農家が教える家庭菜園
秋冬編

農文協編　●1143円＋税
蕪、小松菜、白菜、ブロッコリー、キャベツ、大根、レタス、ほうれん草、ねぎ、玉ねぎ、にら、にんじん、アスパラガスなど秋冬野菜72種の育て方。

混植・混作・輪作の知恵

農文協編　●1800円＋税
異なる作物を一緒に植えたり、特定の作物の後に栽培すると生育がよくなり病虫害も減る―長い経験のなかで受け継がれてきた有機・無農薬の実践技術。

果樹 62 種
育て方　楽しみ方

農文協編　●1143円＋税
ミカン、リンゴ、ブドウから、懐かしい在来果樹、珍しい熱帯果樹まで、原産地の気候を反映した樹の生理、栽培、お薦め品種、食べ方を解説。

農業入門絵本

シリーズそだててあそぼう完結編
農作業の絵本　全5巻

畑づくり、播種、施肥、防除、収穫まで、基本の基本を絵解き。川城英夫・高橋国昭編　陣崎草子絵
●各 2500円＋税
揃価12500円＋税

①栽培計画と畑の準備
②タネまき・育苗・植えつけ
③野菜の栽培と診断
④果樹の栽培とせん定
⑤収穫・保存・タネとり

そだててあそぼう
作目別栽培編 90 種

トマト、スイカ、サツマイモ、ダイズ、イネ、ミカン、キク、ニワトリ、ウサギなど
各2500円＋税
●案内進呈

（価格は改定になることがあります）